ZHIZUO RUMEN

JIANCHUAN MOXING ZHIZUO RUMEN

舰船模型制作入门

本书编写组◎编

世界图书出版公司
广州·北京·上海·西安

图书在版编目（CIP）数据

舰船模型制作入门 /《舰船模型制作入门》编写组编. —广州：世界图书出版广东有限公司，2010. 11（2024.2 重印）

ISBN 978 - 7 - 5100 - 3031 - 4

Ⅰ. ①舰… Ⅱ. ①舰… Ⅲ. ①舰船模型 - 制作 Ⅳ. ①G874. 4

中国版本图书馆 CIP 数据核字（2010）第 217489 号

书　　名	舰船模型制作入门 JIANCHUAN MOXING ZHIZUO RUMEN
编　　者	《舰船模型制作入门》编写组
责任编辑	冯彦庄
装帧设计	三棵树设计工作组
出版发行	世界图书出版有限公司　世界图书出版广东有限公司
地　　址	广州市海珠区新港西路大江冲 25 号
邮　　编	510300
电　　话	020-84452179
网　　址	http://www.gdst.com.cn
邮　　箱	wpc_gdst@163.com
经　　销	新华书店
印　　刷	唐山富达印务有限公司
开　　本	787mm × 1092mm　1/16
印　　张	10
字　　数	120 千字
版　　次	2010 年 11 月第 1 版　2024 年 2 月第 11 次印刷
国际书号	ISBN　978-7-5100-3031-4
定　　价	48.00 元

前　言

舰船模型是对各种航船及航海设备和装置模型的总称。设计、制作和操纵各种舰船模型，统称为航海模型运动，它是集科学性、趣味性于一体的水上运动项目。通过训练和比赛，模型爱好者研究各种舰船模型的性能和制作工艺技术，学习有关科学知识，锻炼意志，培养优良品德，不断提高运动技术水平。

17 世纪，在欧洲航海事业蓬勃发展的同时，帆船模型的设计和制作活动就开始兴旺起来。其间，使用帆船模型进行的比赛活动也逐渐开展。19 世纪 70 年代，出现了动力船模型竞赛。20 世纪初，一些国家陆续建立了各种航海模型俱乐部，航海模型比赛也日益增多。

随着国际间比赛活动的开展，航海模型比赛运动日益发展成为世界性的一项重要体育运动。青少年要参与到航海模型运动中，首先就要学习制作舰船模型。航海模型的种类很多，凡属航海、船舶以及与其有关的设备，都可以制成模型，供学习、研究，如各种军用舰艇、民用船舶、航海仪器、海军武器、助航标志、船厂、船坞等。

目前我国开展的群众性航海模型活动以制作、实验各种舰船模型为主要内容。根据我国目前已开展的航海模型活动，舰船模型大体上可分为如下几个类型：

1. 舰船外观模型

按一定的比例缩小，做出舰船的船体和舱面设备的外形；可用剪纸、木刻、铁皮焊制等不同方法制作，一般不装动力，专供陈列、学习使用。

2. 帆船模型

即以风帆为动力的舰船模型。上有桅杆帆篷，下有稳定板作压载，能够借助风力在水面航行。

3. 自航式舰船模型

用厚纸片、薄木片、薄铁皮等材料，按照真船的图纸尺寸缩小制作，并安装各种动力设备如橡筋、电动机、蒸汽机等的模型，可在水面作直线航行。

4. 竞速艇模型

以内燃机为动力、专做速度竞赛用的模型。按内燃机汽缸工作容积的大小，分为2.5毫升、5毫升、10毫升3种。

5. 无线电操纵舰船模型

通过无线电遥控设备和随动装置操纵的模型。能模仿真实舰船做各种航行和战斗动作，如进车、倒车、停车、左转、右转、绕标航行和开炮、发射导弹、施放烟幕等。它不仅可以进行表演，有的还可以直接应用于国防建设和科学实验，例如无线电遥控靶船、无线电遥控试验艇等，能直接起到为国防和工农业生产建设服务的作用。

作为舰船模型制作入门级的书籍，本书在开篇详细讲述了舰船及其模型制作的一般性基础知识，然后依次分别举例介绍了上述5种舰船模型的制作方法，其中，对于较难的无线电操纵舰船模型，只在最后一部分通过一个遥控帆船模型来简单介绍，未作详细解说。总体上来说，希望通过这本书能对青少年朋友进入航模制作领域指引一条道路！

目 录
Contents

舰船模型基础知识

舰船模型是由现实的船舶而来的，因此，了解舰船模型要从认识真实的舰船开始。本章主要介绍舰船的结构、外形和性能等基本知识，以及舰船模型制作的图纸、工具、材料等。

舰船模型的组成

本节结合真实舰船从船体、上层建筑、各种设备和装置等方面对舰船模型的组成进行介绍。

一、作用在船体上的力

舰船在水面上航行，主要受到重力和浮力的作用，此外，船还会受到其他作用力。舰船的结构设计是为了平衡这些力对船体的作用，因此，要了解舰船的结构，首先就要了解这些力对船体的作用情况。

1. 重　力

船体结构要承受的重力包括船体自身的重量（空载重量）和各种武器、货物的重量（载重量）。重力的分布主要由舰船构件的布局和货物的装载情况决定。船体在重力的作用下会发生整体或局部变形。

2. 水压力

舰船在水中要承受水的压力。水压力的大小同船体浸入水中面积的大小和船体吃水的深浅有关，面积越大，吃水越深，水压力就越大。图 1—1—1 是船体水下部分单位面积水压力的分布情况。单位面积水压力同吃水深度成正比。在水面处，水压力等于零，吃水越深，单位面积水压力就越大。

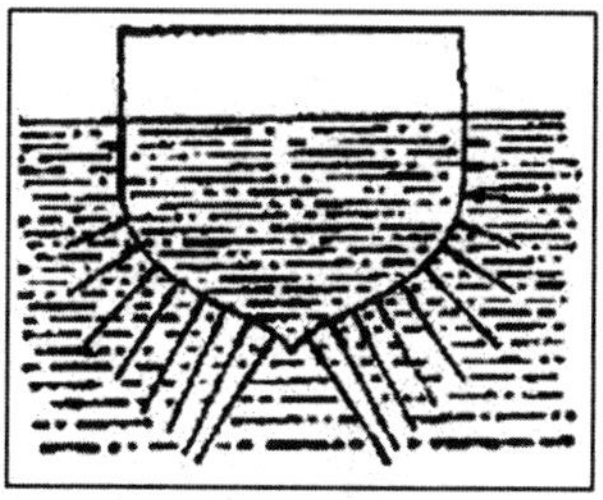

图 1—1—1　船体水下部分单位面积水压力的分布情况

水压力是垂直于船体表面的，它可以分解成垂直向上和水平两部分。垂直向上部分就是船体受到的浮力，它也使船体产生变形。浮力的总和等于船体水下部分排开水的重量。水平部分形成横向压力，船体抵抗横向变形的能力，叫做横向强度。由于水对船壳的压力，以及在甲板上和舱底的设备及大量货物的作用，造成了船体的横向变形；如果船舶斜置于波浪上时，船的首、尾受到方向相反的水压力作用可能会造成船体甲板扭曲和皱折变形，如图 1—1—2 所示。

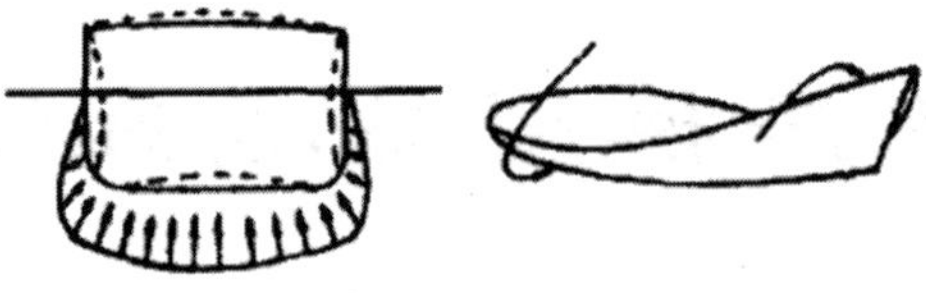

图 1—1—2

3. 浮　力

船体在静水中，总的浮力和总的重力是平衡的。但是，由于浮力的分布和重力的分布并不均衡，船中段宽大，浮力大于重力，船首尾段瘦削，浮力小于重力，使船体形成中间段向上、首尾段向下的纵向弯曲，如图 1—1—3a 所示。

舰船在航行的时候，会受到波浪的影响，船体各部分的浮力也会随着变化。当波峰在船体中段、波谷在船首段和尾段的时候，中段吃水加深，浮力加大，首段和尾段吃水变浅，浮力减小，使中间段向上、首尾段向下的纵向弯曲更加突出，如图 1—1—3b 所示。这种弯曲叫做中拱弯曲。船体发生中拱弯曲变形同一个人挑两桶水时扁担发生的变形相似。

当波峰在船体的首段和尾段、波谷在船体中段的时候，首段和尾段吃水加深，浮力加大，中段吃水变浅，浮力减小，产生相反的纵向弯曲，也就是中段向下，首、尾段向上，如图 1—1—3c 所示。这种弯曲叫做中垂弯曲。船体发生中垂弯曲同两个人抬一桶水时扁担发生的变形相似。

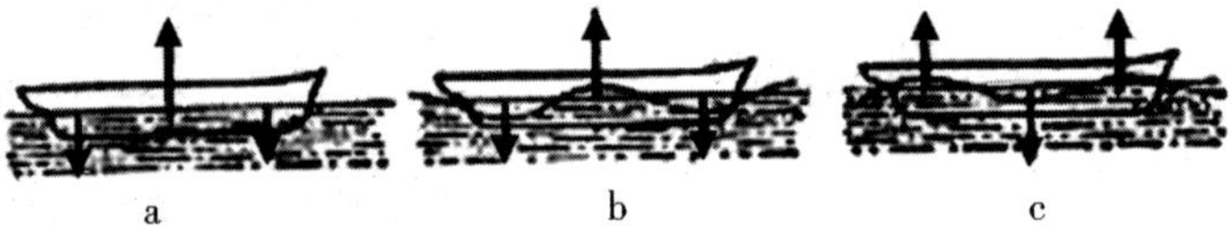

图 1—1—3　浮力和重力引起的纵向弯曲

4. 阻　力

船在水中以一定速度航行时，必然会遇到各种阻力，这些阻力主要包括摩擦阻力、兴波阻力和涡漩阻力。

(1) 摩擦阻力：水是具有黏性的液体，舰船航行时就要克服由于水的黏性产生的阻力，这种阻力称为摩擦阻力。摩擦阻力的大小和船体浸水的湿表面面积、船与水的相对速度、船壳表面粗糙度等因素有关。船体水下部分的面积越大，摩擦阻力就越大；表面越光滑，摩擦阻力就越小。

例如，舰船在海水中航行、外壳表面常常寄生许多水草、蛤壳、贝介之类的附生动植物，称为污底。这时船壳表面异常粗糙，摩擦阻力大大增加，在热带航行的舰船尤甚。所以舰船都要定期清除污底，重新油漆，以减少摩擦阻力。

(2) 兴波阻力：舰船行驶时，船首对水施加压力，把水劈开而前进，于是就激起了一组随船前进的波浪，这就是首波。船尾在前进时，水中留出了一个低压区，成为波谷，形成了一组由船尾引起的波浪，称为尾波。造成波浪也要消耗能量，叫做兴波阻力，因为它是由于水的压力变化而引起的，所以又叫做压力阻力。

兴波阻力与舰船的长度和速度有关。船速越高，兴波阻力越大，为了减小这种阻力，把船首水线以下做成球鼻状的流线型，利用球状部分所形成的低压，降低首波的高度，从而减小兴波阻力。这是一种既经济又有效的提高船速的方法。

（3）涡漩阻力：舰船航行时，由于水流经过船的尾部所形成的漩涡吸收了舰船的能量，产生一串串涡漩，阻碍了舰船的前进，这就是涡漩阻力。

涡漩阻力的大小同船体的形状有关。尽量将船体设计成流线型，特别注意后部及尾部体型的合理性，可以减小涡漩阻力。

此外，舰船在海上航行还会受到其他阻力，如空气阻力及汹涛阻力等，但相对上述3种阻力来说，均可忽略不计。舰船所受水阻力为上述3种阻力之和，即

总阻力=摩擦阻力+兴波阻力+涡漩阻力

模型试验求得的舰船总阻力和舰船所要求达到的速度的乘积就是克服水阻力所要花费的功率。如果知道舰船动力装置和推进器的效率，就可以确定舰船应该安装多大的主机了。

5. 其他作用力

舰船在航行中还会受到其他作用力。比如发射武器，船体会受到反作用力；舰船在风浪中航行，会受到风浪的冲击力；舰船停靠码头，会受到码头的碰撞力，等等，都会造成船体的局部变形。

二、船体模型的基本结构

为了使船舶具备优良的使用性能和航行性能，在船体结构方面不但要使船体保持一定的形状，而且应有足够的强度。

船体结构的构件一般有板壳和骨架两大部分。例如内外船底板、舷板、外壳板、横隔墙、上下甲板等都属于板壳；龙骨、肋骨、纵桁、横梁等都属于骨架。与船体前后方向近乎平行的构件叫纵向构件，如龙骨、纵桁等，与船体中央纵剖面垂直的构件叫横向构件，如横梁、肋骨、横隔墙等。船体结构形式有3种：

a）纵骨架式：在船舶结构中，如果纵向骨架布置的较多，横骨架布置的较少，那么这种结构形式就叫做纵骨架式。这种结构形式使得船舶纵向有较高的强度，多用于油轮和军舰。

b）横骨架式：如果横向骨架用得较密，纵向骨架用得较稀，这种结构形式就叫横骨架式。很显然，横向强度要求更高。它多用于小型船舶、内河船舶、大型船舶的舷、舰结构。

c）混合骨架式：船上部分采用纵骨架式，部分采用横骨架式，这种结构形式就叫混合骨架式。它多用于干货船上。

实际舰船的船体结构是十分复杂的，而舰船模型的船体结构要简单得多。下面以小型船舶内部结构为例，介绍舰船模型的基本结构。如图1－1－4所示，船体由甲板、侧板、底板、龙骨、旁龙骨、龙筋、肋骨、船首柱、船尾柱等构件组成。

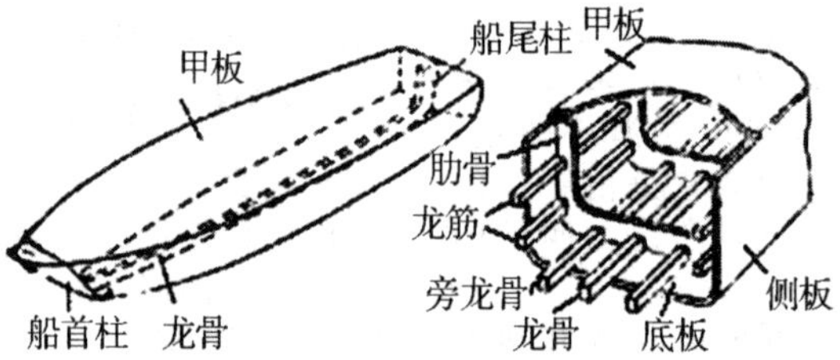

图 1—1—4　舰船模型船体的结构

1. 龙　骨

龙骨是在船体基底中央连接船首柱和船尾柱的一个纵向构件。它主要承受船体的纵向弯曲力矩，制作舰船模型时要选择木纹挺直、没有节子的长方形截面的松木条制作。

2. 旁龙骨

旁龙骨是在龙骨两侧的纵向构件。它承受部分纵向弯曲力矩，并且提高船体承受外力的强度。舰船模型的旁龙骨常用长方形截面松木条制作。

3. 肋　骨

肋骨是船体内的横向构件。它承受横向水压力，保持船体的几何形状。舰船模型的肋骨常用三合板制作。

4. 龙　筋

龙筋是船体两侧的纵向构件。它和肋骨一起形成网状结构，以便固定船侧板，并能增大船体的结构强度，舰船模型的龙筋通常也由长方形截面的松木条制作。

5. 船壳板

船壳板包括船侧板和船底板。船体的几何形状是由船壳板的形状决定的。船体承受的纵向弯曲力、水压力、波浪冲击力等各种外力首先作用在船壳板上。舰船模型的船壳板可以用松木条、松木板拼接黏结而成。

6. 舭龙骨

有些船体还装有舭龙骨，它是装在船侧和船底交界处的一种纵向构件。它能减弱舰船在波浪中航行时的摇摆现象。舰船模型的舭龙骨可以用厚0.5～1毫米的铜片或铁片制作。

7. 船首柱和船尾柱

船首柱和船尾柱分别安装在船体的首端和尾部，下面同龙骨连接，它们能增强船体承受波浪冲击力和水压力，还能承受纵向碰撞和螺旋桨工作时的震动。

三、舰船的外形

船舶是一种水上工程建筑物，同时它还是一个巨型造型艺术品。对于它的外形设计，除了要对船舶在结构、性能、使用等方面提出各种要求外，还要考虑到它的外形设计。

船体的形状与舰船的航海性能有着密切的关系。一般舰船的外形都是两端较瘦的狭长流线型体，以减少航行阻力和布置各种必要的设备。从侧面看，由于用途不同，舰船的甲板线和龙骨线的形状各不相同，如图1—1—5所示。船首和船尾的形状也各不相同，为了提高舰船的航海性能，许多舰船都把船首和船尾甲板边线设置成弧形，分别被称为首舷弧和尾舷弧，如图1—1—6所示。

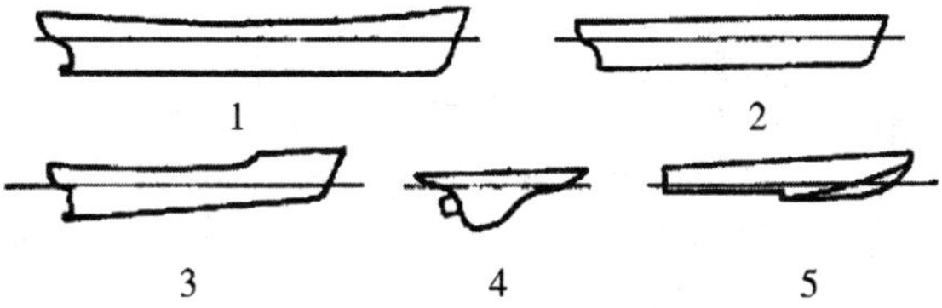

1. 有舷的甲板，水平龙骨线(海船) 2. 直线甲板、水平龙骨线(内河船) 3. 尾倾龙骨线(鱼船、拖船) 4. 曲线龙骨线(帆船) 5. 断折曲线龙骨线(快艇)

图 1—1—5　甲板线和龙骨线的形状

图 1—1—6　舰船的舷弧

舰船的外形主要表现在上层建筑、船艏部、船艉部的形状。

1. 上层建筑

当人们看到一艘船时，最抢眼的恐怕就是那好似楼房的上层建筑了，如图 1—1—7 所示。上层建筑坐落在叫做上甲板的结构上。上甲板又叫主甲板，是船舶最上一层从船首至船尾的连续的甲板。坐落在它上面的“楼层”结构统称为上层建筑。

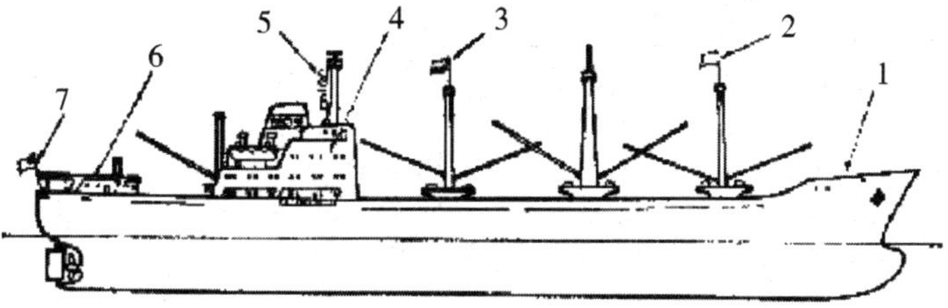

1.艏楼　2.到达港国家国旗　3.公司旗　4.桥楼　5.信号旗　6.艉楼　7.国旗

图 1—1—7　舰船的上层建筑

一般来说，上层建筑结构的两侧是伸向两舷并同船舷连在一起的。如果两侧不同船舷相连而缩进一定的距离，形成两边通道的结构叫做甲板室。多层甲板室自下而上是逐渐收缩的，它们所形成的甲板叫顶甲板、驾驶台甲板、救生甲板、起居甲板等。对于客船来说，为了满足载客的需要，要求有较多的空间，所以甲板层数很多，上层建筑显得很高，这是有别于其他民船的特点，而货船一般为了布置货舱和吊货设备，在船的中部或后部布置船员居住舱室和驾驶室。

位于船首的上层建筑叫做艏楼，位于的船中部的上层建筑叫做桥楼，而位于船尾的则叫做艉楼。具有这3种结构形式的叫做3岛式船舶，这种形式早期多用于干货船上，现在已很少采用。为了增大上层建筑的空间，有的将艏楼和桥楼连接为一个整体，有的将桥楼和艉楼连接为一个整体，有的则把三者全连接起来。

军用舰艇为了执行各种战斗任务，要在舰艇的中前部布置舰桥（小型舰艇称驾驶台或指挥台），一些大中型的舰艇除在前面布置主舰桥外，还在舰的后部布置第二（备用）战斗指挥台和驾驶系统，称为后舰桥或副舰桥，如图1－1－8所示。

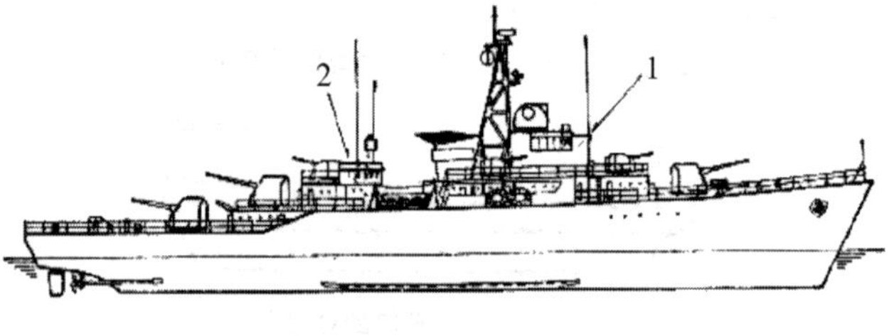

1.主舰桥　2.副舰桥

图 1－1－8　军舰的舰桥

需要指出的是，船舶的上层建筑形式与船舶主机的安装位置有一定关系。有艉机型船、舯机型船和舯后机型船几种。此外，船舶上的烟囱、桅杆的形式和位置、雷达、救生设备、舷墙乃至门、窗、栏杆等部件的配合，对船舶的外形也都有一定的影响。

除了上层建筑的形式之外，船舶的艏、艉部形状对船的外形也有很大影响。

2. 艏部形状

艏部在形状能够给人一种方向感和速度感，如图1－1－9所示，艏部在外形主要有以下几种：

（1）冲角型——早期军舰水线以下舷部设计成突出的冲角，用于撞击敌舰。早在第一次世界大战时已消失。

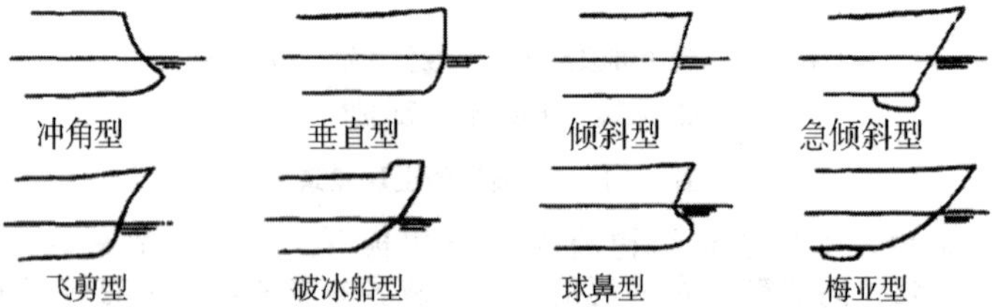

图 1－1－9　艏部形状

（2）垂直型——大型货船的艏部形状多为垂直式。

（3）倾斜型——一般舰船多采用倾斜式艏，其外形显得大方，由于甲板向前伸出，不但增加了甲板面积，而且还有利于减缓航行时海浪打上甲板，所以具有良好的耐波性。根据倾斜度分为倾斜型和急倾斜型两种。

（4）飞剪型——艏底部稍呈弧形，水线附近曲线向首端明显突出，类似倾斜式，但中间稍有弯曲，造型更显得优美漂亮。现代舰船用得较多。

（5）破冰船型——属于倾斜型的另一种形式。破冰船由于破冰的需要，舷的水下部分有较大的倾斜度，以便于冲上冰层，依靠自重将冰层压碎，开辟出航道。

（6）球鼻型——为了减小舰船的航行阻力，提高航行速度，现在很多大型船舶和军舰都在舷水线以下设计成球形，即球鼻舷，军舰还利用球鼻空间安装声呐设备。图1—1—10为球鼻型艏的几种形式。

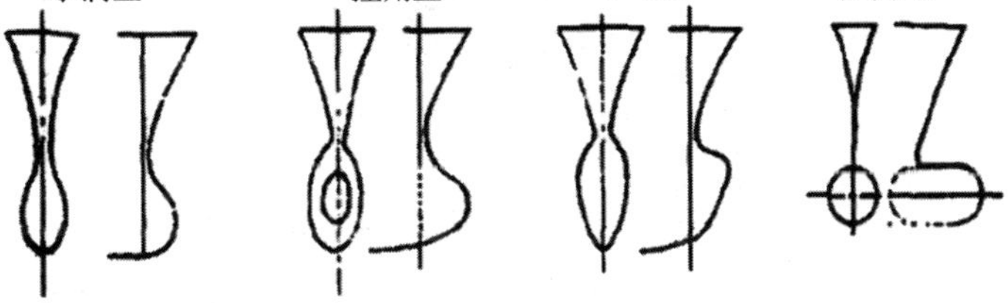

图1—1—10 球鼻型艏的形式

（7）梅亚型——该型艏为直线肋骨线，因为浸水面积减少，所以摩擦阻力和兴波阻力较小，又因舰艇撞击海水声音减小而有利于对潜作战。

3. 艉部形状

如图1—1—11所示，舰船的艉部形状也是多种多样的。

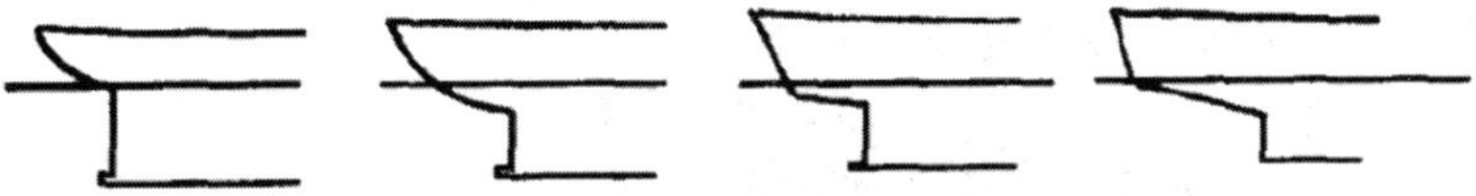

图1—1—11 艉部形状

（1）椭圆形艉——用于早期的船舶上，现在已很少应用。

（2）巡洋舰艉——它的特点是水线比较长，有利于减小船舶阻力，提高航速，对螺旋桨和舵也能起到一定的保护作用，所以采用得较多。

（3）变形的巡洋舰艉——由于巡洋舰艉制造工艺难度较大，在有的舰船上采用一种变形的巡洋舰艉，即在艉部用一斜平板封闭，其他仍保留巡洋舰艉的特点。

（4）方艉——在舰船艉部用一垂直平面或斜平面所截切。它可以减小船在高速航行时艉部的下沉程度，还可以增大艉部的甲板面积，有利于舵机的布置。方艉多被高速艇采用。

四、舰船外形的表达

表达舰船外形一般采用线型图、主要尺度和船型系数这3种方式。

1. 线型图

船体是一个不规则的几何体，

为了正确表示船体外形的形状和大小，需要一套叫做船体线型图的特殊图纸，它包括纵剖线型图、横剖线型图和半宽水线图3种。这3个图是从3个不同方向（纵向、横向、垂向）对船体进行纵剖和横剖，投影而得。投影平面是3个相互垂直的平面，如图1—1—12所示。

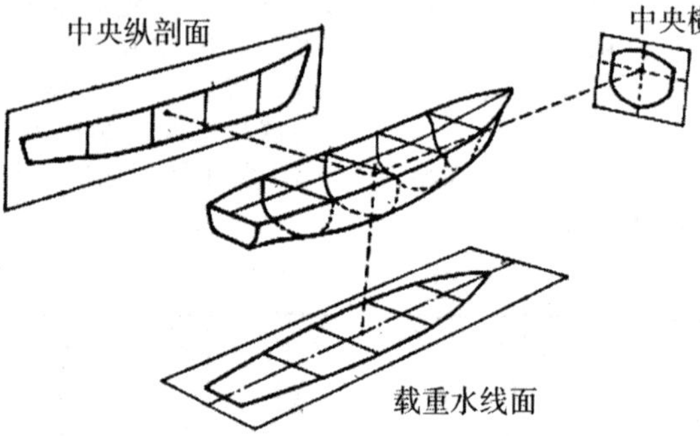

图1—1—12 船体3个互相垂直剖面的投影

（1）纵剖线型图——通过船首和船尾的纵向竖直平面叫做中央纵剖面，它把船体分成左右对称的2个部分。中央纵剖面同船体曲面的交线叫做中央纵剖线，如果用一组彼此之间距离相等并且同中央纵剖面平放的平面去截船体，就可以得到一组表示船体纵向外形的纵剖线。再把这一组纵剖线投影到中央纵剖面上，就得到船体的纵剖线型图，如图1—1—13所示。因为船体左右对称，所以在纵剖线型图上左右对应的纵剖线是重合在一起的。根据舰船宽度，纵剖线常取2～4个。为了便于识别，中央纵剖线编为零号，其余纵剖线由里向外分别用罗马数字Ⅰ、Ⅱ、Ⅲ……编号。

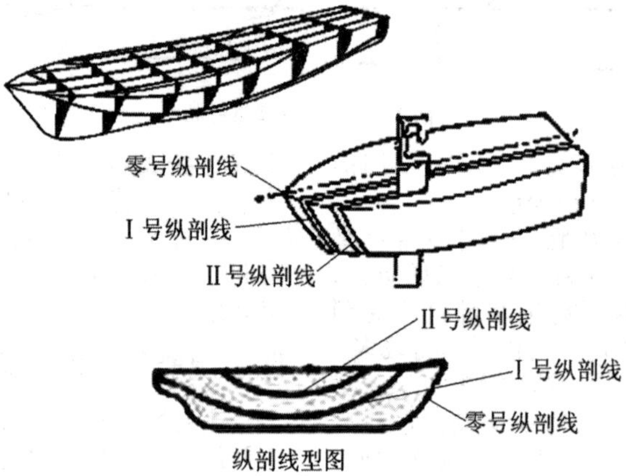

图1—1—13 纵剖面与纵剖线型图

（2）横剖线型图——通过船体计算长度的中点的横向竖直平面叫做中央横剖面。它同船体曲面的交线叫做中央横剖线。如果用一组彼此距离相等并且同中央横剖面平行的平面去截船体，就可以得到一组表示船体横向外形的横剖线，再把这一组横剖线投影到中央横剖面上，就得到船体的横剖线型图，如图1—1—14所示。由于船体左右对称，所以横剖线只要画出一半就够了。为了使横剖线型图简洁明了，通常在图的右半部分画出从船首到船中的横剖线，在图的左半部分画出从船中到船尾的横剖线。

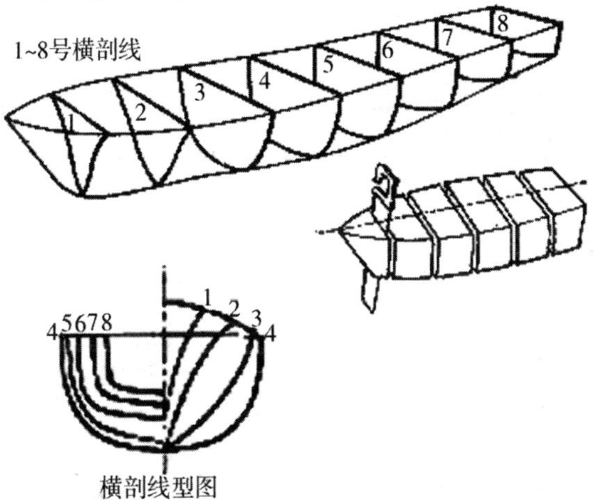

图1—1—14　横剖面与横剖线型图

为了便于识别，横剖线从船首到船尾，或者从船尾到船首分别用0、1、2、3……编号。对于一些形状比较复杂的船体，可以在2个横剖面之间增加1个横剖面，这样就会出现$\frac{1}{2}$、$2\frac{1}{2}$、$3\frac{1}{2}$等编号的横剖线。

（3）半宽水线图——水线是水面同船体表面相接触的曲线，把吃水深度不同的水线，投影到设计水线面上，就可以得到水线图，如图1—1—15所示。由于船体左右对称，只画出水线的1/2就够了，所以一般叫做半宽水线图或半宽图。视舰船吃水情况，设计水线以下常取6～10条水线，而在设计水线以上可少些。半宽水线从下到上分别用0、1、2、3……编号。

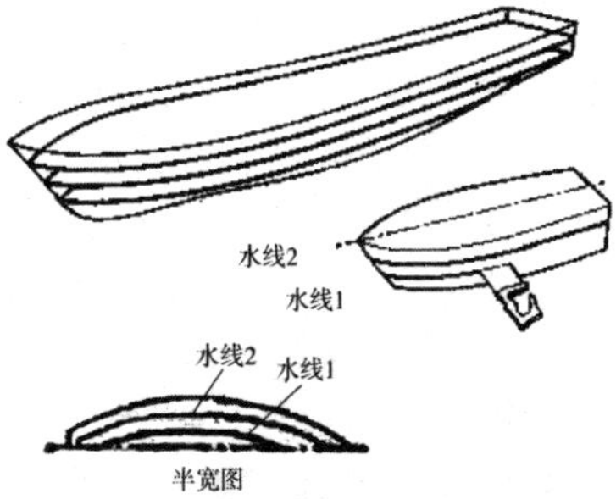

图1—1—15　水线面与半宽水线图

从上述情况可以看出，线型图完整地表达了船体各处的形状及其变化。利用它，可作舰船原理的计算，进行舰船的一般布置和舰船结构的研究。图1—1—16是一幅完整的船体线型图，它由纵剖线型图、横剖线型图和半宽水线图组成。

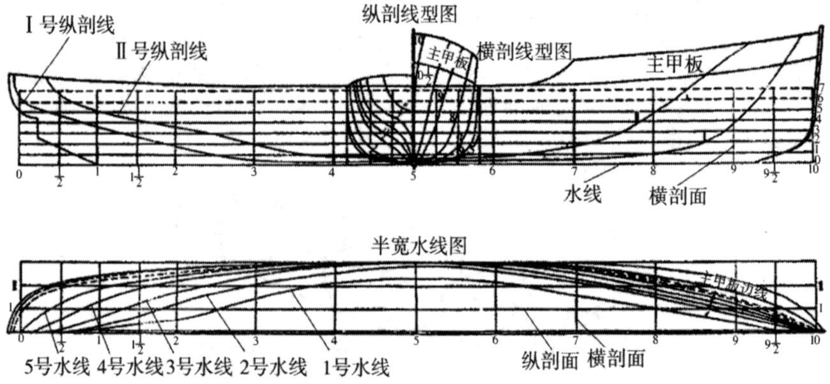

图 1—1—16　船体线型图

从图中可以看到，每一种线型图除了有一组不同形状的曲线以外，还有彼此距离相等、相互平行的一组横直线和一组竖直线。通过这些横线和竖线把 3 种线型图紧密地联系起来。在纵剖线型图上，曲线表示纵剖线，横直线表示水线，竖直线表示横剖面；在横剖线型图上，曲线表示横剖线，横直线表示水线，竖直线表示纵剖面；在半宽水线图上，曲线表示水线，横直线表示纵剖面，竖直线表示横剖面。

在制作舰船模型的时候，一般只用横剖线型图就足够了。因此大部分图纸只给出横剖线型图。横剖线的位置往往安排肋骨，因此横剖线型图也叫做肋骨线型图。有的图纸除了横剖线型图外，还给出船首柱和船尾柱的中央纵剖线型图。

2. 主要尺度

舰船的主要尺度是指船长、船宽、舷高和吃水，如图 1—1—17。

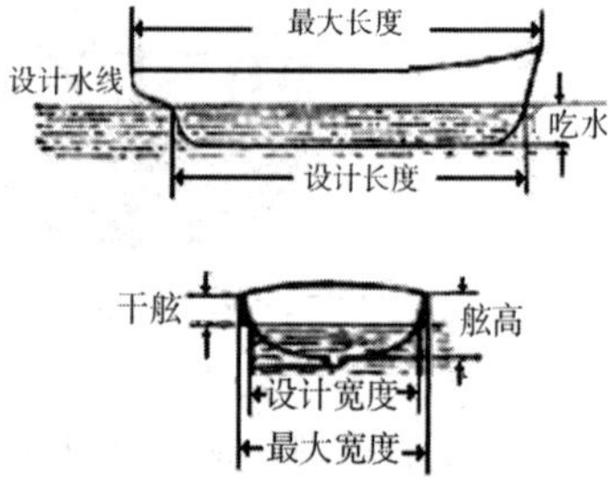

图 1—1—17　舰船的主要尺度

（1）最大长度。在船首和船尾的两个端点分别作两条铅垂线，这两条铅垂线之间的水平距离，就是模型的最大长度。最大长度也叫做总长，通常用符号“L_{max}”或“$L_{总}$”表示。

（2）设计长度——船体同水面的交线叫做水线，满载货物时的水线叫做设计水线。设计水线同船首、船尾交点之间的水平距离叫做设计长度，通常用符号“L”表示。

（3）最大宽度——船体最宽处的横向尺寸叫做最大宽度，以“B_{max}”表示。

（4）设计宽度——船体在设计水线水平面处的最大宽度叫做设计宽度，通常用符号“B”表示。

（5）舷高——在中央横剖面处

从船底（龙骨上边线）到甲板和船舷交点的垂直高度叫做舷高，通常用符号“H”表示。

（6）干舷——从设计水线到甲板的垂直距离叫做干舷，通常用符号“F”表示。

（7）吃水——从基线（龙骨下边线）到设计水线的垂直高度叫做吃水，也就是船体浸水的深度，它随排水量变化而变化，以“T”表示。在舰船首、尾端吃水标记量取的吃水，分别称为首吃水和尾吃水，以“$T_{首}$”和“$T_{尾}$”表示。

舰船的外形大小除了用主尺度来表示外，还要用主尺度比来进步说明船体的特征和性能。

长宽比 L/B——该比值的大小对舰船的快速性影响很大，比值越大，表明船越瘦长，快速性就越好。对战斗舰艇来说，该比值较大，辅助舰艇和货船则较小。

舷高吃水比 H/T——其值大小决定船的抗沉性，比值越大，抗沉性越有保证。

船宽吃水比 B/T——它的大小表明舰船相对吃水来说是较宽还是较深。其大小决定船的稳定性，比值越大，对稳定性越有利。

船长吃水比 L/T——该值大小决定船的回转性，比值越小，即船短小，船转动越灵活。

应当指出的是，这些比值是相互制约的，不能无限制地增大或减小，例如 L/B，如果该值很大很大，也就是说船体很长很瘦，那么船体回转性和稳定性将会很差。因此，根据船舶的用途和性能的不同要求，这些比值是有一定范围的。

3. 船型系数

船型系数是用来表示船体几何形状与肥瘦程度的无因次系数。由于船体形状比较复杂，船体各处的曲度不同，为了表示各部分的形状关系，系数的种类有很多。

（1）水线面面积系数 α——是设计水线面积 S 与边长为 L 和 B 的矩形面积的比值，如图 1－1－18 所示。

$$\alpha = S/(L \times B)$$

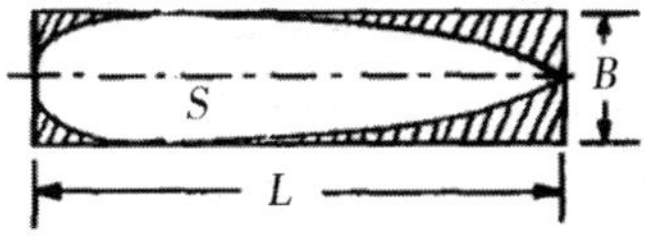

图 1－1－18

α 是小于 1 的系数，它的大小表明舰船水线面的肥瘦情况。各类不同的船舶，它的设计水线面的形状也是不同的。例如货船就比较丰满，船的中间很长一段线型变化不大，称为平行舯体；而军舰和客船设计水线面形状两端就比较瘦窄。也就是说，对于要求速度较高的舰船来说，α 值较小；而对于载重量大、速度较低的船，α 值就较大。

（2）横剖面面积系数 β——它表示设计水线以下船中横剖面部分面积 A 和边长为 B 和 T 的矩形面积的比值，如图 1－1－19 所示。

$$\beta = A/(B \times T)$$

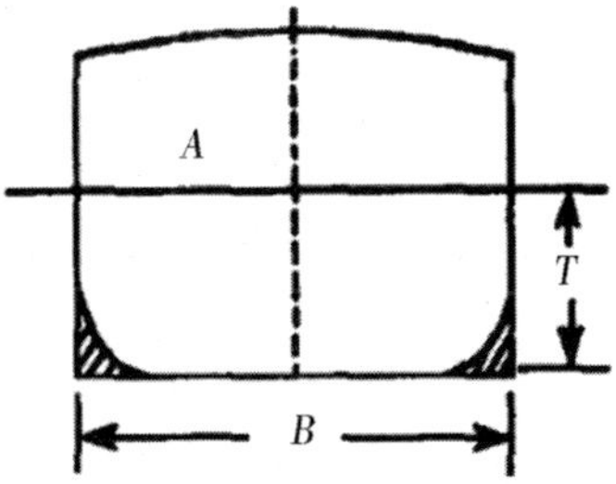

图 1－1－19

β 是小于 1 的系数，它的大小表明舰船中横剖面的肥瘦。它与 α 基本一样，也就是说，对军舰和客船来说，β 值较小，而对于大型货船和

内河船舶来说 β 值较大。

(3) 方形系数（排水量系数）δ——设计水线以下部分船体体积 V 与边长为 L、B、T 的长方体体积的比值，如图 1—1—20 所示。

$$\delta=V/\ (L\times B\times T)$$

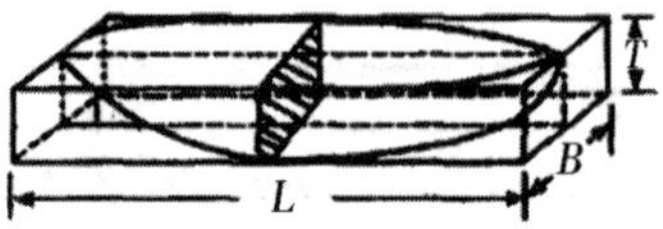

图 1—1—20

δ 是小于 1 的系数，它的大小表明舰船水下部分的肥瘦程度，是船体形状上很重要的一个系数。δ 值大，说明船体较肥满，装载体积大，但航速较难提高，如货船；δ 值小，则适于要求高速的舰船。

(4) 棱形系数 φ——设计水线以下船的体积 V 与船中横剖面积为 A、长为 L 的棱柱体体积的比值，如图 1—1—21 所示。

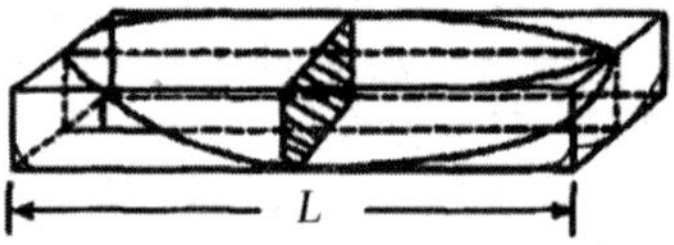

图 1—1—21

$$\varphi=V/\ (A\times L)$$

棱形系数 φ 的大小，反映了船舶水下形状沿船长方向变化的情况。φ 值大，表明船体线型沿船长方向分布比较均匀；φ 值小，则反映船体线型中部饱满而两端削瘦。棱形系数 φ 还与船舶阻力有很大的关系，φ 值大，水阻力也大，所以对于高速船舶 φ 值就应小些。

上述系数或比值的大小对舰船航海性能有极重要的影响，它们之间有一定的关系，即

$$\varphi=\frac{V}{A\times L}=\frac{\delta\times L\times B\times T}{\beta\times B\times T\times L}=\frac{\delta}{\beta}$$

这些系数同主尺度比一样，在设计船舶的时候，应根据船舶的用途不同和航区、速度的不同而加以适当选择，见表 1—1—1。

表 1—1—1 舰艇较适合的主尺度比值和船型系数范围表

舰船类型		主尺度比			船型系数		
		L/B	B/T	H/T	α	β	δ
民用船舶	远洋客船	8～10	2.4～2.8	1.6～1.8	0.75～0.82	0.95～0.96	0.57～0.71
	沿海客货船	6～7.5	2.7～3.8	1.5～2.0	0.70～0.80	0.85～0.96	0.50～0.68
	远洋货船	7.3～8.0	2.0～2.4	1.1～1.5	0.80～0.85	0.95～0.98	0.70～0.78
	拖　轮	4.0～6.5	2.0～2.7	1.2～1.6	0.72～0.60	0.79～0.90	0.46～0.60
	渔　轮	5～6	2.0～2.4	1.1～1.3	0.76～0.81	0.77～0.83	0.50～0.62

续表

舰船类型		主尺度比			船型系数		
		L/B	B/T	H/T	α	β	δ
军用舰艇	巡洋舰	9～11	2.2～2.3	1.70～2.00	0.69～0.72	0.76～0.89	0.45～0.65
	驱逐舰	9～12	2.3～4.5	1.70～2.00	0.70～0.78	0.76～0.86	0.40～0.54
	护卫舰	9～10	2.5～4.1	1.70～2.00	0.70～0.78	0.76～0.86	0.40～0.54
	炮　舰	6.5～9.0	2.8～3.3	1.65～2.80	0.70～0.80	0.80～0.90	0.52～0.64
	扫雷舰	7～7.8	3.5～4.1	1.70～2.00	0.68～0.75	0.80～0.88	0.50～0.60
	鱼雷快艇	5～6.5	2.5～4.5	—	—	—	0.30～0.40
	潜水艇	8～13	1.4～2.0	—	—	—	0.40～0.55

五、舰船模型的各种设备

舰船的设备比较多，这里主要介绍在模型制作中涉及的几种：

1. 桅　杆

桅杆是帆船时代遗留下来的。现代舰船的桅杆是用来装置各种雷达天线、无线电天线，悬挂信号旗、信号灯，安装气象仪器和瞭望台等。

桅杆是甲板上最高的建筑物，各种舰船桅杆的形状也不一样。军用舰艇多安装单柱式桅杆、三脚架式桅杆、格子式桅杆或塔式桅杆，如图 1—1—22 所示，大型军舰要安装两个桅杆，称为前桅（主桅）和后桅。

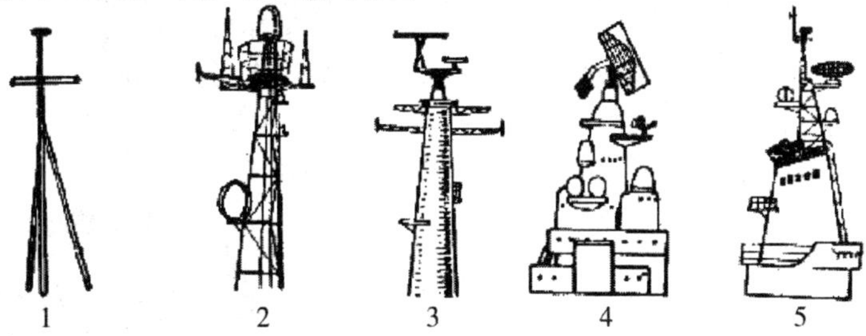

1.三脚桅　2.格子桅　3.柱型桅　4.塔式桅　5.烟囱桅

图 1—1—22　几种舰艇的桅杆

民用船舶除了在桥楼上有装置雷达天线、信号灯具的桅杆外，货船上还有起重桅（起重吊货设备的支柱）。常见的起重桅有单柱桅、龙门桅、人字桅和 V 型桅等，如图 1—1—23 所示。

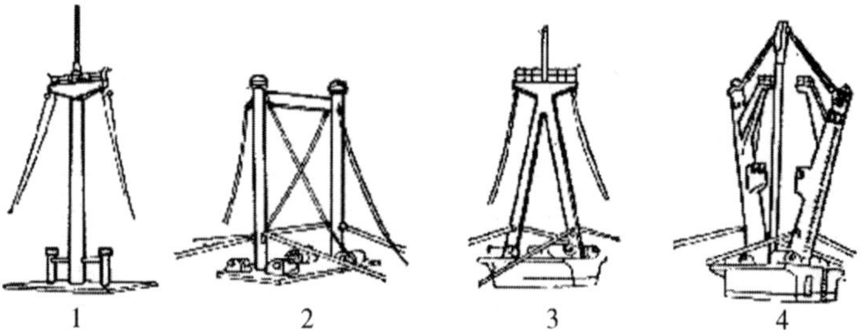

1.单柱式　2.龙门式　3.人字式　4.V型重吊

图 1－1－23　几种常见的货船起重桅杆

2. 烟　囱

烟囱是专门排烟的通道，是甲板上比较明显的建筑物。舰艇烟囱多在船的中前部。大型军舰有两个烟囱，小型舰艇只有一个烟囱。有的舰艇是烟桅合一；也有没有烟囱的，但在舰舷设有排气孔。锅炉的烟、柴油机工作的废气，都是从烟囱排出的。军用舰艇的烟囱有多种形状，常见的有护盖式、直筒式、斜筒式，如图 1－1－24 所示。

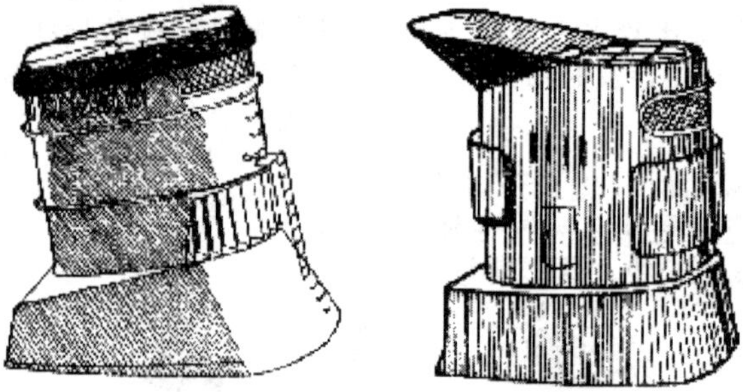

护盖式　　直筒式

图 1－1－24　军舰上的烟囱

民用船舶的烟囱有直筒式、斜锥式等多种，一般以斜锥式为多，如图 1－1－25 所示。

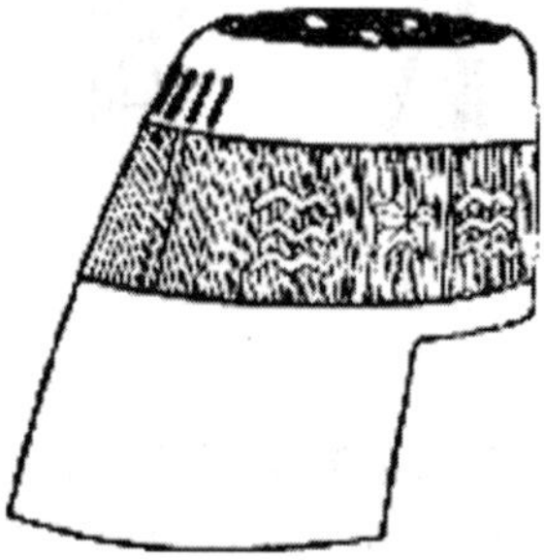

图 1－1－25　斜锥式烟囱

3. 观察通讯设备

观察通讯设备在舰艇上的作用就像人的耳目那样重要。通过它来发现敌人，依靠它来与兄弟舰船进行联络、协同作战。舰艇上的观察通讯设备种类很多，仅将模型制作涉及的几种介绍如下：

（1）雷达和其他无线电设备天线：雷达是利用无线电波侦察目标的专门设备，是舰艇的“千里眼”。舰艇上的雷达很多，有航海雷达、警戒雷达、炮瞄雷达等。雷达的主要设备都装置在各种舱室内。在外面看见的只是它的天线部分。天线的形状多种多样，常见的如图 1—1—26 所示。

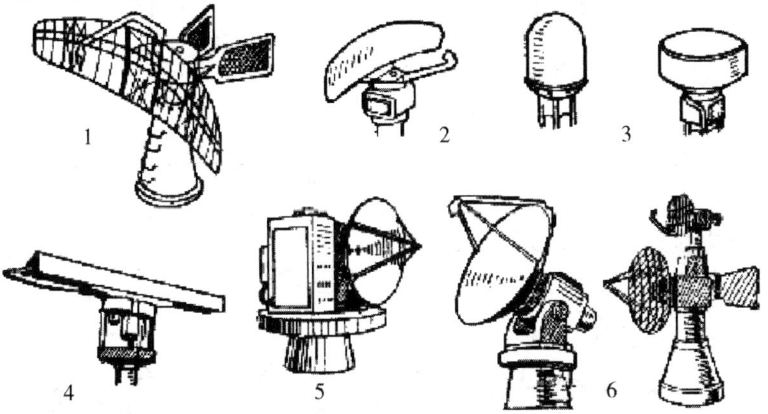

1.远程警戒雷达天线　2.截抛物面式航海雷达天线　3.对海及鱼雷攻击雷达天线　4.裂缝式航海雷达天线　5.炮瞄雷达天线　6.导弹制导雷达天线

图 1—1—26　各种常见雷达天线

（2）枪炮指挥仪：枪炮指挥仪是利用光学或雷达等测距装置，测量并计算目标至本舰距离的专用设备，主要用来指挥舰艇火炮射击，如图 1—1—27 所示。枪炮指挥仪多装在舰艇较高的地方。

（3）信号灯：信号灯是利用灯光讯号在舰艇之间进行通讯联络的一种通讯工具，一般装置在舰桥左右舷高处甲板上或桅杆上，如图 1—1—28 所示。

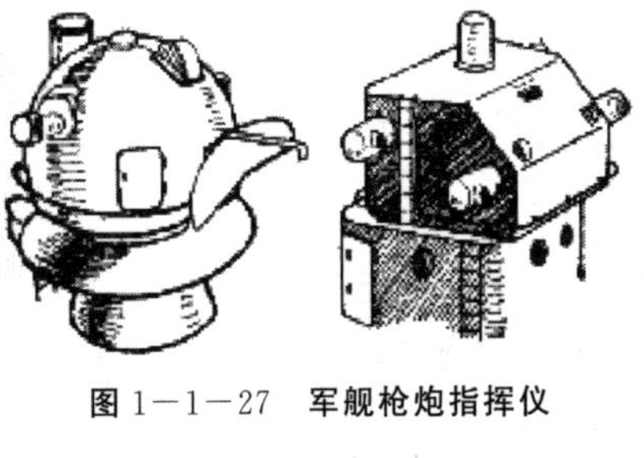

图 1—1—27　军舰枪炮指挥仪

图 1—1—28　信号灯

4. 航行设备

（1）磁罗经：磁罗经（包括定位罗经）是用来定位的，如图1—1—28所示。

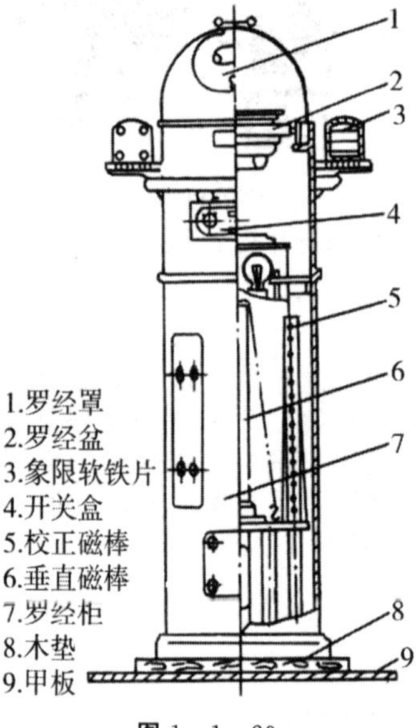

图 1—1—29

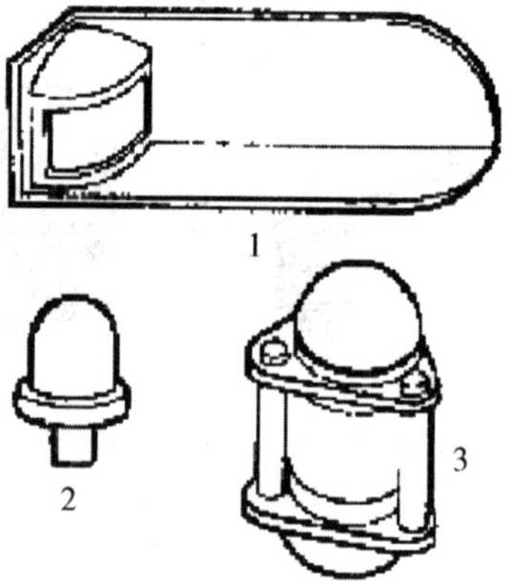

1. 舷灯　2. 桅顶灯　3. 桅、舷、尾灯

图 1—1—30　几种航行用灯

（2）航行灯：有桅灯、舷灯、首尾灯多种，如图 1—1—30 所示。桅灯与首尾灯相似，均用白色。舷灯是一种航行识别灯，设置在舰桥两舷对称的地方，左边的是红色，右边的是绿色。

图 1—1—31　车钟

（3）车钟：传达航行操纵人员有关船速命令给机舱内的一种设备，如图 1—1—31 所示。

5. 系泊设备

常见的系泊设备有双系柱、导索绞车，在小艇上也能常看到十字缆桩和系索栓。

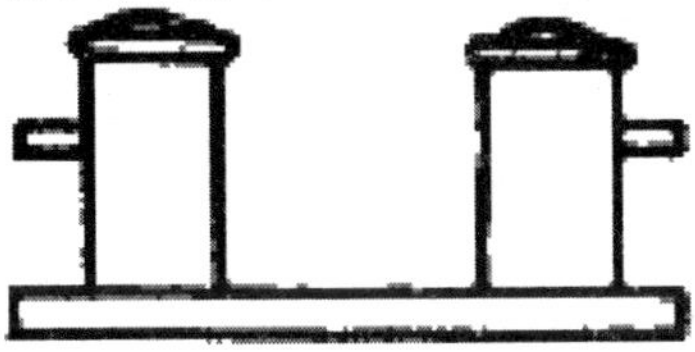

图 1—1—32　双系柱

（1）双系柱：一般用来系缆绳。由并在一起的两根空心铁柱做成，铁柱上部稍大，以防缆绳滑脱，安装在甲板两舷的舷边上，如图 1—1—32所示。双系柱的大小是根据舰艇排水量大小而定的，形状有多种。

（2）导缆钩和导缆孔：用来引导和控制出入舷边的缆绳。一般安置在双系柱的两旁，形状有多种，如图 1—1—33 和 1—1—34 所示。

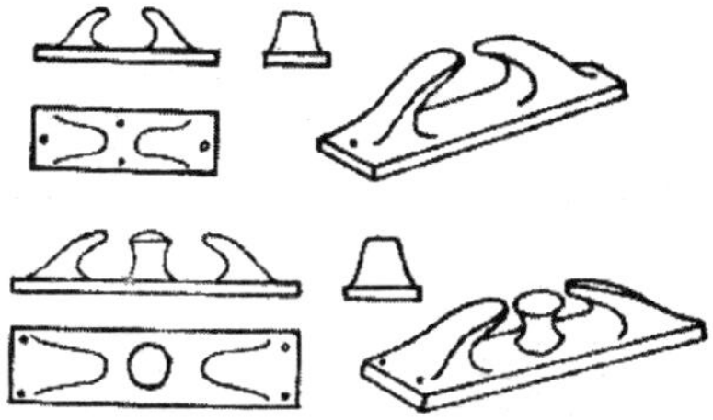

图 1—1—33　导缆钩

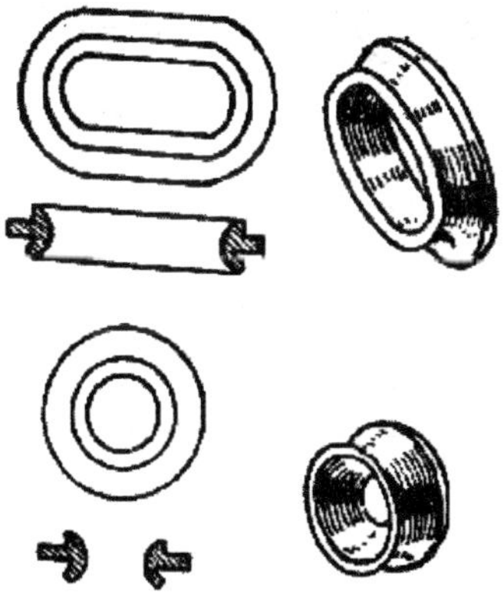

图 1—1—34　导缆孔

（3）绞车：用来放置系泊缆绳钢索用的卷筒车。舰艇上常见的绞车如图 1—1—35 所示。

图 1—1—35　绞车

(4) 十字缆桩和系索栓：一般是小艇上系泊绳索用的，和双系柱的作用一样。常见的如图 1—1—36 所示。

图 1—1—36　**十字缆桩和系索栓**

6. 通风设备

通风设备是保证舰艇舱室内空气流通的装置。常用的有自然通风和机械通风两种。自然通风筒有喷嘴式、圆筒式。机械通风筒常见的有菌式通风筒。军舰通风筒较小，以机械通风装置为多，如图 1—1—37 所示。

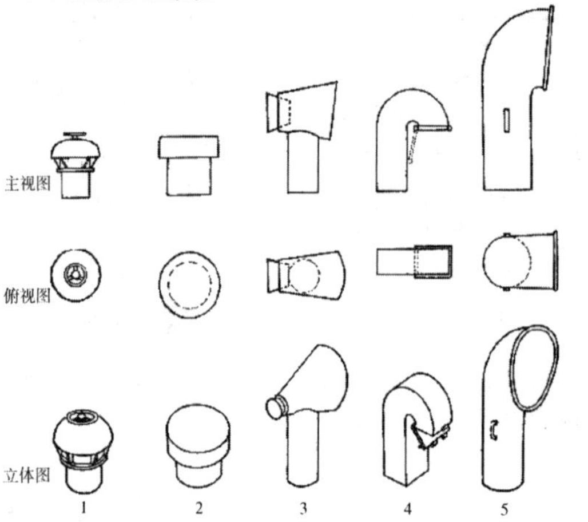

1、2.菌式机械通风筒 3.喷嘴式自然通风筒 4.鹅颈式机械通风筒 5.圆筒式自然通风筒

图 1—1—37　**常见通风筒**

7. 舱口装置

舰艇上常见的舱盖有圆舱口盖和方舱口盖两种，如图 1—1—38 所示。护卫艇的机舱入口是和机舱天窗连在一起的，如图 1—1—39 所示。在民用船舶上，还有货舱盖和机舱盖等舱口装置。

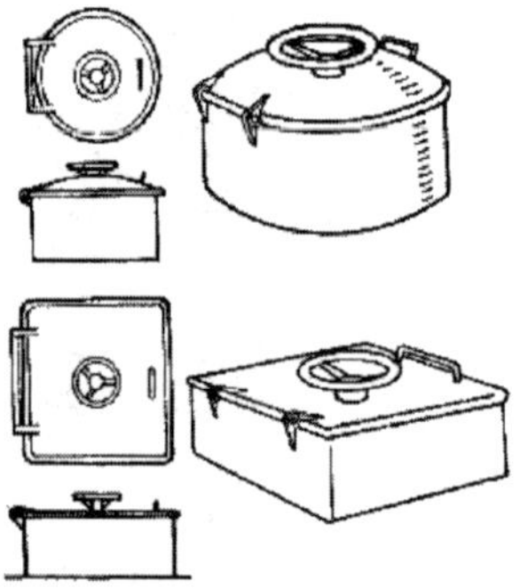

1—1—38　**圆舱口和方舱口**

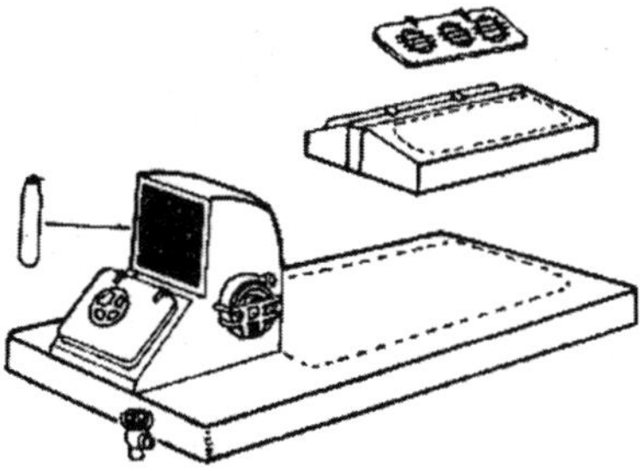

图 1—1—39　**护卫艇机舱入舱口**

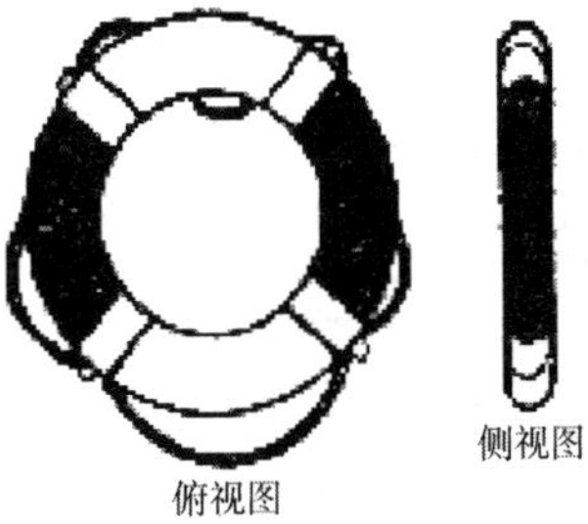

图 1—1—40　**救生圈**

8. 救生设备

救生设备是在意外情况下用于救护人员的安全设备，常用的有救生圈、救生筏、救生艇等几种。

(1) 救生圈：用实心软木拼连制成，重量轻，浮力大，外面包有厚帆布，圈上有拉手绳索。为了便于识别，常漆上红白相间的颜色，如图 1—1—40 所示。

(2) 救生筏：常见的救生筏有两种，①长方形的金属浮体，内部有水密隔舱，外侧有垂环状扶手绳索，还有木制浮子把手，如图 1—1—41；②气胀式救生筏，平时看到的只是一个圆筒形的筏体，舰艇发生危险时，可把筏抛在水里，它会自动充气膨胀成一只有篷顶的橡皮艇。

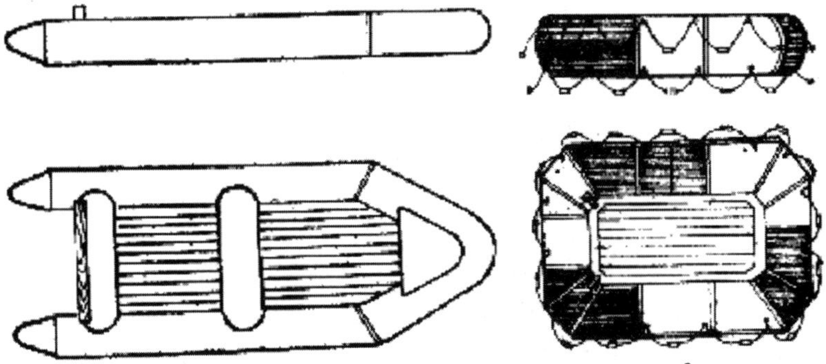

1.工作用救生筏　2.普通救生筏

图 1—1—41　**救生筏**

(3) 救生艇：救生专用的小船。里面放有桨、发动机、油料、淡水、食物和救生用品。平时安放在甲板中部的两舷处，上面盖有帆布罩子，如图 1—1—42 所示。使用时是通过吊艇杆来吊放的，吊艇杆式样很多，图 1—1—43 所示的是较简单的一种。

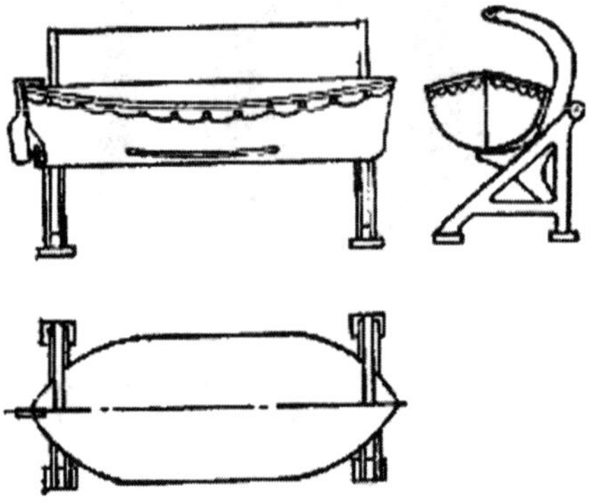

图 1—1—42 救生艇

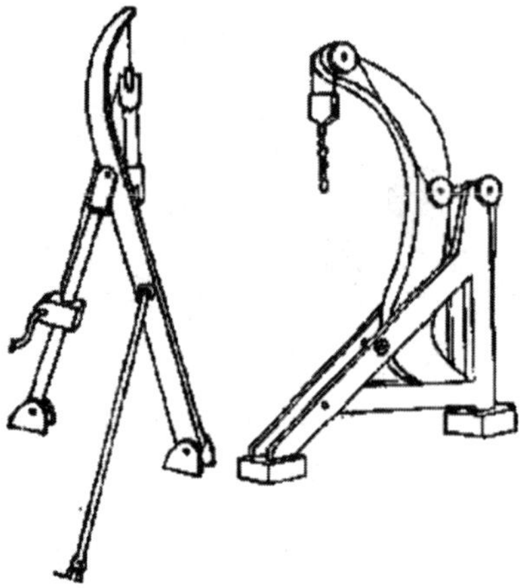

图 1—1—43 吊艇杆和吊艇架

舰艇上除了救生艇以外，还有汽艇、舢板等小艇，可以用来做舰艇间交通联络、引导锚索以及训练人员荡桨、驶帆和操艇，也可用来救生，如图 1—1—44 所示。

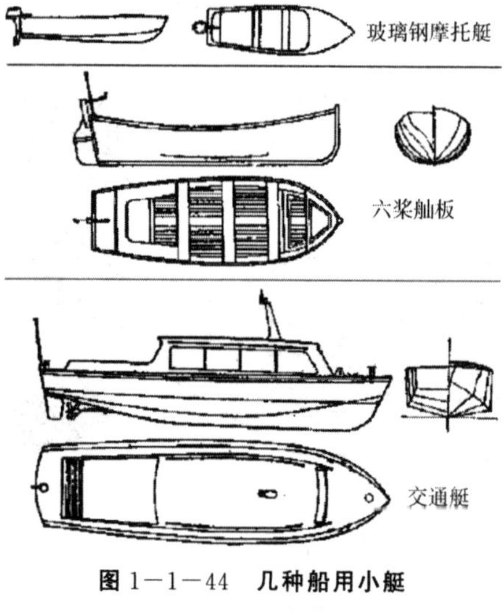

图 1—1—44 几种船用小艇

9. 锚设备

锚设备是确保船舶安全的一种不可缺少的设备，包括锚、锚链、掣链器和锚机。

(1) 锚：把舰艇系留在水面的主要器材。舰船在水面停泊时，可将锚抛入海底，使舰船不致因风力或水流漂走。它通常挂在舰首左右舷外，锚的种类很多，大致分为有杆锚、无杆锚、大抓力锚及特种锚 4 大类型，约 10 多个种类。其中，常用的有海军锚、无杆锚、斯贝克锚等，如图 1—1—45 所示。现代舰船大多用无杆锚。

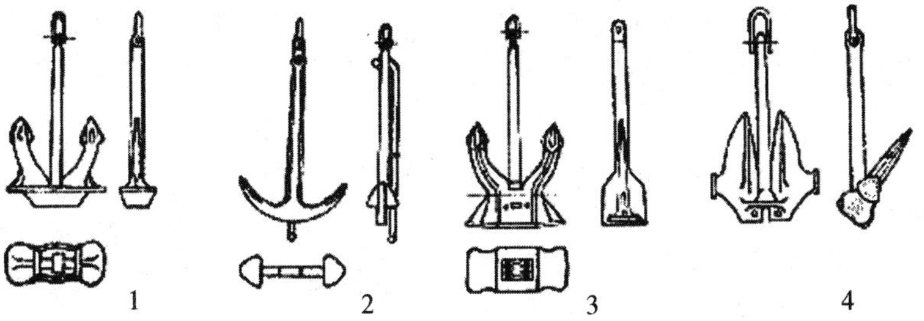

1.无杆锚　2.海军锚　3.斯贝克锚　4.大抓力锚

图 1－1－45　各种锚

①有杆锚。具有横杆的锚为有杆锚。该类锚的特点是一个锚爪啮入土中，当锚在海底拖曳时，横杆能阻止锚爪倾翻，起稳定作用。有杆锚中有海军锚、层洛门锚、单爪锚及日式锚等。

②无杆锚。没有横杆，锚爪可以转动的两爪锚为无杆锚。该类锚的特点是，在工作中两个爪同时啮入土中，稳定性好，对各种土质的适应性强，收藏方便。无杆锚发展较快，已由第 1 代发展到第 3 代。常用的无杆锚主要有霍尔锚、斯贝克锚、AC—14 型锚及 DA—1 型锚。

③大抓力锚。大抓力锚实际上是一种有杆转爪锚，因其具有很大的抓重比，故称为大抓力锚。这类锚的特点是，锚爪的啮土面积大，抓持的底质深而多，抓力特大，但是锚爪易拉坏，收藏不方便。大抓力锚中有马氏锚、丹福尔锚、快艇锚、施得林格锚及斯达托锚等。

④特种锚。特种锚的形状与用途与普通锚均不同。主要是指供浮筒、囤船、浮船坞等使用的永久性系泊锚；破冰船上所用的冰锚及帆船和小艇上用的浮锚等。

（2）锚链：是由很多钢铁制成的椭圆形链环接连在一起的。链环有两种：①有挡链，②无挡链，如图 1－1－46 所示。有挡链强度大，现代舰船上常采用它；无挡链强度较小，多在小舰船上使用。

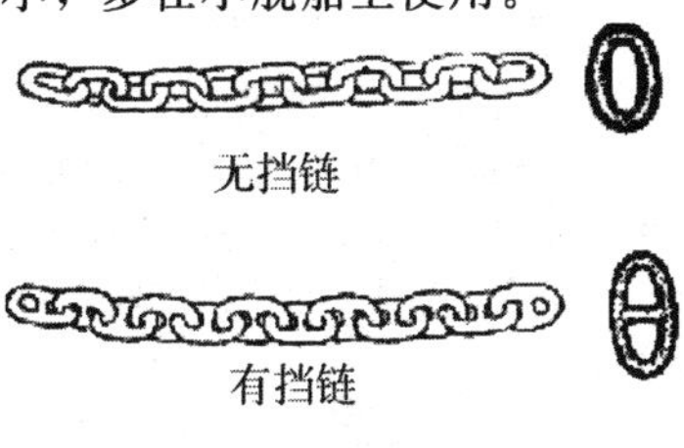

图 1－1－46　2 种锚链

（3）掣链器：主要作用是扣住锚和锚链，不致外滑，并使锚机不再吃力，以免损坏机件，如图 1－1－47所示。一般安装在锚与锚机之间的甲板上。

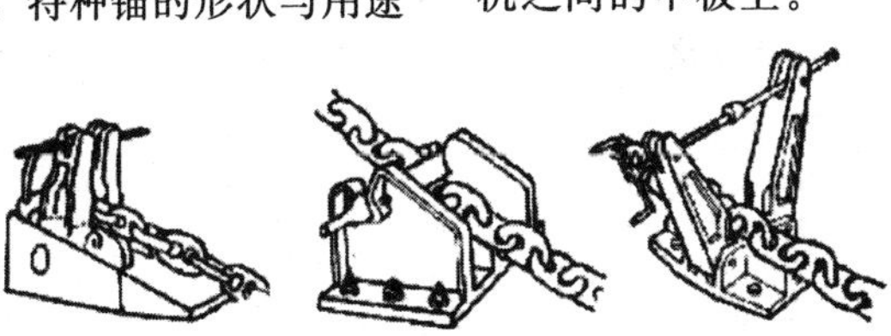

图 1－1－47　掣链器

（4）锚机：起锚和抛锚的机器，也可用来收绞钢缆或锚链。锚机的种类很多，常用的有下列 3 种：

①立式锚机：如图 1—1—48 所示，由绞柱、键盘和凹槽盘组成，凹槽盘四周有孔，可以插入扳手木棒，用人力来转动锚机，也有用电机或蒸汽机带动，安置在甲板上（转动它的机器在甲板下面）。立式锚机使用方便、体积小，是现代舰船上常用的锚机。

图 1—1—48 立式锚机

②卧式锚机：如图 1—1—49 所示，锚机横卧在甲板上，占地较大，且露在外面，机器容易损坏，现代军舰上很少使用。民用船舶上还常使用它。

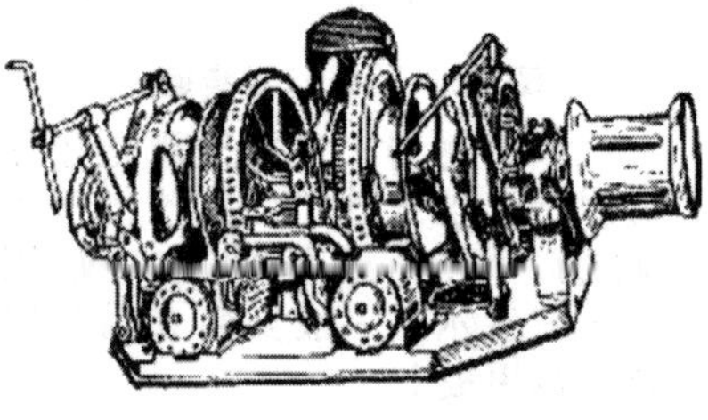

图 1—1—49 卧式锚机

③电动系缆绞车：一般装在大船的后甲板，在船舶靠离岸时系缆用，如图 1—1—50 所示。

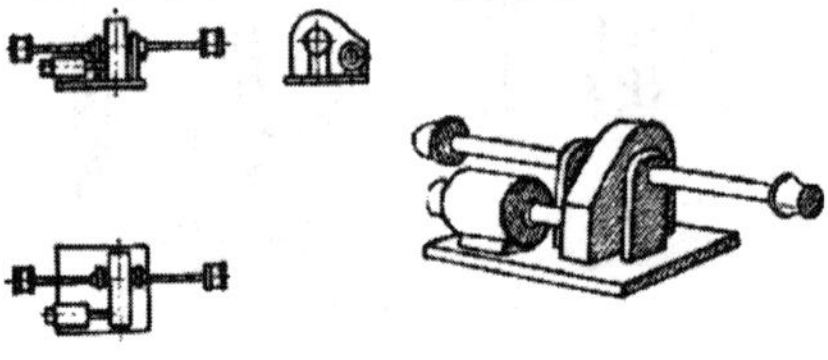

图 1—1—50 电动系缆绞车

10. 起货设备

舰船的起货设备由起重机、吊杆、吊货绞车、滑轮等组成。如图 1—1—51、图 1—1—52、图 1—1—53 所示。

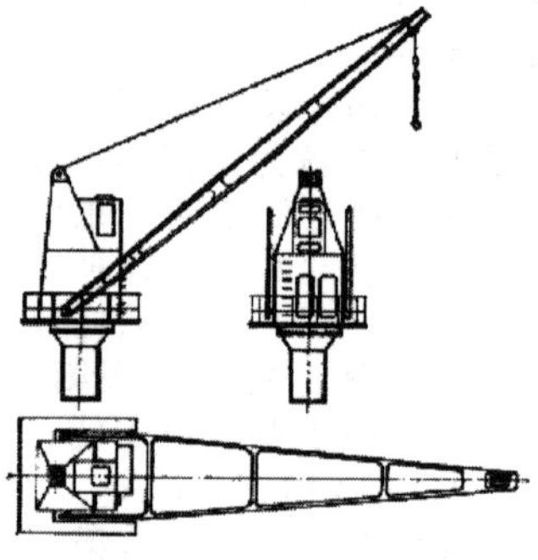

图 1—1—51 起重机

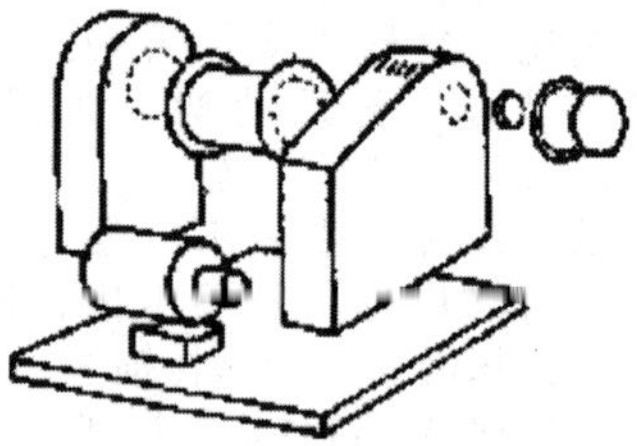

图 1—1—52 电动吊货绞车

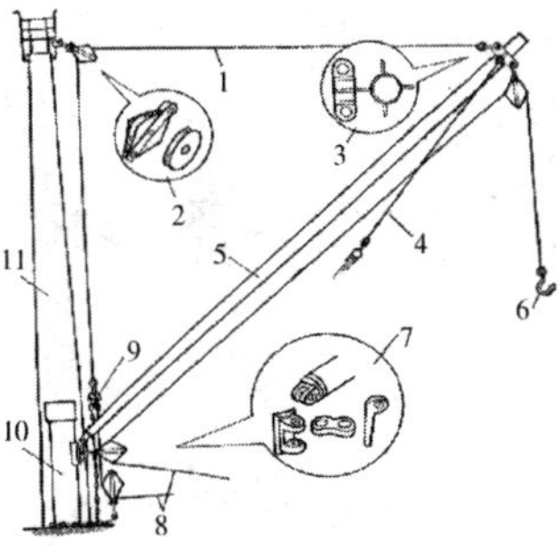

图 1－1－53　起货桅和吊杆

11. 消防设备

舰艇和民船都装有灭火设备，如灭火机，消防水龙头和水龙带，消防桶、太平斧，形状与民用的差不多，都是红色，如图 1－1－54 所示。

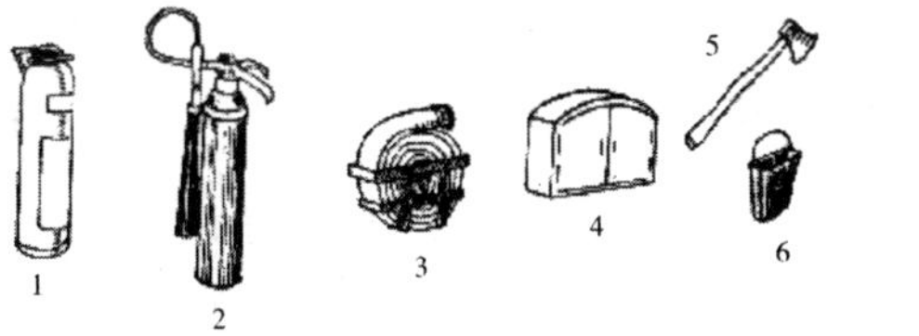

1.泡沫灭火器　2.二氧化碳灭火器　3.水龙带　4.消防设备箱　5.太平斧　6.消防桶

图 1－1－54　船用消防设备

12. 旗杆和栏杆装置

（1）旗杆：军舰上舰首、尾各有一根旗杆，用来停泊时挂旗。我国军舰艇舰首挂“八一”军旗，舰尾挂国旗。

（2）栏杆：保护舰艇人员安全的装置。一般舰舷四周及部分舰桥甲板边缘都装有栏杆。有些栏杆还能随时拆除或放倒，如图 1－1－55 所示。

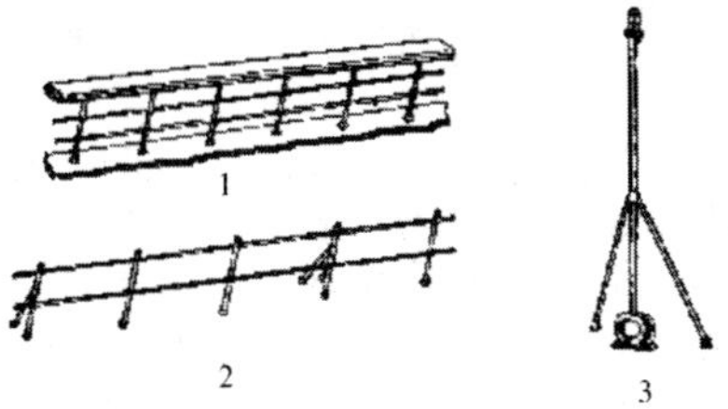

1.民用船栏杆　2.舰艇的栏杆　3.舰艇首旗杆

图 1－1－55　旗杆和栏杆

六、舰船模型的动力装置

现代舰船的动力装置，有蒸汽轮机、柴油机、燃汽轮机和核动力等。常规动力潜艇在水面航行时用柴油机作动力，在水中航行用蓄电瓶供电的电动机作动力。

舰船模型的动力装置与某些船舶的动力装置很相似，但模型的动力装置体积很小，结构简单，使用方便。在我国，有靠风力航行的帆船模型，还有用橡筋作动力的初级舰船模型，以及以直流电动机、内燃机为动力的舰船模型等。

在对舰船模型的动力装置进行选择时，要注意其航行速度应该和真实舰船相似。如果货船模型的速度比驱逐舰模型的速度还快，那就脱离实际了。

为了使模型的航速与实际船舶的速度相似，可根据机械相似定律来进行计算。根据机械相似定律确定，船模的比例缩尺 $M=1/X$ 时，船模速度应等于舰船速度除以 X 平方根后所得的商。

$$V_{模型}=\frac{V_{舰船}}{\sqrt{X}}$$

其中，$M=1/X$ 就是当船模为实际舰船 1/25 时，$M=1/25$，当船模为实际舰船 1/100 时，$M=1/100$，也就是 X 分别为 25 和 100；V 为速度。

例如国产万吨级远洋货轮模型，比例缩尺 $M=1/100$（模型船长 1.61 米），X 就等于 100。已知货轮速度约为 36 千米/小时，按公式代入：

$$V_{模型}=\frac{V_{舰船}}{\sqrt{X}}=\frac{36}{\sqrt{100}}=3.6\ （千米/小时）$$

关于各种动力装置在本书后半部分进行了详细介绍，在此不赘述。

七、舰船模型的推进装置

舰船航行必须获得推进力量以克服各种阻力，把供给舰船推进力量的装置称为舰船推进器。

外来的能量直接作用于船上，例如风作用于船帆、绳索牵引使舰船前进等，属于主动式推进器；装置在船上的推进器向后拨水，以水的反作用力使船前进，例如桨板划水，螺旋桨、明轮、平旋轮、喷水和喷气推进器等，或利用空气反作用力的空气螺旋桨推进器，均属于反应式推进器。这里主要介绍螺旋桨推进器。

螺旋桨推进器简称螺旋桨，它构造简单，工作可靠，造价低，效率高，是现在各类船舶使用最为普遍的一种推进器形式，常见样式如图 1—1—56 所示。

图 1—1—56　常见的几种螺旋桨样式

1. 螺旋桨的结构

螺旋桨是由桨叶装安在桨毂上而组成的，如图 1—1—57 所示。一般螺旋桨桨叶为 3 片或 4 片，个别的也有 5 叶、6 叶甚至 7 叶的。它们以一定的角度与桨毂固定在一起。桨叶是用来产生推力的。螺旋桨通常是安装在船尾部的，螺旋桨与艉轴（即与船舶主机相连的推力轴）连接的部分叫桨毂，它的形状为鼓形体，呈流线型。其直径为螺旋桨直径的 16%～20%。

螺旋桨旋转时，由船尾向前看，按顺时针方向旋转的称右旋螺旋桨，按反时针旋转的称左旋螺旋桨。装于船尾两侧之螺旋桨，在旋转时，如其上部向船的中心线方向转动称为内旋螺旋桨，反之称为外旋螺旋桨。一般双螺旋桨船多采用外旋方式。

如图 1—1—57 所示，桨叶与桨毂相连的一端为叶根，桨叶的外端称叶梢。螺旋桨旋转时，桨叶推水的一面叫叶面（或称工作面），另一面叫叶背。叶面是螺旋桨的工作压力面，它推水向后，所以又称吐出面。桨叶首先入水的一边是导边，另一边是随边。叶背的工作条件与叶面相反，因而又称吸入面。

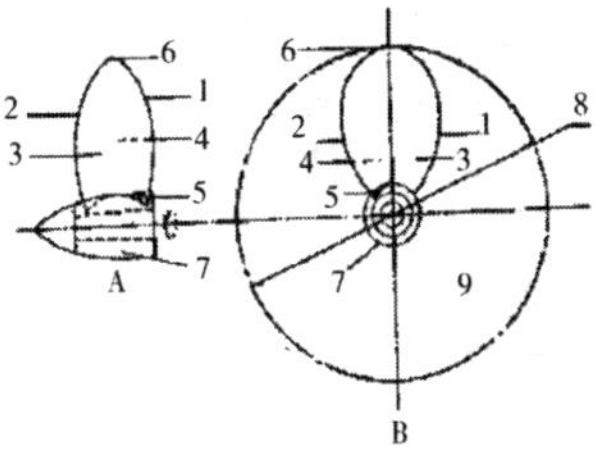

A 侧视图　B 正视图(由后向前看)
1.导边　2.随边　3.叶面　4.叶背　5.叶根　6.叶梢
7.桨毂　8.推进器直径或梢径　9.桨盘

图 1—1—57　右旋螺旋桨结构示意图

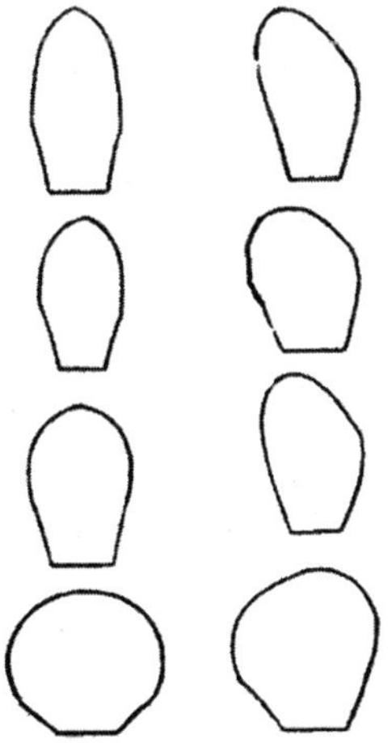

对称型　　非对称型

图 1—1—58　桨叶的外形

船模螺旋桨的桨叶数通常有 2～4 叶。2 叶螺旋桨适用于主机功率小、转速高、排水量小的模型。3 叶螺旋桨多用于自航模型和遥控模型。4 叶螺旋桨用于主机功率大、转速低、排水量大的舰船模型，以及在短时间内产生较大能量（扭力大）的橡筋动力模型。它的优点是振动小。

螺旋桨桨叶的形状，常用的有对称形和非对称形，如图 1—1—58 所示。桨叶半径 2/3 处最宽，最大宽度约等于平均宽度的 1.2～1.35 倍。不对称形的桨叶叶尖偏向一边，因其效率高而多被采用，对这种桨叶很容易识别其旋转方向：叶尖所在的那一边为随边，而另一边为导边。对称形桨叶则可以从叶根处看出其旋转方向：导边离船尾处较近，而随边离船尾处较远。自航模型、遥控模型多用对称形叶片，竞速艇模型多用非对称形桨叶。

螺旋桨桨叶的展开平面形状，对螺旋桨推进效率的影响并不大，但桨叶横截面的形状对螺旋桨的推进效率却有着重大影响。船模常用的桨叶截面形状有弓形、机翼形、月牙形等，其中以弓形最为普遍，如图 1—1—59 所示。桨叶的厚度以叶根为最厚，逐渐向叶梢递减，至叶梢处最薄。

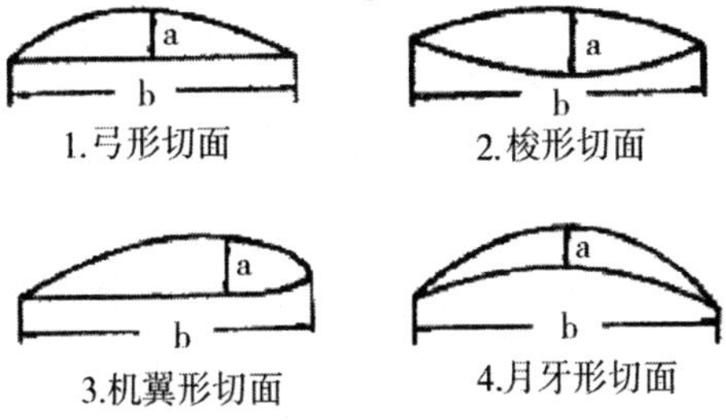

a 桨叶最厚点　b 桨叶宽度

图 1—1—59　桨叶截面形状

2. 螺旋桨的性能参数

螺旋桨旋转时，叶梢绕桨毂中心画出的圆形轨迹称梢圆，此圆的直径（梢径）就是螺旋桨的直径，以“D”表示。通常认为螺旋桨的直径在下列范围内是合理的，单螺旋桨$D=$（0.6～0.75）T_k，双螺旋桨 $D=$（0.6～0.7）T_k，式中 T_k 为满载时船尾吃水。螺旋桨的直径 D 也常作为一个标准数据来应用。如桨毂的直径是 0.16～0.2D，螺旋桨沉没在水中深度为叶梢距离水面 0.2～0.5D。梢圆的面积（即桨盘），也就是螺旋桨的盘面积，以 A_d 表示。因此：

$$A_d=\frac{1}{4}\pi D^2$$

桨叶的工作面积称为叶面积，一具螺旋桨的各叶面积之和就是该螺旋桨总的推水面积，又称为展开面积，以 A 表示。

螺旋桨的展开面积和圆盘面积之比称为盘面比。即

$$盘面比=A/A_d$$

驱逐舰、护卫舰、拖船、快速客船的盘面比接近 100%，货船和一些低速船舶的盘面比则少于 60%。

假设螺旋桨在刚性介质中旋转一圈，它所前进的距离叫螺距，又叫几何螺距，以“H”表示。而舰船螺旋桨实际是在柔性介质（水）中旋转的，水是流体，在螺旋桨的压力下，水被推向后移动，而螺旋桨也会随着被其推向后面之水向后滑动（滑失现象），因此螺旋桨对水而言要比假设在刚性介质中运动前进的距离要小。螺旋桨在水中旋转一圈推动船舶前进的距离称为实际螺距，其大小为 V/N，V 为单位时间的舰船航速，N 为螺旋桨单位时间的转速。

因为实际螺距小于几何螺距，它们之间的差数称为滑脱，以 SH 表示。SH 值与几何螺距的比为滑脱比，以 S 表示。通常 S 值在0.1～0.2之间。S 值小，表示螺旋桨推进效率高。

几何螺距 H 与直径 D 的比为螺距比，以 P 表示：

$$P=H/D$$

通常负荷大、速度慢的船舶 P 值较小，负荷小、速度快的船舶 P 值较大，一般可在 0.8～1.5 之间。

3. 螺旋桨的选择

舰船模型要选择一个比较理想的螺旋桨，必须综合考虑多方面的因素。一方面参照现有的比较成功的船模螺旋桨；另一方面要根据模型的主要尺度、排水量、设计船速、主机功率及转速等来确定螺旋桨的数据，如螺旋桨桨数、桨叶数、螺旋桨直径、螺距、叶面积等。

一般根据主机功率和转速选取较大的盘面比，以获得较高的推进效率。

在主机功率允许的情况下，增大螺旋桨的直径来提高推进效率，是很有效的，但有限。因为螺旋桨的直径受尾吃水的限制，不可能增加很多。

螺距比是影响螺旋桨性能的因素之一。负荷大、速度慢的船模 P 值小些；负荷小、速度快的船模 P 值大些。一般 P 值在 0.8～1.5 之间。计算螺距时，可根据设计要求达到的船速 V_p 和主机的转速 N，按公式 V_p/N 求出船模螺旋桨的实际螺距，再把滑脱考虑进去，按下列公式求出几何螺距：

$$H=V_p(1+S)/N$$

S 值一般在 0.1～0.2 之间选取。

4. 其他形式的推进装置

舰船推进器除了螺旋桨推进器之外，还有其他一些特殊形式：

（1）导管螺旋桨。导管螺旋桨是在普通螺旋桨的外圈加装一个圆锥形套管，叫做导管或导流管。加装导流管的作用是能增大推力，提高推进效率，它要比普通螺旋桨的推力大20%～30%。它特别适于低速船舶，如拖轮和拖网渔轮。

（2）平旋推进器（直叶推进器）。平旋推进器一般垂直地安装在舰底部，是一个可旋转的圆盘，上面装有4～8片叶片，形状似剑形。叶片除随圆盘一起转动外，还可自转。只要调节叶片的角度就可获得随意方向的推力。它的最大优点是转向操纵灵活，而不用舵。因此，特别适合对操纵性要求较高的港口作业船。

（3）喷水推进器。喷水推进器是依靠喷出的水流的反作用力来产生推力的推进方式。它由安装在船体内的水泵及吸水、喷水管系所组成。水泵从船外吸水并使其加速，然后从船后的喷口喷出，以获推力使船前进。它适合于受到吃水限制的航区、航道的船舶，如浅水内河船舶，也适于大马力、高速度的快艇。

八、舰船模型发动机的安装

发动机是模型的动力源，如果安装不当，不仅会影响模型的正常航行，有时还会使模型受到严重损坏。在模型船体制作前就要考虑发动机的安装，尤其是以内燃机为动力的模型。

设计时，可在船模图纸中的侧视图和半宽图上，根据推进器轴线（即轴的中心线）的位置、发动机体积大小及船壳内的宽度，初步确定发动机的位置、机座（或机台）的尺寸和机座台面的倾斜度等。推进器轴线往往在图纸上就已标出，应尽量使机轴与推进器轴在一条直线上。如果两轴之间有某些连接部件，也允许有一定的夹角。发动机太靠前，会增加推进轴的长度，影响船内其他设备的安装，同时还会使模型的重心靠前；发动机太靠后，因为船尾比较窄小会影响它的安装。

以内燃机为动力的各种竞速艇模型，对发动机的安装位置要求十分严格，因为这会直接引起模型艇体重心的改变，进而影响模型的航行性能。所以，对这种模型，其安装位置是经过多次航行试验后才确定的。如果是制作已经实践证明性能良好的模型，发动机的位置最好不要轻易改动。

固定发动机的方法很多。一般，为了便于固定都要制作一个木制或金属的机座（或机台）。机座应与模型的肋板或船底板固定。对木制或玻璃钢制的模型，木座可用树脂胶黏接，同时再用木螺丝钉加固。对金属制的模型，金属座可以焊接。一般的电动机可采取紧固的办法固定。内燃机多采用预先埋设螺杆的方法固定。常见的发动机固定的方法如图1－1－60所示。

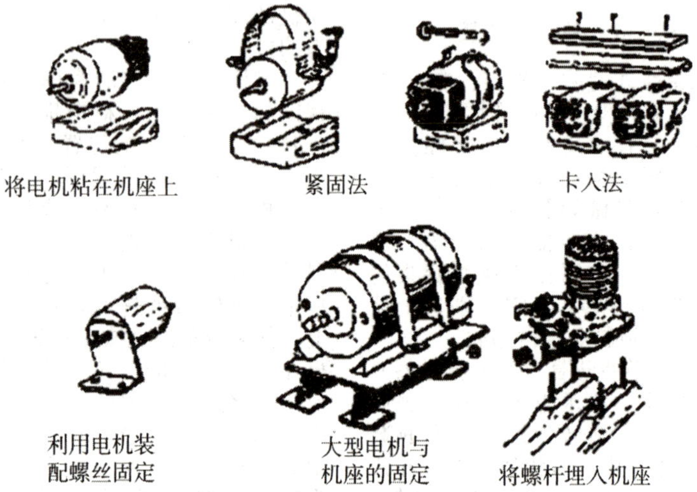

图 1－1－60　常见的发动机固定的方法

九、舰船模型的传动装置

发动机装好后，还要有一套传动装置，将其发出的动力传递到船体外面，以带动螺旋桨，使船模在水中前进。

一般传动装置包括传动轴（在模型上一般即为桨轴）、发动机轴（简称机轴）与传动轴之间的连接部件、传动轴套管（简称轴套管）和船体外的轴支架等。有的模型为了使发动机减速、增加动力输出的轴数或改变推进轴的旋转方向而使用的齿轮箱，也是传动装置的一部分，如图 1－1－61 所示。

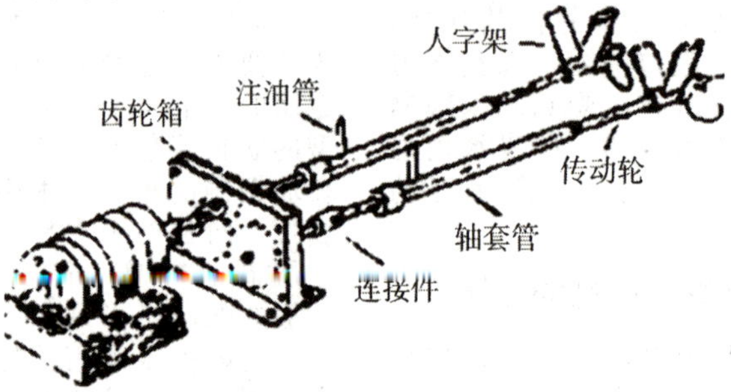

图 1－1－61　模型的传动装置

1. 传动轴

传动轴要有一定的强度并非常平直。较小模型可用不同型号的自行车车轮辐条代替。如使用的发动机功率较大，可根据其功率大小和强度要求，分别选择直径为 3～6 毫米的钢筋作轴。也可以选用合适焊条芯、废擦枪通条等做轴，效果也不错。

2. 轴套管

为了使传动轴顺利地伸出船壳外，需要在船壳伸出轴的地方固定一段水密的轴套管。简易或初级的模型，可以用一段内径略比传动轴粗一点的金属管，也可用废圆珠笔芯的空塑料管代替。

为了不使水通过轴套管进入船内，可选用较长的（或设法加长）轴套管，使它伸到吃水线以上，或者也可在轴套管里注入一些黄油。一般模型的轴套管，可选择一段内径为轴直径3～4倍的金属管，也可用金属片自行焊制。管的前部要垂直焊上一段较韧的金属注油管，并和轴套管相通。轴套管两端可分别嵌入用铜丝弯制的“轴瓦”，有条件的可用铜料进行车制。“轴瓦”要与轴套管焊牢。待轴套管与船壳黏牢后，待传动轴从套管内穿过，再由注油管向轴套管内挤入黄油。还有一些其他的方法，如图1－1－62所示。

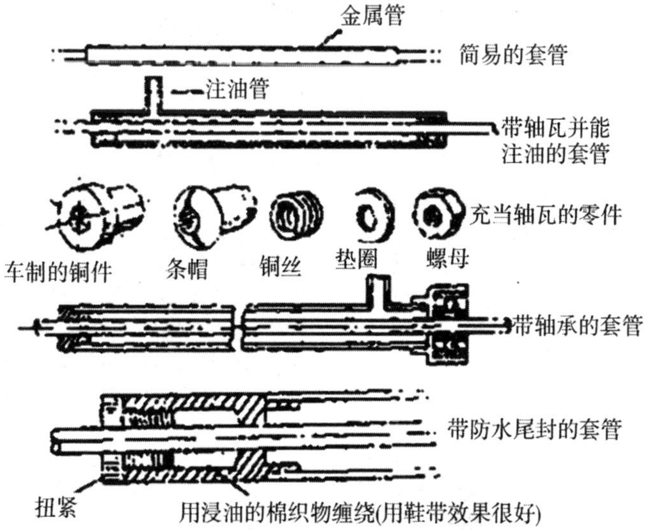

图1－1－62　各种轴套管示意图

3. 连接部件

轴与轴之间的连接部件，将发动机轴的动能传递给动力轴，或通过齿轮箱再传递给动力轴。因为这种动能是靠转动的扭力来传递的，有时又由于安装上的某种需要，所以发动机轴与传动轴的中心线往往不在一条直线上。这就要求轴的连接部件必须有一定的强度，并具有可稍微改变传导方向的特点。

最常见的是弹簧传动连接。这种方法简单易行，很适合在较小的模型上使用。制作时可选择一段有一定强度的、内径与机轴和传动轴直径相近的弹簧（最好是弹簧刚好套入轴的端部）。弹簧两端要用锉刀或细砂纸处理干净，再分别与发动机轴和传动轴焊牢。由于焊接处在传动时受力很大，容易开焊，要合理增加焊接面积。

模型商店出售的成套船模材料或零件中，往往使用工厂加工的可拆卸的弹簧传动部件，更换和维修十分方便。功率较大的发动机，可使用各种万向接头作为连接部件。有些需要采取机床加工的方法制作，有些可使用简单的钳工工具做出，效果都比较理想，如图 1—1—63 所示。

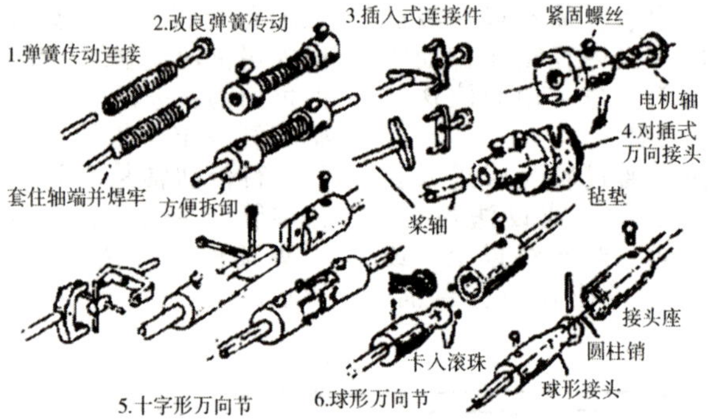

图 1—1—63　各种轴的连接件示意图

4. 支架

支架也称人字架，是支撑传动轴正常运转的船外部件。简单的可用铁片折制，或用金属管与金属片焊制。比较正规的，可用车床车制和焊制。装配时，可参考图 1—1—61 进行。

5. 齿轮箱

有的电动机转速很高，如果直接带动螺旋桨旋转，会使电动机很快发热，却不会使螺旋桨获得较大扭力，采用减速齿轮箱可以较好地解决这个问题。1 台电动机带动 2 个或 2 个以上的传动轴，可使用减速增轴齿轮箱，如图 1—1—64 所示。

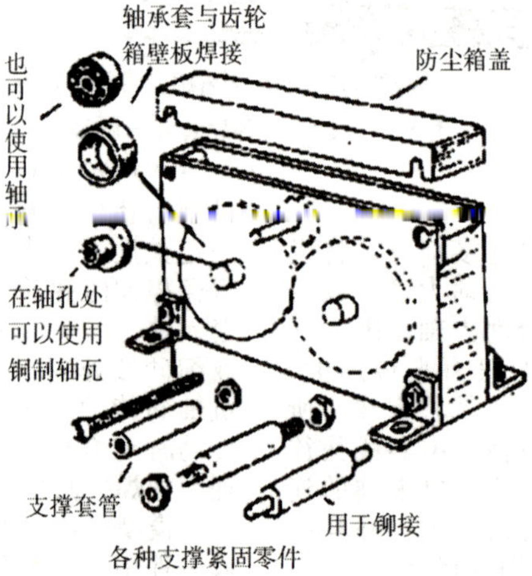

图 1—1—64　减速增轴齿轮箱

制作齿轮箱时，箱板宜用铜质材料。钻制轴孔时，可先将两块同样大小的箱板焊接（或用手虎钳固定）在一起，使钻出的轴孔位置一致。小的齿轮箱，可直接用轴孔代替轴瓦；较大的齿轮箱，最好能单独车制铜轴瓦，或车制齿轮轴的轴承套，然后再嵌入轴承。齿轮箱制好后，当用手扭动一个齿轮轴时，其他几个齿轮也应随着轻快地转动。如某些地方出现“死点”或严重卡住，须进行必要的调整，齿轮箱最好能做成封闭的，里面注进一些齿轮油以润滑齿轮。

安装齿轮箱时，不仅要注意轴与轴之间的安装角度，更要注意齿轮箱与船体间安装的牢固性。齿轮的组合形式可参考图 1－1－65。

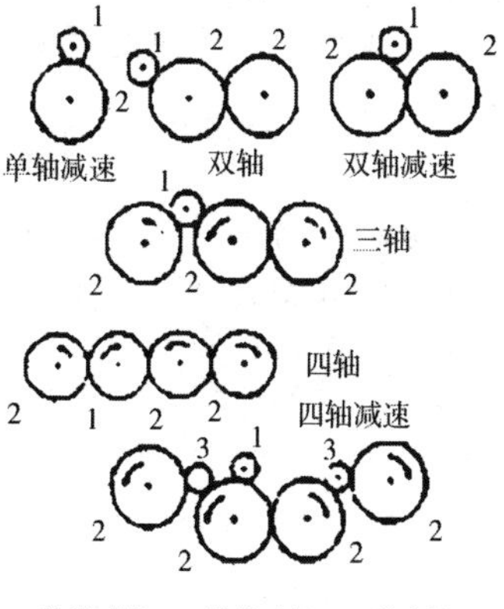

1.接发动机　2.接传动轴　3.联动轮

图 1－1－65　齿轮的组合形式示意图

十、舰船模型的操纵装置

舰船的操纵性是重要的航行性能之一。为了保证船舶具有良好的操纵性能，除了设计合理的船体线型外，一般都装有舵设备。舵是一块平板或具有流线型截面的板，称为舵叶。装在船尾中纵剖面或对称于中纵剖面的位置上。它垂直地浸没在水中，并能绕舵轴转动。在实际的船舶中，舵设备由舵、转舵机构、舵机和操纵机构等组成。

1. 舵的作用

舰船航行时，如舵叶的平面与中央纵剖面重合或平行，这时又无风浪潮流等外力影响，则船舶作直线航行。当舵叶的平面转动，与中央纵剖面成一角度 α 时，由于水流的作用，使舵叶两面水的压力不等而产生一个水压力差 F_n，如图 1－1－66 所示，它垂直作用在舵面上。F_n 的纵向分力 F_p，对船起阻力作用，使船减速；横向分力 F_L，与船的重心 G 形成一个转动船舶的力矩 M，促使船舶回转并横移，$M=F_L \cdot L_1$。

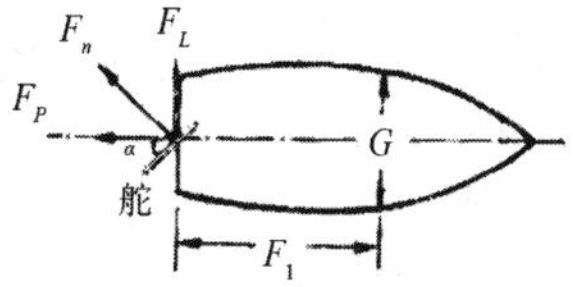

图 1－1－66　舵的作用

如果将舵固定在一个舵角 α，船便沿着一个圆形轨迹运动。当舵角 α 为最大（35 度）时，此圆形轨迹的直径称为船舶的回转直径。船舶的回转直径越小，表示船舶的敏转性能越好。舰船模型对回转性的要求是不一样的。自航模型要求航向稳定性要好；无线电操纵模型要求敏转性要好。增大船模的转动力矩，可用增加舵面积或舵的数量来获得。此外，舵角的大小也有影响，通常在 35 度舵角时，转动船舶的效果最好。

2. 舵的种类

在实际的船舶中，舵的种类是很多的，不同的分类标准能得到不同的种类。

（1）按舵的支承情况来分，如图 1－1－67 所示。

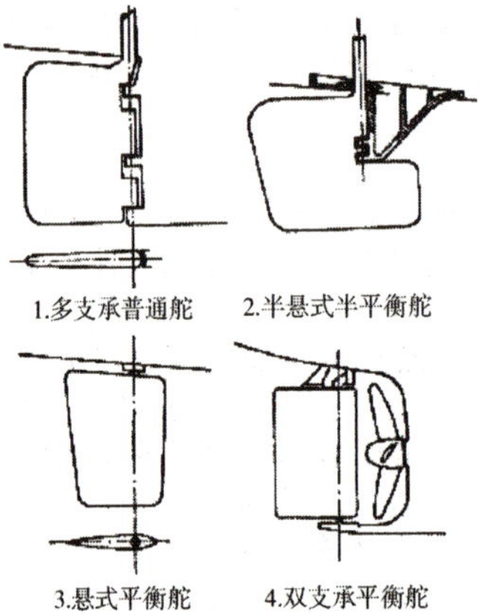

图 1—1—67　常见的几种舵

①多支承舵：船体尾柱连有 3 个以上的舵钮。

②悬式舵：下支承的位置在舵的半高处。

③悬式舵：挂在舵杆上的。

④双支承舵：除了上支承还有一个安在舵根的下支承。

(2) 按舵杆轴线位置来分，如图 1—1—67 所示。

①普通舵：舵叶位于舵杆轴线之后。

②半平衡舵：一般就是半悬式舵。

③平衡舵：舵杆轴线位于舵叶前缘后一定的距离，一般在舵叶前缘后的 1/3 处。

(3) 按舵剖面形状来分，如图 1—1—68所示。

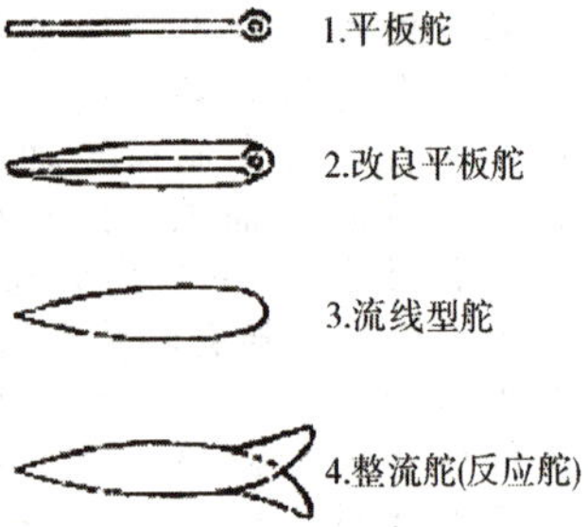

图 1—1—68　舵的截面

①平板舵：舵的剖面是直线型的。

②改良平板舵：在平板舵上附以木块，其外形与流线型相似。

③流线型舵：舵的剖面是流线型的。

④整流舵（反应舵）：舵的剖面是对称的流线型。

在舰船模型中，商船模型多采用双支承流线型普通舵；在自航军舰和遥控模型上，多采用悬式流线型平衡舵；简易船模上一般使用平板舵。

舰船的基本性能

舰船在江河湖海中航行，为了适应水上运输或执行各种航行、战斗和水上作业等任务的需要，必须具备一定的使用性能和航海性能，才能保证安全有效地航行。舰船模型同真实的舰船相比，结构要简单得多，又没有恶劣的自然条件影响。但是，为了使舰船模型安全、稳定、快速地在水面上航行，也要对舰船的航海性能有所了解。

一、舰船的使用性能

1. 民用舰船的使用性能

载重量——船舶的运输能力。

载货吨位或容积——船内所有能利用的空间。

专用设备——根据船舶的用途而专门配备的各种设备，如装卸设备、系留设备、救生设备、捕捞设备、观察通讯设备和军用舰艇的各种武器装备等。

航行速度——船舶航行的快慢、续航力，即船舶一次加足燃料、淡水和食品后连续航行的时间。

居住性——旅客、船员在船上生活条件的优劣等。

2. 军用舰艇的使用性能和航行性能（又叫做舰艇的战斗力）

攻击力——舰艇利用本身配置的各种武器装备如火炮（包括机枪）、鱼雷、水雷、深水炸弹、导弹等向敌人实施攻击。

防御能力——舰艇利用自己的构造和设备如各个战位的装甲结构、双层底、防雷舱、保护色、烟幕施放器、破雷卫，防毒设施及各种损害管制设备等防敌攻击、保障安全的能力。

观察能力和通讯能力——艇在执行任务时为了尽快发现目标，统一指挥战斗，保证互相协同作战而应用如雷达、光学仪器、红外线夜视仪、声呐、各种无线电通讯器材、各种视觉及其他通讯方法的能力。

二、舰船的航海性能

舰船在海上航行必须具备以下条件：

第一，能够装载规定数量的载重而浮在水面上。

第二，当受风浪冲击，以及旅客、货物在舰船上移动时，舰船只产生一定的倾侧而不致倾覆；当外力作用消失时，舰船有回复到它原来正浮状态的能力。

第三，舰船在海上发生触礁、碰撞或遭受敌人攻击而致损伤等事故时，仍能保持不沉不翻的浮态。

第四，应有较高的航速和消耗较小的机器功率。

第五，有较好的航向稳定性和敏转性。

第六，在波涛汹涌的海面上航行时，不致有猛烈的摇摆，以免船员、旅客晕船和妨碍舰船机器设备的正常运转及武器的准确发射。

综上所述，能够正常航行的舰船必须要有足够的结构强度和良好的航海性能。舰船的航海性能指标如下：

1. 漂浮性

舰船的漂浮性是指舰船在满载的时候仍能漂浮在水面上的能力。

舰船漂浮在水面上，一方面受到船体本身的重力作用，另一方面受到水的浮力作用。船体受到的重力和浮力大小相等，方向相反，作用在同一条直线上。重力的作用中心叫做重心，它取决于船体和货物的重量分布情况。浮力的作用中心叫做浮心，它取决于船体浸没在水中的几何形状，它是船体在水下部分的几何中心。

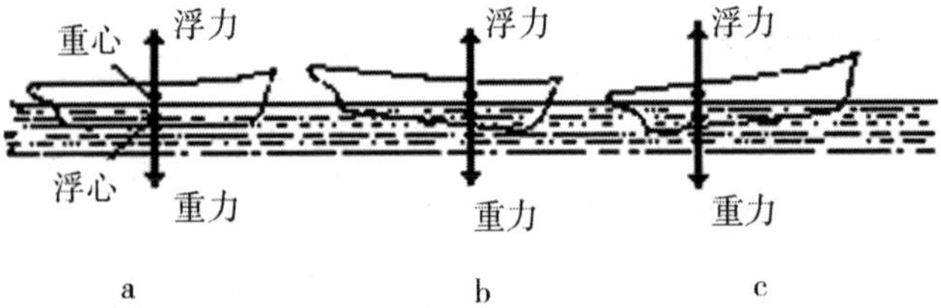

图 1—2—1 重力和浮力的平衡

如果船体的重心在船体中央，船体呈水平状态漂浮在水面上，这时候浮心也在船体的中央，如图 1—2—1a 所示；如果船体的重心移到船体前部，船体向前倾斜，浮心也移到前部，如图 1—2—1b 所示；如果船体的重心移到船体后部，船体向后倾斜，浮心也移到后部，如图 1—2—1c 所示。

根据阿基米德定律，舰船受到的浮力等于它所排开的水的重量。在体积相同的情况下，如果船体比较轻，浸没在水面以下的体积就比较小，或者说吃水浅；如果船体比较重，浸没在水面以下的体积就比较大，或者说吃水深。当船体重量增大到一定程度后，整个船体就会淹没在水面以下，甚至下沉。为了使舰船有足够的漂浮能力，一般舰船浸没在水面以下的体积大约只占船体体积的 1/2。

如图 1—2—2 所示，a 重力、d 压力、c 浮力，舰船在水中受到水压力的作用时，左右两舷的压力相互平衡，船底的压力 D 与船只本身的重量 P 相平衡。由阿基米德定律可知：浮体的重量等于它排开同体积水的重量，即

$$D=\rho V=P$$

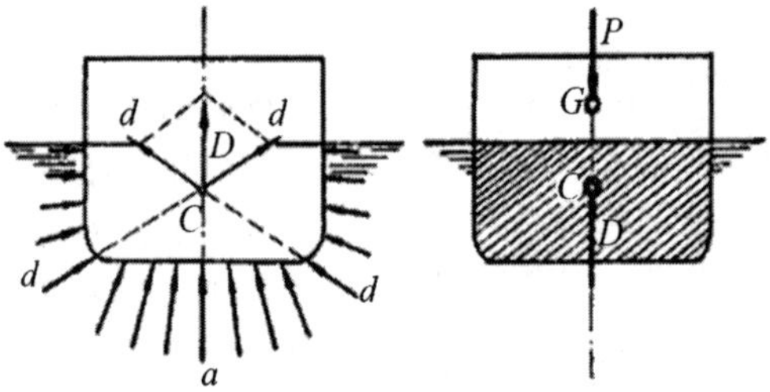

图 1—2—2 水压力沿横剖面分布情况

式中：ρ——水的比重，单位为吨/立方米，ρ（淡水）＝1 吨/立方米，ρ（海水）＝1.025 吨/立方米；V——船的排水体积，单位为立方米。

已知舰船模型的线型图，其排水体积 V 可按公式求得：

$$V=\delta LBT$$

式中：δ——方形系数（也称排水体积系数）；L——设计水线长；B——设计水线宽；T——设计吃水。

如果没有供参考的方形系数值，不便用上式求排水体积，也可从体型图求出每个横剖面面积，并将每个横剖面面积值按站号标在直角坐标系中（纵坐标代表横剖面面积值，横坐标代表船长），如图 1—2—3 所

示，绘出横剖面面积曲线，再用梯形法求出横剖面面积曲线与横坐标所围成的图形的面积值，即为舰船模型的排水体积 V。

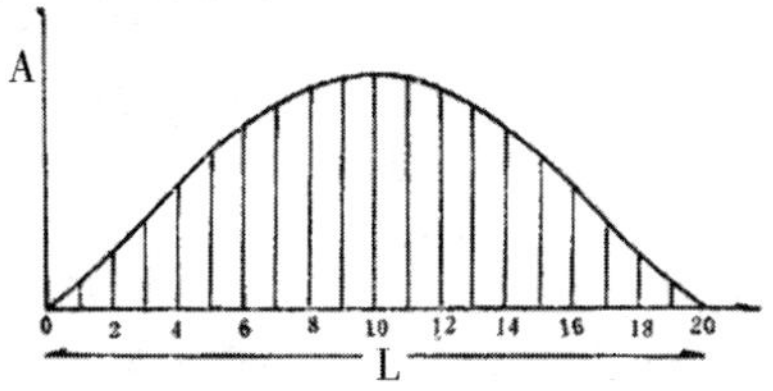

图 1—2—3 横剖面面积曲线

舰船的平衡条件为：

第一，重力 P 与浮力 D 作用在同一垂直线上；

第二，排水量等于船的全部重量，$P=D$。

舰船必须在载重水线以上留有若干水密体积，以备在特殊情况下，例如航行在风浪险恶的海面或遭敌攻击而破损浸水时，仍然具有一定的浮力而免于沉没。该水密体积称为储备浮力，如图 1—2—4 所示。

图 1—2—4 储备浮力（图中阴影部分为储备浮力）

储备浮力的多少一般可用静浮满载水线至干舷甲板垂直范围内所有沧水不能进入处的总容积乘以海水的密度来表示。因此，在运输舰船的舷侧都画有载重线的标志，各港口的港务局必须监督每艘出港的舰船吃水不超过载重线标志，使其保持足够的储备浮力，保证航行安全。

在不同的航线和季节，由于海上风浪情况不同，允许具有不同的储备浮力。一般在夏季的热带水面或淡水区域，因风浪较小，干舷可小些；冬季，特别是在波浪滔天的北大西洋区域航行，干舷应增大些。为了保证船舶有足够的干舷，其吃水不应超过一定限度，为此，在船舶船体中部两舷都标绘出载重符号——载重线标志，如图 1—2—5 所示。

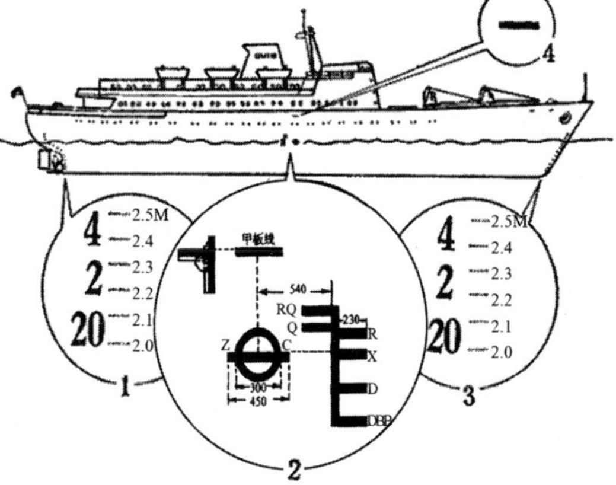

1.尾吃水　2.载重线标志　3.首吃水　4.船中甲板线标志

图 1—2—5 船舶吃水线与载重标志

它指示船舶在不同航区、季节时的最大吃水标志。圆环两边的字母代表核定载重线标志的船舶检验机构名称的缩写：

ZC——中华人民共和国船舶检验局

AB——美国船级社

LR——英国劳氏船级社

JG——日本船级社

BV——法国船级社

PC——前苏联船舶登记局

NV——挪威船级社

图中横线旁的各个字母代表的含义为：

RQ——热带淡水区载重线

Q——淡水区载重线图中符号

R——热带载重线

X——夏季载重线

D——冬季载重线

DBB——北大西洋冬季载重线

2. 稳定性

舰船的稳定性是指舰船在有限的倾侧力作用下不倾覆，倾侧力消失后能回复到正常状态的能力。例如，在海上航行的船舶在波浪的作用下，其摇摆不能过于急速，如果摇摆过于急速，会破坏船体结构，会使操作困难，对于军舰来说还会影响炮火射击的效果。

舰船在航行中受到侧面的风浪作用会产生倾侧。假设船体向右倾侧，如果船上货物不移动，重心位置就不会有变化。但由于左面一部分体积露出水面，右面同样大小的体积浸入水中，因此浮心向右移动，此时会出现 3 种如图 1－2－6 所示的 3 种情况：

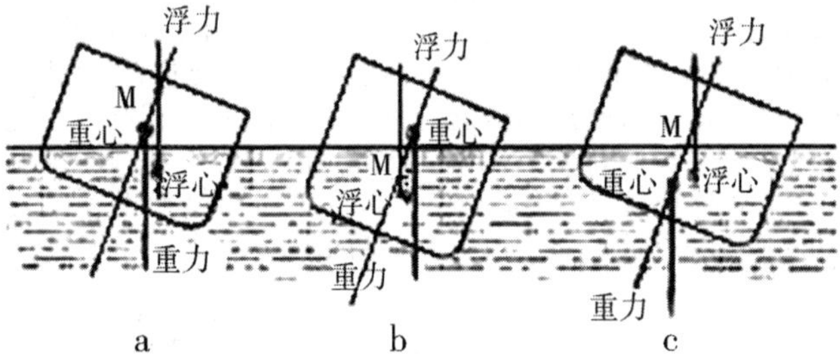

图 1－2－6　船舶的稳定性

如果重心比较低，或者船身比较宽，浮心向右移动相对比较大，浮力作用线就会移到重力作用线的右侧。这时候，浮力的力矩会使船体回复到正常状态，如图 1－2－6a 所示，这种浮力的力矩称为复原力矩，其作用的平衡状态称为稳定平衡。

如果重心比较高，或者船身较窄，浮心向右移动相对比较小，浮力作用线在重力作用线的左侧。这时候，浮力的力矩会继续使船体倾侧，如图1－2－6b所示，这种力矩称为倾覆力矩，其作用的平衡称为不稳定平衡。

另外，如果重心在浮心的下面，船体倾侧后，浮力的力矩一定会使船体回复到正常状态，称为中性平衡，见图 1－2－6c。因此，重心、低于浮心的舰船一定是稳定的。但是，需要注意的是 1－2－6 图中的 b 和 c 的情况在实际舰船上是不允许出现的。

从图 1－2－6 中可以看到，浮力作用线同船体的中心线相交于 M 点，M 点叫做稳心。当稳心高于重心的时候，舰船是稳定的，当稳心低于重心的时候，舰船是不稳定的。稳心到重心的距离叫做稳心高度，稳心高度越大，船体的稳定性越好。一般舰船在倾侧 10～15 度的情况下，稳心高度大约从零点几米到几米。舰船模型的稳心高度可以按比例缩短。

那么，如何才能使舰船具有良好的稳性呢？

第一，应尽量降低舰船的重心；

第二，增加船宽；

第三，保持一定的干舷。

但是，还需要注意船宽过大、重心过低的舰船，重力与浮力作用线之间离很大，因而形成的复原力矩也会很大，这样的舰船在波涛汹涌的海面上左右摇摆频率较高，对人员工作和设备运行不利。

3. 摇摆性

舰船在外力作用下，产生左右横摇和前后摇摆的运动，称为摇摆性。舰船摇摆的方式主要有 3 种：

（1）横向摇摆：指船舶的横向惯性力矩与复原力矩交互作用绕纵向轴而产生的摆动。

（2）纵向摇摆：指船舶纵向惯性力矩与纵向复原力矩相互作用绕横向轴而产生的摇摆。

（3）垂向摇摆：即升降运动，指船舶垂直方向运动的惯性与浮力相互作用而产生的运动。

舰船的摇摆，尤其是横摇剧烈时，对于武器发射的命中率、人员的工作、设备的运转以及船体强度都将产生不良影响。减小舰船的摇摆，可采用消摇设备。舰船上采用消摇设备已有 100 多年的历史，其形式多种多样，现在被应用的有下列几种：

（1）舭龙骨。舭龙骨装在舯舭部两侧，与外板垂直，呈长条形结构，如图 1－2－7 所示。它在船舶横向摇摆时产生与摇动方向相反的阻力，从而减小船舶的摇摆幅度。它的长度一般为船长的 1/3～2/3，宽度约为船宽的 3%～5%，面积约为水线面面积的 2%～4%。

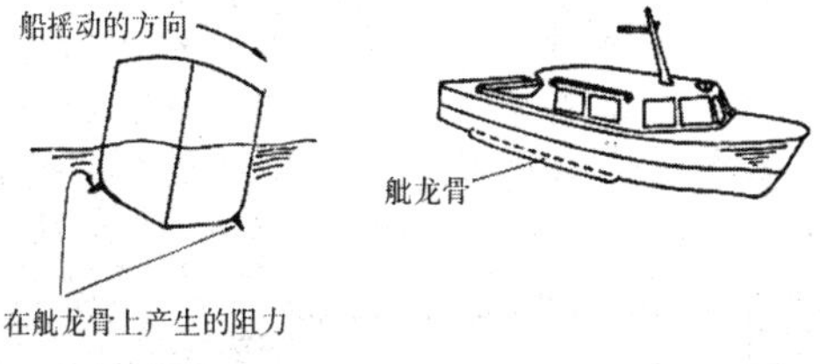

图 1－2－7　舭龙骨

（2）稳定鳍。稳定鳍装在船的两舷舭部，做成机翼形式，如图 1－2－8 所示。平时可收到船体内，遇有摇摆时，可将其伸出并调节到适当角度，使其产生一个与摇摆方向相反的力矩，达到减小摇摆的目的。

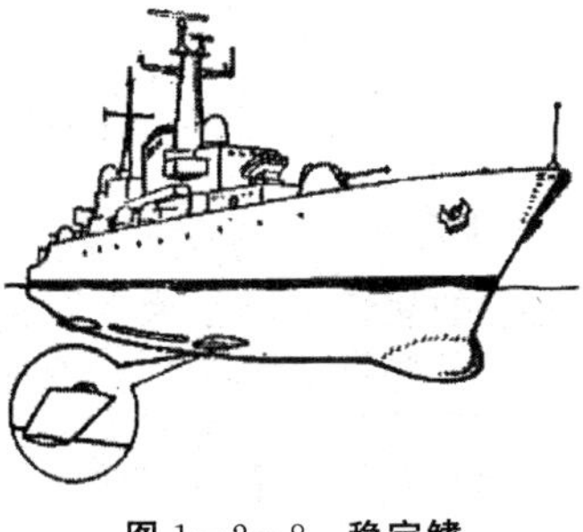

图 1－2－8　稳定鳍

（3）消摇水舱。消摇水舱一般由设在船体内部左右两舷的水舱所组成，有两种形式，如图 1－2－9 所示。其液体数量一般为船舶排水量的 2%～4%。当船舶摇摆时，使水舱内液体流动的方向永远与船舶倾斜的方向相反。由于风浪产生的倾侧力矩同水舱所产生的力矩总是相反的，这样就抵消了风浪的倾侧力矩，从而起到减摇的作用。

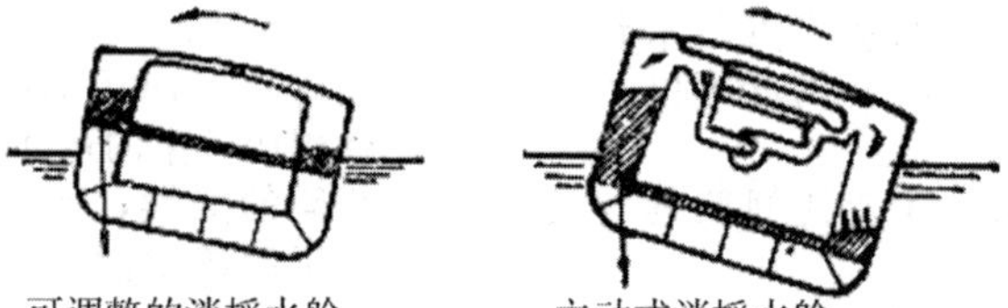

可调整的消摇水舱　　主动式消摇水舱

图 1－2－9　消摇水舱

（4）回转稳定仪。回转稳定仪是根据陀螺的原理来设计的。陀螺在高速旋转时，如果受到外力的作用而产生倾斜时，会产生一种回复到原来位置的力量。根据这一特性，采用一定的结构形式，把它安装在船上，当船摇摆时，高速旋转的陀螺也一起倾侧，它就会产生一个反抗船舶横摇的力量，从而减轻船舶的摇摆。

4. 抗沉性

舰船的抗沉性是指舰船在出现一些破损的情况下，如一舱或数舱受损进水等情况，仍能安全漂浮在水面，保持足够的稳性而不致沉没和倾覆的能力。

要使船舶具有很好的抗沉性，最主要的是依靠它留有足够的储备浮力和船舶结构上的双层底与水密隔舱。在船体水密甲板以下的内部空间，是由若干水密隔舱将其分隔成许多舱室的。一旦一舱或数舱受损进水后，不至于蔓延到更多空间，使吃水大量增加。这样，由于储备浮力的存在，使得船舶保持一定的浮力和稳性，船舶才不至于沉没。

现代舰船几乎都设有双层底和水密横舱壁，而将整个船体分成几个单独的水密舱室，并在水线以上留有足够的干舷高度，以保持一定的储备浮力，如图 1－2－10 所示。这样，当舰船某些部分受损进水后，仍可保持一定的浮态和稳性。

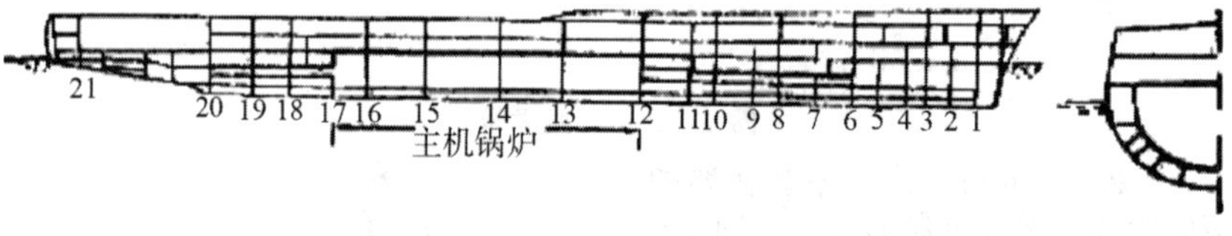

图 1－2－10　抗沉性良好的大型军舰水密舱室的划分

5. 快速性

舰船的快速性是指舰船在消耗一定功率的情况下能达到较高的航行速度的能力。为了使舰船具有良好的快速性，要求舰船在航行中阻力较小。为此，船体表面要很光滑，船体的外形要设计良好，要成窄长的流线型。另外，螺旋桨的设计也要讲究。船体外形的设计是造船工作者最困难的任务之一。

近 100 年，航空运输的速度提

高了 4～8 倍，火车的速度提高了 1.5～3 倍，而水路运输的速度只提高了 0.2～0.25 倍。为什么水路运输的速度这样落后呢？这是因为船舶是在水中航行的，水分子密度大约是空气分子密度的 800 倍，因此物体在水中前进所受到的阻力要比在空气中前进所受到的阻力大很多很多倍；又因为物体在流体中运动时，速度越快，阻力越大，阻力的增长与速度平方成正比。

怎样才能提高舰船的速度呢？

一方面，要研究新的船型，尽可能减小水对船的阻力。经过人们反复地实践，不断地提高认识，终于成功地创造出利用水翼产生升力将船体托出水面的水翼船，如图 1－2－11 所示；利用升力风扇在船底下形成空气垫将船体托出水面的气垫船，如图 1－2－12所示；利用水面空气效应而使船体离开水面的气动升力式腾空船，如图 1－2－13 所示等。它们的速度可达 100 千米/小时，甚至可达到 180 千米/小时。有的气垫船还具备两栖性能，既能在水中航行又可以在陆地、沼泽和冰雪上航行。我们相信，在不久的将来还会出现速度更快、更先进的舰船。

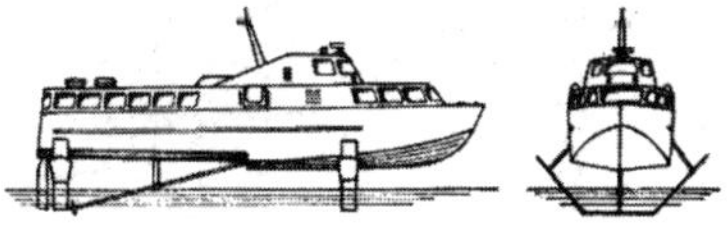

图 1－2－11　**水翼船**

图 1－2－12　**气垫船**

图 1－2－13　**气动式腾空船**

另一方面，要增加主机功率，提高推进效率。最古老的推进器是桨和篙。后来又发明了橹。橹是在我国使用非常普遍的一种推进器，它的作用原理与螺旋桨颇为相似，效率比桨高。橹的操作是往复运动，要用手摇，比较吃力。后来发明了桨轮，桨轮作旋转运动（轮上的蹼板搏水，推船前进），可用脚踏，比较省力。蒸汽机发明以后，也采用桨轮作为船的推进器，这就是明轮推进器。在浅水中，这种推进器的效率比其他类型的推进器高。因此，现在某些内河还有明轮船舶在航行。现代舰船广泛采用的推进器是螺旋桨。

6. 操纵性

舰船的操纵性是指舰船在航行中保持既定航向或在舵的作用下改变航向的能力。保持航向的能力叫做航向稳定性，改变航向的能力叫做灵活性。航向稳定性和灵活性对船体外型的要求是互相矛盾的，比如，瘦长的船体有较好的航向稳定性，但是灵活性就比较差。

对于舰船模型来说，具有良好的操纵性能是很重要的。比赛航速或航向的舰船模型，要求具有良好的航向稳定性；无线电遥控舰船模型，要求具有良好的灵活性。航向稳定性同如下因素有关：

①船体长度同宽度相比越大，航向稳定性越好。

②船体宽度同吃水相比越小，航向稳定性越好。

③船舵面积越大，航向稳定性越好。

④船首的内削度（由上到下形成的斜度）越大，航向稳定性越好。

⑤船体水上部分越矮和上层建筑侧面积越小，航向稳定性越好。因为这种情况对吹侧面风产生的偏航较小。

⑥在相同的行驶距离内，船体的长度越长和排水量越大，航向稳定性越好。

⑦单螺旋桨的舰船，螺旋桨轴同船体中央纵剖面不重合，航向稳定性不好。

⑧船舵轴不在船体中央纵剖面上，如图1－2－14a所示，或船舵面对螺旋桨轴上下不对称，如图1－2－14b所示，航向稳定性不好。

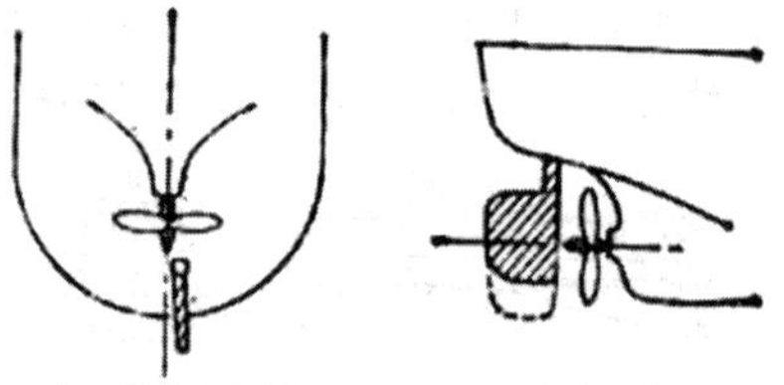

a.船舵轴偏离纵剖面　　b.舵面对螺旋桨轴不对称

图1－2－14　船舵安装不好的情况

⑨船体外型左右不对称，航向稳定性不好。

⑩对于双螺旋桨舰船模型，两个螺旋桨的位置不对称，或者两个螺旋桨尺寸不一致，航向稳定性不好。

由于灵活性和航向稳定性对船体外形的要求是互相矛盾的，因此，要使舰船模型具有良好的灵活性，只要采用上述的①②④⑥相反的办法就可以了。应该指出，船舵面积增大，对航向稳定性和灵活性都是有利的。灵活性的好坏一般用最小的回旋圆周直径来表示。回旋圆周直径越小，灵活性就越好。为了能够比较各种长度的模型的灵活性，可以用相对回旋直径来表示。比如船体长1米，回旋直径是5米，那么模型的相对回旋直径就是5米÷1米＝5米。

7. 回转性

舰船能够随时按照驾驶人员的意图迅速改变航向的性能，叫做舰船的回转性。军用舰艇、内河船舶要求具有良好的回转性。

船舶回转性能的好坏，是以回转直径D来衡量的，如图1－2－15所示。船舶在一定舵角和航速下作回旋运动，船舶重心所划出的轨迹称回旋圈，而回旋圈的半径就叫回旋半径。回旋半径越小，说明船舶的回转性能越好。

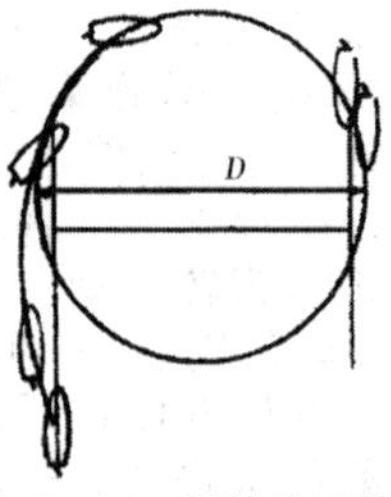

图1－2－15　船舶的回转半径

为了比较不同长度的船舶的回转性，常以回转直径与船长的比值来表示，海船一般约为船长的5～7

倍，内河船一般约为2.5～4倍，回转性能优良的船舶其值还会更小一些，如拖轮仅为1.5～2.3倍。

一般来说，较大的舵角可以获得较小的回旋半径，但最大舵角是有一定限度的，它不能无限增大，否则适得其反，舵角过大，将引起舵上水流的混乱而使舵压力减小。对于最大舵角，不同的船舶有不同的数值，一般为5～35度。

要求舰船达到某一项航海性能是不困难的，但要求各项航海性能同时达到就十分困难了，因为有些航海性能是互相矛盾的。除了航向稳定性和灵活性有矛盾外，稳定性和快速性也有矛盾。例如要提高舰船的稳定性，就要把船体加宽，但船体加宽了，航行阻力就加大，快速性就会受到影响。因此，我们在设计和制作舰船模型的时候，要根据具体模型的特点，满足某几项航海性能要求就可以了。

三、舰船航速的基本概念——节

在16世纪时，虽然海上航行相当发达，但是当时既没有时钟，又没有航程记录仪，所以难以确切判定船的航行速度。有一位聪明的水手想出一个妙法，他在船航行时向海面抛出拖有绳索的浮体，再根据一定时间里拉出的绳索长度来计船速。

那时候，计时使用的还是流沙计时器。为了较准确地计算船速，有时放出的绳索很长，便在绳索的等距离打了许多结，如此整根计速绳上又分成若干节，只要测出相同的单位时间里绳索被拉曳的节数，自然也就测得了相应的航速。于是，“节”成了海船速度的计量单位；相应地，海水流速、海上风速、鱼雷等水中兵器的速度计量单位，国际上也通用“节”。

“节”的代号是英文“knot”的词头，采用“kn”表示。1节等于每小时1海里，也就是每小时行驶1.852千米。

因此，1节（kn）＝1海里/小时＝1.852千米/小时。

舰船模型的图纸

图纸是建造真实舰船或者制作舰船模型的依据。一般真实舰船的图纸可达几百张到几千张，但舰船模型的图纸一般只有一张或几张。通过图纸我们可以知道舰船模型的种类、名称、外形尺寸、武器装备、动力安装、舵型特点等。只有认真仔细地看懂图纸，才能制订计划，备好材料工具，制作出外形美观、结构合理、性能良好的模型来。

一、识图常识

1. 图纸上的线

为了看懂模型工作图纸，首先要熟悉图中各种线条的意义。图中常见的有粗实线、细实线、虚线、点划线和折断线等，如图1－3－1所示。

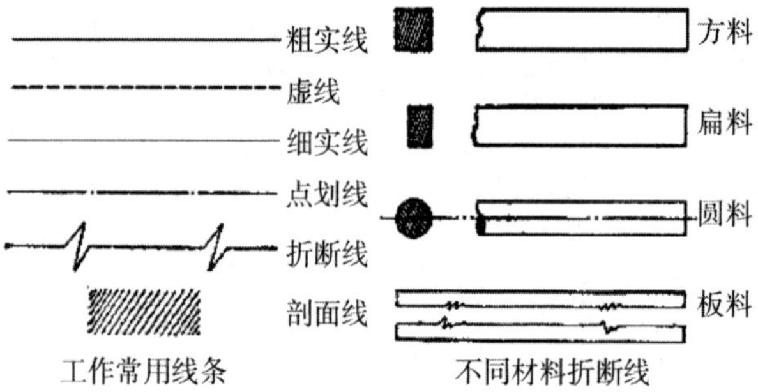

图 1—3—1　图纸上常见的各种线

粗实线——表示物体外表一切可见的轮廓线。

虚线——表示物体被遮挡的轮廓线。

细实线——表示引线、剖面线、尺寸线和尺寸界线。

点划线——表示物体的中心线、位置线或轴线。

折断线——表示物体断开的地方。有些很长的部位不必详细画出，就可以采用折断线的办法省略掉，这样可以节省画图时间和版面。

剖面线——表示物体剖视的地方。

2. 图纸上的符号

在图纸上常常见到 *M*、*Φ* 和 *R* 等字母符号。

M 表示比例尺。如 *M* 1∶1，表示图中物体的大小与实物一样大；*M* 1∶2，表示图中物体的大小为实物的 1/2；*M* 1∶100，表示图中物体的大小为实物的 1/100。不过，要注意区别图纸与实际舰船的比例及图纸与模型尺寸的比例。

Φ 是代表圆形物体或圆孔直径的符号，比如 *Φ* 1.2，表示直径是 1.2 毫米。

R 是代表圆形物体或圆孔半径的符号，比如 *R* 3.2，表示半径是 3.2 毫米。

这些符号都写在数字的前面。图纸上的尺寸一般采用毫米做单位，用符号“mm”表示。如果图纸上的尺寸只注数字，不标单位，一定是以毫米做单位。

二、舰船模型的基本尺寸

图纸上标明的各种尺寸，是包括船壳板和油漆厚度在内的外表面尺寸。舰船模型的基本尺寸参考本书 12 页表 1—1—1“舰船外形表达的主要尺度”。

三、舰船模型的工作图

舰船模型的工作图纸一般包括总体布置图、船体线型图和零件图。有的图纸还给出部件的装配图和动力装置安装图等。简易和初级的舰船模型图纸，除总布置图和零件图外，也要有船体简单的线型图或每块横隔板的外形图，这对初学制作是很有用的。

1. 总体布置图

总体布置图又叫做总图，主要根据投影的原理，在船舶的俯视图、侧视图、前视和后视图上标示出全船各部分的形状与布置，以便我们了解全船概貌，如船体、上层建筑等较大零部件的外形、尺寸和位置等，如图 1—3—2 所示。

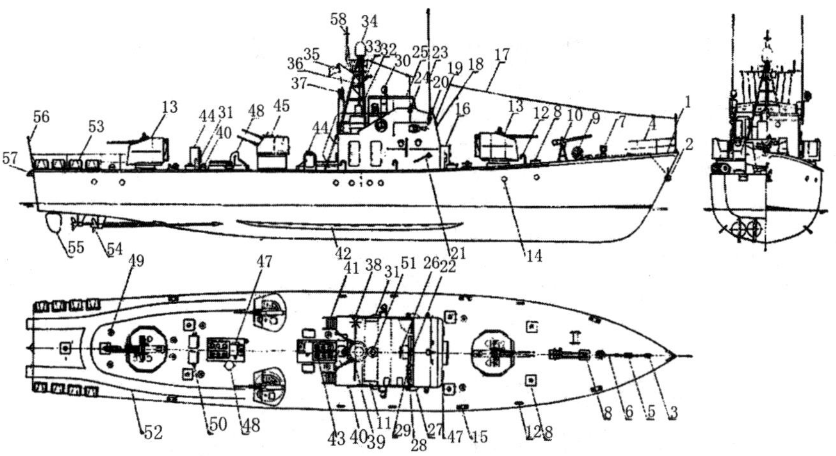

1.首旗杆 2.斯贝克锚 3.锚链孔 4.栏杆 5.掣链器 6.锚链 7.立式电动起锚机 8.入舱口 9.卷车 10.75mm无后座力火炮 11.信号旗箱 12.通风管 13.双联装37mm半自动炮 14.舷窗 15.双系柱 16.弹药箱 17.天线 18.壁灯 19.电铃 20.扬声器 21.太平斧 22.操舵罗经 23.短波电台天线 24.风挡玻璃 25.篷架 26.舵轮 27.弦灯（左红右绿） 28.车钟 29.传话筒 30.信号灯 31.救生圈 32.桅杆 33.航行灯 34.雷达天线 35.军旗 36.导波管 37.排烟管 38.超短遮电台天线 39.信号灯 40.水密门 41.梯子 42.舭龙骨 43.桅杆 44.25mm炮弹药箱 45.25mm半自动炮 46.机舱入口 47.消防水龙带架 48.保暖饮水桶 49.机械通风筒 50.灭火机 51.标准罗经 52.水雷轨 53.深水炸弹 54.螺旋桨 55.舵 56.尾旗杆 57.水雷滑坡 58.敌我识别器

图 1—3—2　高速护卫舰总体布置图

看图时，应将总图中的侧视图、俯视图（有的还有前视图和后视图）对照来看，在头脑中形成立体观念。同时要参考文字说明，结合平时学习的有关造船、海军及航海等方面的知识，搞清所做模型的基本情况，如名称、用途、特点、尺寸、武器装备、动力类型、船舵以及各种设施等。

2. 船体线型图

我们知道船舶在水中运动，为减小水的阻力，船体一般都做成流线型。一种能正确表示船的流线型体的特殊图形，就叫船体线型图（简称线型图）。关于此类图的介绍请参考舰船外形表达的线型图（本书 10 页图 1—1—16）。

3. 零件图

在图纸中还常常附有零件图。零件图也是按照投影几何学的原理绘制的，从图中可以看到零件的外形、结构和尺寸。制作时要严格按比例进行。有些零件绘制成立体图或组装图，这对于理解和制作较复杂的零部件会带来很大方便。

一些特殊的舰船模型，如气垫船模型、高速水翼艇模型等，还常用剖视图的方法介绍某一部位的内部结构。气垫船模型的围裙还常用展开图的形式表示；冲翼船模型的翼型还常用翼型型值表表示。总之，舰船模型的工作图纸种类多，形式也各不相同，可在参加舰船模型的制作活动中多识图、多实践，就能较快地提高看图的能力。

舰船模型制作的常用工具和材料

制作舰船模型需要很多种工具和材料配合使用，对工具和材料的合理选择、正确使用以及操作技巧，会在很大程度上影响模型的精美度。制作舰船模型的工具大多为手工操作，方便、灵活，适合做各种模型和加工不同尺寸和几何形体，对于制作者的操作创造性和动手能力的锻炼与提高极为有益。

一、制作舰船模型的常用工具

制作舰船模型需要用到的工具很多，纸工、缝纫工、木工、竹工、泥工、钳工、金工、油漆工、电工等工种的常用工具都要用到。其中最基本的工具有尺子、刀子、锉刀、锯子、钳子、钻子、剪子、刨子、锤子、镊子、工作板等，有了这几样工具就可以开展舰船模型制作活动了，其他的工具则需量力置备。

1. 五金工具类

(1) 刀子。常用的刀子有刀片、刻刀、勒刀、手术刀等。

①刻刀，可以用废钢锯条自制。制作的方法是：找一条折断的钢锯条，先在砂轮上磨去锯齿，再把一头磨成斜形刀口。磨刀口的时候要一边磨一边加水冷却，不使锯条过热，否则容易退火变软。用这种自制的刻刀刻薄板或窗口非常合适。如果有较宽的废锯条，还可以自制较大的刻刀。用自制的较大的刻刀可以切削船首木块、刻画航空层板和刻制肋骨。

②钩刀，和刻刀相同，用废钢条制成，如图 1－4－1 所示。用这种钩刀切割有机玻璃非常方便：用钢板尺压紧有机玻璃板，钩刀紧靠钢板尺反复拉几次，就能把有机玻璃板切断。钩刀也可以加工铁皮或铜皮的折角：用钢板尺压紧铁皮或铜皮，钩刀紧靠钢板尺在铁皮或铜皮上拉出一道浅槽，然后沿浅槽折角就可以了。

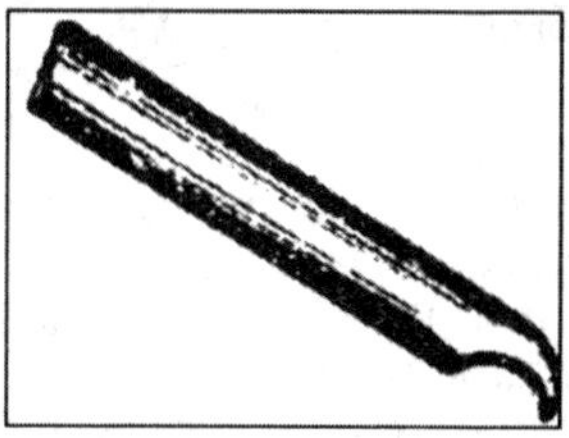

图 1－4－1　自制钩刀

③勒刀，用来截取一定宽度材料的工具。简易勒刀也可以自制，如图1－4－2所示，方法是找 2 块 3 毫米厚的有机玻璃，1 片双面刀片，2 副直径 3 毫米、长 25 毫米的螺丝螺母在 2 块有机玻璃上各钻 2 个孔，把刀片夹在中间，把螺丝穿入有机玻璃的孔中，垫上木条，木条的厚度由需要决定，然后把螺母拧紧，勒刀就制作好了。使用的时候把要截取的木片放在工作板上，左手按住木片，右手紧握勒刀，缺口处紧靠木片边缘，慢慢地拉几次，就可以得到需要的木片条。

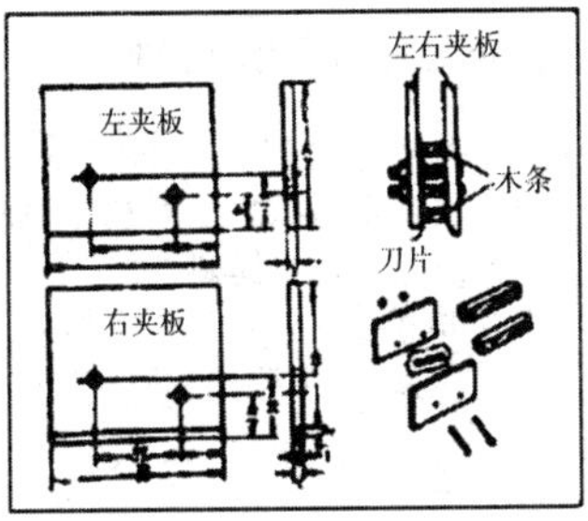

图 1—4—2　自制勒刀

(2) 剪子。常用的剪子有普通剪子和铁皮剪子。普通剪子用来剪纸、剪布等，铁皮剪子用来剪金属片。

(3) 镊子。在黏接、焊接、安装的时候，可以用镊子夹持小零件。

(4) 锤子。常用的锤子有普通锤、羊角锤、木槌等。木槌是用来敲打铁皮、铜皮的。

(5) 钳子。常用的钳子有平口钳、尖嘴钳、弯嘴钳等。用于加工各种金属小零件，如绞盘、桅杆、武器装备以及船舵、螺旋桨等，都离不开小钳子。

(6) 台钳。最好备有大、小台钳。大台钳用来弯制钢丝、金属片，或夹持大零件加工；小台钳，加工模型毛坯时用来夹持小零件进行整形。

(7) 锉刀。常用的锉刀有木锉、钢锉和什锦锉。木锉（粗、细 2 种）用来加工木质结构船体、上层建筑、各零件外表面平整，它是木材整形不可缺少的工具。钢锉用来加工金属和有机玻璃。什锦锉用来加工细小金属零件形状及表面光洁处理。

(8) 锯子。常用的锯子有弓锯、木工锯和钢锯。弓锯又叫做钢丝锯，用来切割各种形状的木片、木板、层板加工成线形木构件，如肋骨板、船首等；木工锯用来锯割木板或木块等；钢锯用来锯割有机玻璃和金属。

(9) 刨子。常用的刨子有长刨和短刨。这是刨削木板必不可少的工具。最好能自制出火柴盒大小的小型刨，以便对蒙好的船壳板进行加工整形。还可配备模型用套刨，用来推刮木料。

(10) 钻子。常用的钻子有手摇钻、木钻、手电钻和台钻。这是钻孔不可缺少的工具。另外要配备一些不同直径的钻头。

(11) 凿子（平口、半圆等多种规格）。凿子用来开槽、开榫等。

(12) 榔头。方头、圆头均可。

(13) 斧头，用于木料初加工。

(14) 尺子。常用的尺子有钢板尺、三角尺、直角尺、钢卷尺、卡尺、两脚规、曲线板等，其中用得最多的是钢板尺，测量、刻画、绘图、放样等都离不开它，最好能配备 100 厘米、30 厘米、15 厘米 3 种规格的钢板尺；金属或木质角尺用于校正垂直度；盒尺用来量取大的材料，一般长 1 米或 2 米为宜；有条件的还可以配备游标卡尺及千分尺用于测量物体直径及厚度。

(15) 手摇或电动砂轮，用于打磨金属材料及刀子、凿子开刃。

(16) 冲子，用于金属零件加工。

(17) 划线针，用于金属材料划线。

(18) 螺丝刀及活动扳手，用于松、紧螺钉。

(19) 电吹风机，用于烘干及有机玻璃热加工处理。

2. 电工类

(1) 电烙铁，用于焊接金属材料及接线。常用的电烙铁有 200 瓦、100 瓦、75 瓦、20 瓦（内热式）电烙铁。瓦数小的用来焊接小零件，瓦数大的用来焊接大零件。

(2) 万用表，用于测量电压、

电流、电阻。

（3）多用充电机，用于充电电源充电。

3．漆饰工具类

漆饰工具包括木砂纸、水砂纸、油灰刀、底纹笔、各种漆刷、喷漆壶、压力泵等。

4．黏合剂类

（1）乳胶——白色乳状，适宜黏接木质模型和稀释浆帆。

（2）851胶——适宜黏接金属、塑料、木材，对于木质模型来说，胜于乳胶。

（3）502胶——为无色透明胶液，属瞬间强力黏合剂，适于金属、塑料、有机玻璃的黏接，也可黏接木质零件。黏合速度快，强度高。

（4）914胶——为环氧树胶AB胶，使用时按1∶1调于木板上，然后再用牙签等涂于被黏合物体接面上。使用时速度要快，否则易固化而不能使用。

5．绘图用具类

用于绘图的工具有尺子、绘图板（2～3块不同规格）、绘图仪、建筑模板、量角器、曲线板、擦图片等。

6．仪表类

舰船模型制作常用的仪表有以下4种：

（1）转速表——测量电动机、内燃机转速。

（2）风速仪——测量风速。

（3）声级仪——测量内燃机工作噪声。

（4）计时秒表——记录船模航行时间及速度。

此外，还需配备工作板，制图和制作船身都要在工作板上进行。

二、制作舰船模型的材料

制作舰船模型所用的材料相当广泛，有纸、吹塑纸、木材、塑料、有机玻璃、金属和其他材料。不同材料有不同的加工方法，掌握正确的加工方法是十分重要的。

1．纸质类材料

制作舰船模型常用的纸质类材料有彩色蜡光纸、彩色卡纸、图画纸、书面纸、涂塑卡纸、马粪纸、厚卡纸、彩色广告纸、包装纸等，纸质类材料可以用来制作外观模型和自航模型的上层建筑。用纸质类材料制作舰船模型要注意以下几点：

（1）用纸制作模型，要选择质硬平挺的纸张。如果没有硬纸，可以用2～3层较软的纸对黏起来，压在玻璃板下面，等干透后再使用。不要用有褶皱的纸做模型，否则会影响美观。

（2）在放样、刻画、黏接等过程中都要注意保持纸面清洁。放样时铅笔线要画在纸的反面，笔迹要轻淡。

（3）刻制纸质材料，刀尖要锋利，在纸的下面最好垫一块硬橡胶，这样既能保持刀锋，又能使刻线整齐。如果没有硬橡胶，垫一块三合板也可以。刻制的时候，用钢板尺压住需要的部分，自左到右仔细刻画。如果一刀刻不断，尺子不要移动，再刻第2刀、第3刀，直到刻断为止。没有刻断不要用手去撕，否则刀缝处会产生毛边。

（4）用纸质材料制作上层建筑，最好根据真船颜色选用彩色卡纸，这样可以省去上色工序。如果必须上色的话，可以用广告色或者用喷漆，但不要用磁漆。如果采用喷漆，要喷得很薄，免得漆料流淌，等喷漆干后再喷第二遍。也可以在加工之前先在纸上喷好漆，等干后再进行刻制。

黏接纸质材料一般采用2种方法：①在结合处留一条黏接的边，在虚线上用刀轻轻刻上一道，然后折角黏接；②在结合处里面加木条，这样既牢固又无缝隙。黏接纸质材料可以用白胶水，白胶水要涂抹得少而均匀，使胶干后不留痕迹。

2. 吹塑纸

吹塑纸常用来制作外观模型和自航模型的上层建筑。吹塑纸的使用要注意以下几点：

第一，吹塑纸有正反面，放样和刀刻要在正面进行。放样时铅笔要削尖，画道要浅。除了刻去的部分外，不要在吹塑纸上留下铅笔痕迹，否则不容易擦掉。

第二，刻画吹塑纸最好使用锋利的手术刀。如果没有手术刀，也可以把双面刀片掰成小片，绑在竹片上做刻刀。刻制的时候，吹塑纸下面要垫一块平整的木板或者一张卡纸，纸板不平整容易把吹塑纸拉裂。

第三，吹塑纸要用白胶水黏接，不能用快干胶黏接，因为快干胶里有丙酮，丙酮能溶解吹塑纸。吹塑纸的结合处可以用木条加固。

第四，吹塑纸不能上漆，特别是不能用喷漆。所以要根据真船颜色选用吹塑纸。由于吹塑纸浅色的较多，深色的不多，可以同深色的彩色卡纸配合使用。

第五，吹塑纸有弹性，很难弯折，但它容易加热成型。用吹塑纸制作弧形或圆形零件的时候，可以用盛有热开水的玻璃杯外壁把它加热后弯制成需要的形状。

3. 木质类材料

制作舰船模型常用的木质和塑料类材料有松木、桐木、三合板、五合板、航空层板等。它们是制作舰船模型的主要材料。木料要选择质较软、节子较少、没有裂缝的。如果木料潮湿，要晾干后再使用。常用的木质类材料有以下几种：

(1) 松木。松木条常用来制作龙骨、龙筋，它的长短粗细要由船体的大小决定。松木片用来制作船壳板，厚度一般选1～2毫米的，较大的船体可以选到3毫米的。松木片过厚，不容易弯曲，包不出船体的线型。松木片还是制作上层建筑的重要材料。切割木片的时候，先要切断横断面，然后再顺着木纹方向切割。左手要压紧钢板尺，右手拿刀切割，防止刀子跟着木纹走。

用松木条制作炮管、鱼雷发射管、吊货杆等圆柱形零件，要选比零件直径稍粗一些的。先用刀子把木条的棱角仔细削去，然后把木条的一头夹在手摇钻上，右手摇手摇钻，左手用粗砂纸夹住木条，前后均匀地移动，就能把木条打磨成圆柱形，再用细砂纸磨光。

(2) 桐木。桐木质地轻而脆，不够牢固，只适宜制作帆船、竞速艇等重量较轻的模型，并且需要用别的材料加固。

(3) 三合板和五合板。三合板和五合板是制作肋骨的主要材料，常用弓锯锯割，锯割的时候锯齿要朝下。弓锯用毕要放松锯条，这样能避免锯条崩断，并使竹弓保持良好弹性。

(4) 航空层板。航空层板质地坚硬，用来制作上层建筑和甲板最适宜。这种材料可以用钢锯或弓锯切割。如果制作较小的窗口，可以先用手摇钻在窗口四周钻孔，然后用什锦方锉和平锉把窗口锉好。

使用木质类材料制作舰船模型要注意：木质零件制作好后再打磨和填料比较麻烦，可以在制作零件

之前，先用 0 号木砂纸把木片、木条打磨光，刷上一层虫胶漆或清喷漆后，再用水砂纸打磨。然后用这些木片和木条制作零件。这样制得的零件，除接缝处稍加填料外，其他地方不用砂纸修整，可以直接上漆。

4. 有机玻璃类材料

有机玻璃比其他材料平整光滑，又容易加工，平时注意收集一些有机玻璃的边角料，用来制作导弹发射器、起锚绞盘、桅杆、小型烟囱等零件是很好的。

薄的有机玻璃可以用钩刀切割。较厚的有机玻璃可以用钢锯锯割。锯割有机玻璃要夹在台钳上进行，注意在有机玻璃的上下两表面上衬上卡纸或木片，以免夹出齿痕。锯割后的有机玻璃切口，先用钢锉整形，再用砂纸磨光，然后用牙膏或绿油抛光。抛光的方法是用涂有牙膏或绿油的布，反复摩擦有机玻璃表面，直到表面光亮为止。

如果舰船模型有较多的救生艇，可以用有机玻璃压制，这样可以使救生艇规格统一，而且光洁平整。压制的方法是：先用木块削一只救生艇模型，上面装上手柄，再找一只比艇稍大的盒子，用水调拌少量石膏（或水泥）；在救生艇表面上涂上一层黄油，然后把它压入石膏中。

等石膏干固后，取出木制救生艇，并把石膏模子修饰平整，做成阴模；再把木制救生艇削小一些，做成阳模。把较薄的有机玻璃片放在火炉上烘软，再放在石膏模子上，迅速把木制救生艇压入模子里。冷却后取出，并稍加修整，就制成了一条有机玻璃救生艇。用这种办法也可以制作数量较多的火炮或测距仪等零件。

黏接有机玻璃需要用氯仿。由于氯仿容易流散渗透，用量要少而且要均匀，如果氯仿流散到有机玻璃表面，会破坏表面光洁度。黏接大块的有机玻璃，可以在结合处放入少许同颜色的有机玻璃粉末（可以用锯下来的粉末），氯仿很容易挥发，用后要盖好瓶盖。

5. 金属类材料

制作舰船模型常用的金属材料有铁皮、铜片、铜丝、钢丝、漆包线、大头针、小铁钉等。

大块的金属片可以用剪刀剪，但细长的金属片不能用剪刀剪，要用钩刀切割。因为用剪刀剪，剪口处会被拉长，剪得的金属片条会成弧形，很难拉直。金属片剪好或切好后，剪口或切口处总有一些毛边，可以把它放在平整的铁板上，用圆滑的铁棒或铁管在它上面反复滚压，直到金属片平整为止。

在金属片上制作窗口或气孔，可以先用手摇钻钻若干个孔，然后再用钢锉锉成。

制作弧形金属零件，可以把金属片铺在铁棒上，用木槌（不能用铁锤）轻轻敲打成型。

弯折金属片的时候，先用钩刀在金属片的背面折角处划出一道浅槽，然后用一把钢尺把金属片的一边压在桌子上，折角处正对桌子边，用另一把钢尺压住金属片的另一边，整体往下弯折，使弯得的折角清楚平整，注意不要来回弯折，以免把金属片折断。

焊接金属片的时候，要根据金属片的大小选用瓦数不同的电烙铁。烙铁头如果沾不上锡，可以用锉刀锉去烙铁头上的黑色氧化物，并且在烙铁头上镀上锡。镀锡的方法是：烙铁头锉亮后让电烙铁通上电，在放有松香和焊锡的砂纸上来回摩擦烙铁头，使烙铁头四面都镀上一层锡。

用电烙铁焊接金属片之前，要把焊接部位刮干净，并且涂上氯化锌焊剂。焊接的时候，接缝要对准，烙铁头要在接缝处慢慢移动，接触的时间要长一些，让焊锡自然伸延流动。焊接完毕，要用水把氯化锌焊剂洗去，并且用布擦干，以防生锈。

6. 其他材料

制作舰船模型还用到麦秆、竹片、布片、墨鱼骨、牙刷柄、火柴盒等材料。墨鱼骨质地轻软，容易加工，喷漆后很美观，可以同卡纸、木片、竹片混合使用。塑料牙刷柄是容易找到的材料，它们的颜色各异，便于加工，是制作小零件的好材料。

三、舰船模型嵌缝材料

嵌缝除了能使模型美观逼真外，还能起防水、防锈和延长模型使用寿命的作用。嵌缝和上漆常用的材料有燥白漆、酚醛、底漆、磁漆、喷漆、香蕉水、松节油、酒精、滑石粉、干老粉、石膏粉、虫胶漆、砂蜡、上光蜡、玻璃胶水纸等。其中，最常用的腻子有：

(1) 熟猪血调干老粉。这是一种既经济又方便的腻子。这种腻子干后容易打磨，但牢固程度较差，防水性能也不够好。

(2) 快干胶调滑石粉。这种腻子干得快，容易打磨。缺点是不太牢固，多用于小零件嵌缝。

(3) 磁漆调石膏粉。这是一种油性腻子，它的附着力强，但它干得慢，在干燥的环境也要经过 24 小时才能干透，如遇阴雨大气，两三天也不会干。调这种腻子，先把磁漆、石膏粉和清水在坑内拌匀，再用刮刀反复搅拌，让石膏发胀，产生许多毛细孔。这样调成的腻子干得块，打磨也比较容易。这种腻子一般用作第 1 道嵌缝。

(4) 喷漆调石膏粉。这种腻子附着力强、耐水性好，干得快，适用于大面积填补，是船体最适宜的嵌缝材料。它能附在金属上。用它嵌轴孔、固定轴管套、填补船首船尾接缝处效果都很好。这种腻子也用作第 1 道嵌缝。

(5) 喷漆（或虫胶漆）调滑石粉。这种腻子容易打磨，打磨后表面光滑，一般用作第 2、3 道嵌缝。

使用时，要注意：油性腻子要用溶剂汽油或松节油调稀；喷漆腻子要用香蕉水调稀。这 2 种腻子不能混合使用，也不能交替使用，否则不容易附在物体上。

四、舰船模型的油漆

船模上常用的油漆有磁漆和硝基漆 2 种。

磁漆种类较多，常用的有酚醛磁漆、醇酸磁漆，磁漆干性良好，干后漆膜坚韧，色泽鲜艳，耐水性强，附着力好。施工只宜刷涂。稀释料用松香水，适宜在初级小船模上使用。

硝基漆又叫喷漆，干燥迅速，漆膜坚硬耐磨，机械强度好，可打蜡抛光，而且具有较好的光泽以及耐久、耐水、耐油、耐化学品、不变色等优点。但在温度低、湿度大时喷涂，漆膜易发白不光亮，不够厚实，溶剂挥发快、流平性差。施工只宜喷涂，不易刷涂，稀释料用香蕉水，适宜在大型船模上使用。

磁漆与硝基漆是性能不同的 2 种漆，不能混合或交替使用。

舰船外观模型

外观模型是根据真实舰船按比例缩小制作的模型。凡是图纸上有的，大到船身，小到舷灯，都应当按比例做出来，对模型特有的装备，要制作得格外精确细致，使人们一看就知道是什么类型的舰船。制作的时候，可以根据模型的大小和各个零部件的外形选用不同材料，尽量采用代用品，以达到取材容易、费用低廉的目的。舰船的外观模型专注于舰船外观的工艺表达，不装动力装置。本章主要介绍用纸、粉笔、木头及其他材料来表达舰船外观的模型，包括了侧影模型、纸质模型、粉笔模型、简易实体模型以及较为复杂的构架式舰船模型。

舰船侧影模型

侧影模型是显示舰船侧面形象的平面模型。它以侧视图为依据，用简单的线条来表现舰船的种类、形状、主要设施和武器装备。侧影模型取材广泛，制作容易，适合小学低年级学生制作。制作侧影模型可以普及舰船知识，初步培养动手能力。

一、科学调查船侧影模型

科学调查船是用来作海洋物理、海洋化学、海洋地质、海洋生物、海洋气象以及卫星跟踪等方面的科学研究的专门舰船。它上面设有很多实验室和控制室，安装着大量的科学仪器。这类舰船要求具有优良的适航性、稳定性和操纵性，排水量通常在几百吨到上万吨。

制作侧影模型可以选择麦秆作为材料，但是注意要选择干燥平直的麦秆，去掉节头，用小刀剖开，展宽压平备用。

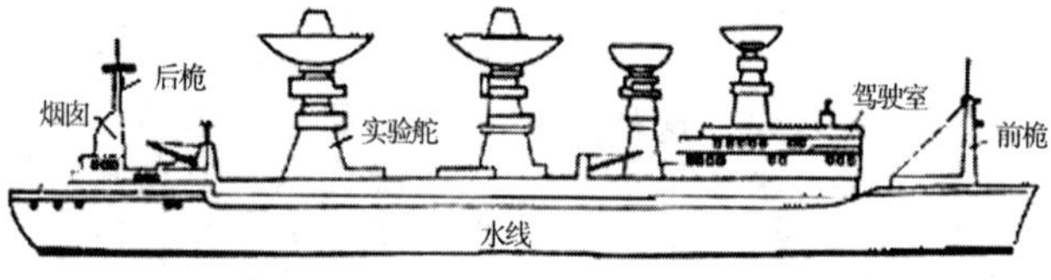

图 2—1—1　科学调查船侧面图

制作过程：选一张黑色的厚纸做底板，用铅笔按图 2—1—1 把科学调查船四周轮廓轻轻画在底板上。先取一根麦秆铺在水线位置上，照图的长短剪去两端多余部分，用胶水黏好。然后用同样的办法，一根一根地从上到下把麦秆黏在底板上，直到整个船形都黏上麦秆为止。

这种模型虽然没有表现出舰船的内部结构，但是舰船的白色侧影呈现在黑色的背景上，能产生一定的艺术效果。

二、导弹驱逐舰侧影模型

驱逐舰是以火炮、鱼雷和反潜武器为主要装备的中型军舰，排水量 2 000～5 000 吨，航速 50～70 千米/小时。装有口径 100～130 毫米的主炮4～6门，口径 20～75 毫米的辅炮 8～12 门，鱼雷发射管 4～12 个，还装有搜索潜艇用的器材和深水炸弹。它的主要任务是攻击敌方舰船，担任大型军舰和运输船的护航和警戒。

导弹驱逐舰是以导弹为主要武器的驱逐舰。排水量 3 000～9 000 吨，备有舰对舰、舰对空导弹和反潜导弹，主要任务是在中、远海洋上消灭敌舰船，担任舰艇编队和运输船队的护航、警戒。

制作导弹驱逐舰侧影模型的制作材料、方法和上述科学调查船基本相同，导弹驱逐舰的侧面图如图 2－1－2 所示。有一点不同的是，中间的雷达架和雷达网需要用麦秆细条照图黏贴，这样才能显示出武器设备的中空部分。

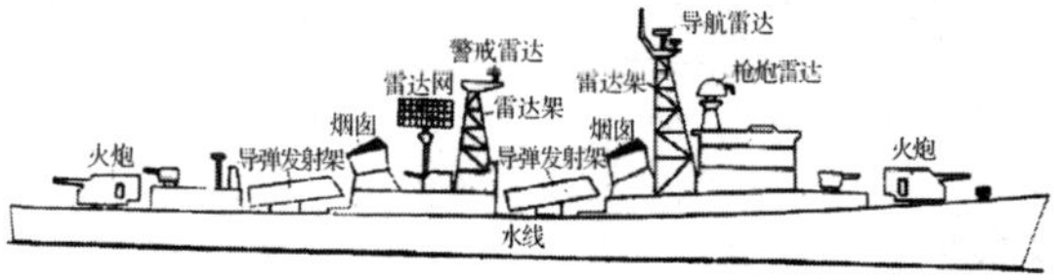

图 2－1－2　导弹驱逐舰侧面图

三、滚装船侧影模型

滚装船在船尾部分设有可收可放的大跳板。船到码头，放下大跳板同码头相接，拖车或汽车可以直接进出船舱运货，图 2－1－3 是滚装船的侧面图。

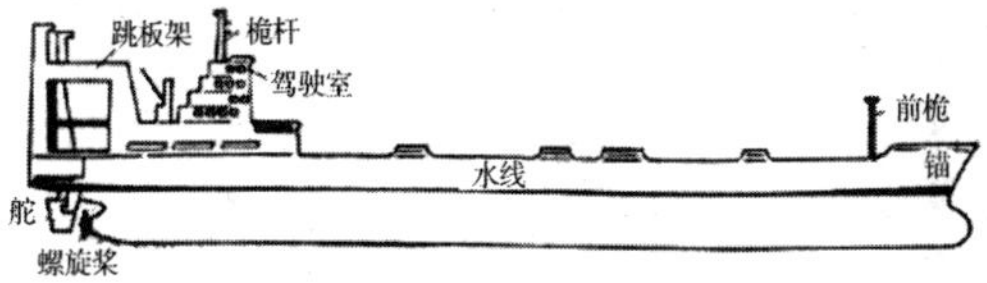

图 2－1－3　滚装船侧面图

制作滚装船侧影模型要选用一块深色的硬纸板做底板，一块硬泡沫塑料做船身。

制作过程：用电割锯把硬泡沫塑料按照图 2－1－3 切成滚装船外形轮廓。船尾跳板架的中空部分要用锋利的刀或用电割锯挖空，在窗口、锚、螺旋桨部分贴上色纸。最后把它们黏在深色的底板上，滚装船侧影模型就制作好了。

四、核潜艇侧影模型

潜艇又叫做潜水艇。潜艇的艇体有轻外壳和承受水压力的里层耐压壳。艇体内有水舱，当水舱内在满水的时候，潜艇沉入水中。当水舱送入压缩空气把水舱内的水排出后，潜艇浮上水面。现代的潜艇下沉深度为 250～400 米，排水量几百吨到几千吨。潜艇的隐蔽性好，攻击力强，主要任务是袭击敌人的运输船、军舰或攻击岸上目标，有的也可以担负侦察或布雷等任务。

潜艇按武器来分有鱼雷潜艇和导弹潜艇，按动力来分有常规潜艇和核动力潜艇。常规潜艇在水面上航行用柴油机，在水下航行用蓄电池和电动机，航速在水面 27～37 千米/小时，在水下 18～46 千米/小时。核潜艇用原子能作动力，航速在水面上约 27 千米/小时，在水下约 56 千米/小时。图 2—1—4 是核潜艇的侧面图。

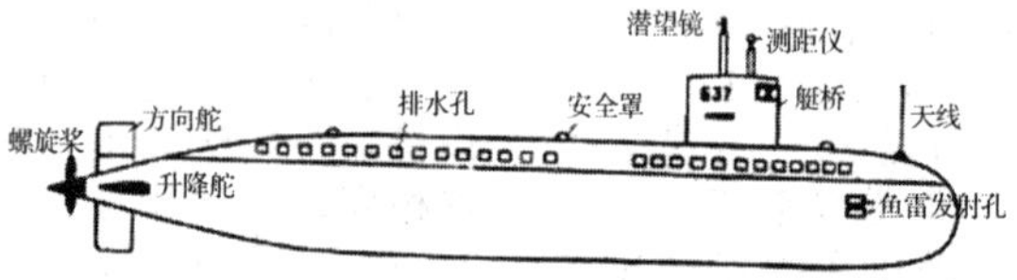

图 2—1—4　核潜艇侧面图

制作核潜艇侧影模型要选用 1 块深蓝色的硬纸板做底板，1 块白色或者米黄色的硬泡沫塑料做艇身。

制作过程：用电割锯把硬泡沫塑料切成长条形艇身，头部切成半凸的椭球形，中段切成半凸的圆柱形，尾段切成半凸的橄榄形。再用电割锯切一块半凸的硬泡沫塑料做艇桥，再用薄塑料片做 1 片方向舵、2 片升降舵、3 片桨叶以及潜望镜、测距仪、天线等。然后把零件一一黏在深蓝色的底板上，再用黑纸刻成排水孔黏在艇身上。这样，一艘具有立体感的核潜艇就会呈现在眼前。

五、多用途船影模型

多用途船是一种多用途的货船，它除了具有集装箱船的优点外，还可以装载软包装的货物。图 2—1—5 是多用途船的侧面图。

制作多用途船侧影模型，可以用一块硬纸板做底板，用一些颜色不同的零碎布料做船身。绸布有光泽，能找到绸布制作效果更好。但绸布质地柔软，在制作前要用糨糊在背面黏上一层旧布或薄纸，再放在玻璃板下面压平备用。

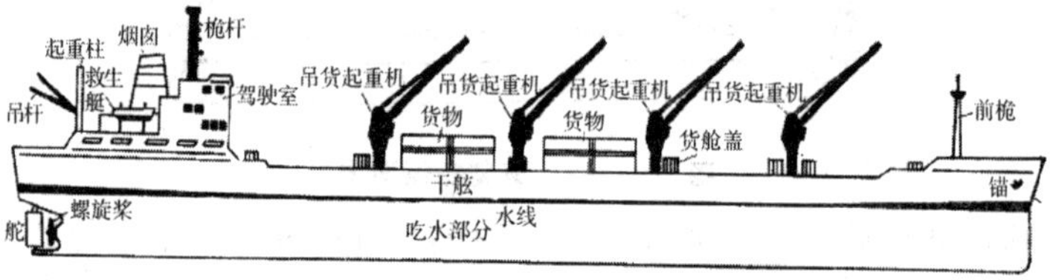

图 2—1—5　多用途船侧面图

制作的时候，先用深色布蒙在硬纸板上做底板，在底板上画出多用途船的侧面轮廓。然后选不同颜色的布料照船上不同构件的形状剪黏在底板上：可以用淡蓝色布料做干舷，用深棕色布料做吃水部分，用白色布料做驾驶室，用奶黄色布料做烟囱、桅杆、起重柱、吊杆、前桅，用橙黄色布料做救生艇，用深灰色布料做中间四座吊货起重机，用灰色线做起货的缆索，用小花布料做货物和货舱盖。各部分黏贴完毕后，把整个侧影模型放在玻璃板下面压平。

六、集装箱船侧影模型

集装箱船是一种运货船，它把货物装在特制的专用货箱内进行运输，这样可以简化包装、理货、装卸等手续。图 2—1—6 是集装箱船的侧面图。

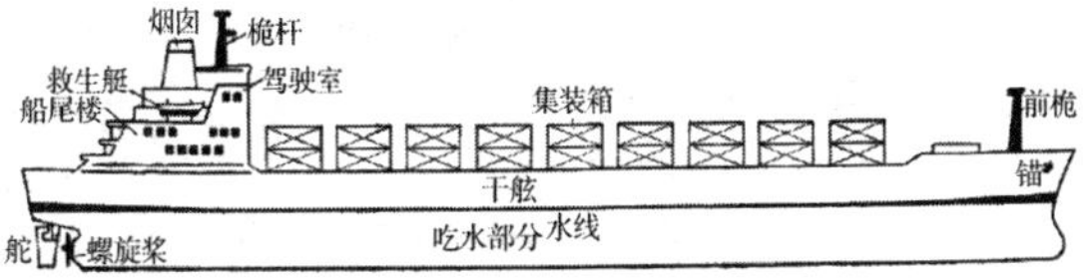

图 2－1－6 集装箱船侧面图

制作集装箱船侧影模型，可以用硬纸板做底板，用蜡光纸和彩色糖果纸做船身。

制作的时候，先把 1 张黑色或深蓝色的蜡光纸糊在硬纸板上，再用玻璃板压平做底板。然后把集装袋船上各个构件分别画在各种颜色的蜡光纸的反面：用深红色蜡光纸做吃水部分，用天蓝色蜡光纸做干舷，用白色蜡光纸做主舱，用橘黄色蜡光纸做救生艇，用奶黄色蜡光纸做桅杆，用金黄色蜡光纸做舵、舱和螺旋桨，用不同彩色的糖果纸做集装箱。为了把船尾楼上的几层甲板区分开来，层和层之间要刻去 0.5 毫米的间隙，窗口也要刻空。用剪刀或小刀把这些构件裁下来，黏在纸板相应的位置上。这样，一艘色彩鲜艳的集装箱船侧影模型就完成了。

纸质模型

纸制船体制作简单，节省木料，易于普及。卡片纸、白板纸、草板纸和箱板纸，废包装盒子都可以用。纸制船体多选择平底型船或将船舶水线以下复杂曲面加以简化，以便制作。

制作纸质模型，需要的工具有小剪刀、小刻刀、圆珠笔、小镊子、小直尺、彩色笔或颜料及毛笔、乳胶。下面介绍几种常见船型的纸质模型图纸及其做法，图中的粗实线为模型各部分的轮廓线，也是裁剪线，需用剪刀剪下；虚线是折叠线，制作时先要用笔或小刀划痕后再用手折叠。

一、乌篷船模型

乌篷船是我国江浙一带常见的水上交通工具。它的船尾有一支单橹，形状类似长的桨。橹是我国劳动人民的发明创造，是木帆船独有的一种人力推进工具。人用两只手摇动橹，橹在水中左右摆动给水一个作用力，水再给船反作用力使船向前航行。橹同时又能操纵船的航向，起到舵的作用，如要使船调向转弯，只要把橹的方向偏转一个角度来摇动就可以了。船上的乌篷是用多年生草本植物篷草编织而成，起到防风雨和蔽阳光的作用。图 2－2－1 是模型制作的工作图。其制作过程如下：

①在工作板面上先固定好一张 16 开模型图纸，用直尺、小刀或圆珠笔在虚线部分划痕。

②取下图纸用剪刀沿船体轮廓线剪下。

③将图铺在桌面，虚线向外折，

将船体折叠成立体状。

④用牙签在应黏接的部位涂胶，注意用胶要少并涂抹均匀，涂后要晾一会再黏接，也可以用双面胶带把所有的白边黏合成形。

⑤可根据爱好涂上颜色。

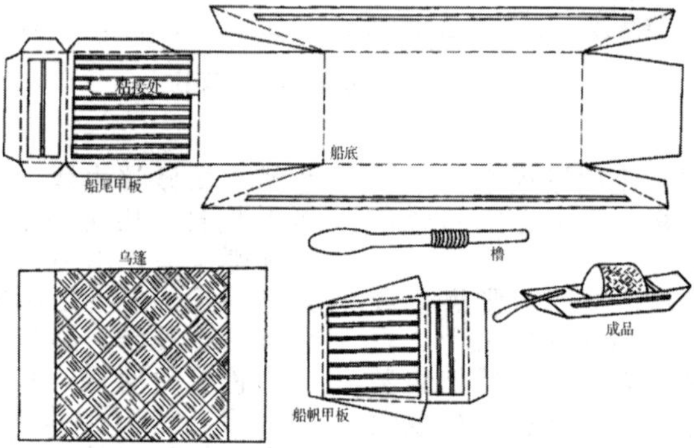

图 2—2—1　**乌篷船模型图**

二、气垫船模型

气垫船是 20 世纪 60 年代才开始进入航运事业的新型舰船。这里介绍的是仿照全垫升气垫船的外形设计的模型，它的特点是：在船底下装有 1 圈用锦纶橡胶布制成的围裙，当升力风扇连续向船底鼓风时，就在船底围裙内产生高压高密度的空气垫，将整个船体托离水面或地面；在船甲板上装有 2 台空气桨发动机，在它的推动下使船高速行驶。制作过程如下：

①船体制作：把图 2—2—2 铺画在纸板上，在虚线上划痕迹，划痕力度要正好使纸板表皮划破为止，否则易折断。把划好的船体平铺在桌面上进行折叠和黏贴。船首部分黏合时应从甲板与围裙的分岔处开始，逐渐往船首中间黏合，黏接时注意甲板的弧形应和围裙边相吻合。

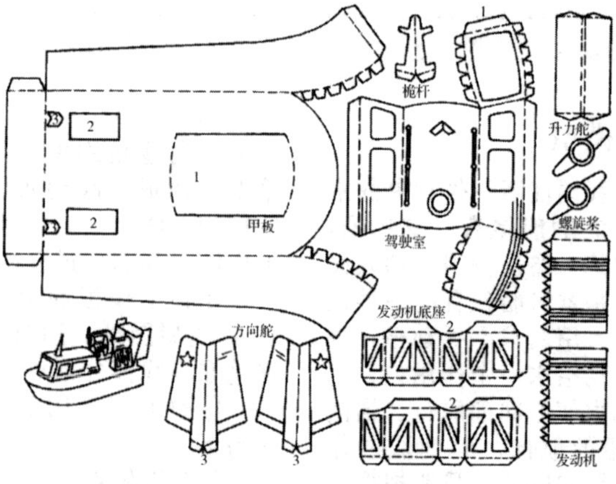

图 2—2—2　**气垫船模型图**

②驾驶室单独做好，然后整体黏在图 2—2—2 甲板 1 的位置上。

③发动机座也单独做好，完成后是一个长方体，然后分别整体黏在甲板 2 的位置上，机座前后和放发动机的圆弧应一致。

④在制作发动机时可以用圆杆铅笔帮助成形，然后将锯齿向内折 90 度，将螺旋桨剪下后黏接到位，然后黏在机座上。

⑤方向舵剪下后由点划线处折叠将两面黏到一起，在往甲板上 3 处黏时有双短线的一面应朝向内侧，这两条线也是黏升力舵的地方。方向舵应先黏，待干透后再黏升力舵，黏升力舵时应用手多扶一会，直到其固定为止。升力舵在黏按时要保持水平，方向舵黏接时要求垂直。

⑥按图 2—2—2 所示制作桅杆，并黏贴。

⑦气垫船的颜色不像军舰那样有严格要求，可以根据想象去上色。参考的颜色可以是：驾驶室、桅杆涂成米黄色，方向舵、升力舵和桨叶涂成浅蓝色，发动机及底座涂成深绿色，救生圈涂成红白相间，桨的圆心涂上红色。

三、鱼雷快艇模型

鱼雷艇起源于第一次世界大战，但一直到 20 世纪 50 年代，才使鱼雷艇的性能和进攻能力有明显提高。鱼雷艇的装备通常备有 2～6 个鱼雷发射管和 1～2 门中小口径火炮。我们制作的鱼雷快艇有 2 个鱼雷发射管和 1 座口径为 14.5 毫米的双联装机枪（也就是舰上火炮）。鱼雷还可以装载于大型军舰上，也可以用飞机来投放。

①船体制作：在纸板上按图 2—2—3 沿轮廓线剪裁出船体，在虚线上划痕，注意划痕力度掌握在正好使纸板表皮划破为止，否则易折断。把划好的船体平铺在桌面上进行折叠和黏接。注意黏接时先黏合两舷船首的斜边，而后再把两舷与甲板首部弧边对齐从分岔处一直黏到船头，再黏船尾。为快速成型可用双面胶带黏合。

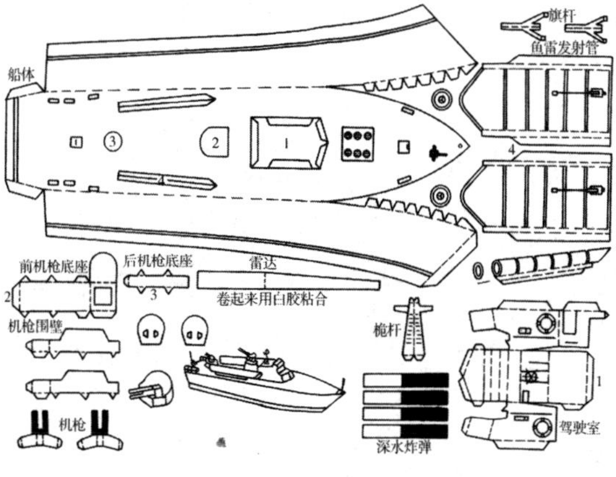

图 2—2—3　鱼雷快艇模型图

②驾驶室的制作：按照图 2—2—3 轮廓线剪裁下，在虚线上划痕、折叠。先制作驾驶室的前舱顶盖，在顶盖两侧稍点些胶与两侧黏合，

用手扶正等待干透。顶盖下的两条内折线使前舱壁凹进去，而后凸出一个与甲板平行的平面。这时将两面侧壁合拢过来与前部的平面对齐黏合。前舱壁凹进去的两侧不要黏。接着就可以黏驾驶室的底板与操纵壁了。驾驶室的底板是通过操纵壁下端一条内折线折叠而成。用胶黏上但未干前将操纵壁调整成垂直，底板调整成水平。最后将驾驶室后壁、底板与另一侧面黏合。

③发射管的制作：裁剪好划痕，将两条内折线折叠成为发射管和支架的形状，在黏接时可以用圆杆铅笔放在里面，便于成形。干透后再将支架根部外翻，最后黏于船甲板上。注意发射管的口朝向船首、稍朝外偏。支架尽量调整成垂直，同时黏上发射管后盖。

④火炮的制作：火炮部即模型图左下的机枪部分。制作的方法是先将前机枪底座裁剪下，将长方形部分的末端卷回来与正方形相黏合，然后将U形平面的曲线和卷好的小圈面相吻合涂胶黏定型。后机枪底座也是先黏成圆圈形状，然后折叠贴角使其固定在板上。

⑤深水炸弹的制作：从图上裁剪下后，用牙签的尖端部分来卷制，使黑色在外，胶黏合后取下牙签。最后黏在甲板艉部两侧。

⑥涂色：甲板、驾驶室底板、机枪座均为军绿色，船体水线以上、鱼雷发射管、驾驶室舱壁、机枪围壁、机枪、桅杆、旗杆为蓝灰色，救生圈为红白相间，水线为白色，水线下为红棕色。

四、导弹艇模型

导弹一般由弹体、战斗部、动力装置、制导控制系统等4个部分组成。弹体用来将战斗部、动力装置、制导系统容纳为一体，要求强度比较大；战斗部内装有炸药和引信，是在导弹命中目标时用来杀伤的；动力装置用来推进导弹飞行；制导控制系统用来控制导弹，使之飞向既定目标。

本模型是没有水下部分船体的纸质模型，零部件比较多，制作顺序是先将船体做好，然后制作零部件，剪下一件完成一件并立即往船体甲板上黏一件，这样不仅工作有序，也不会造成零部件的丢失。

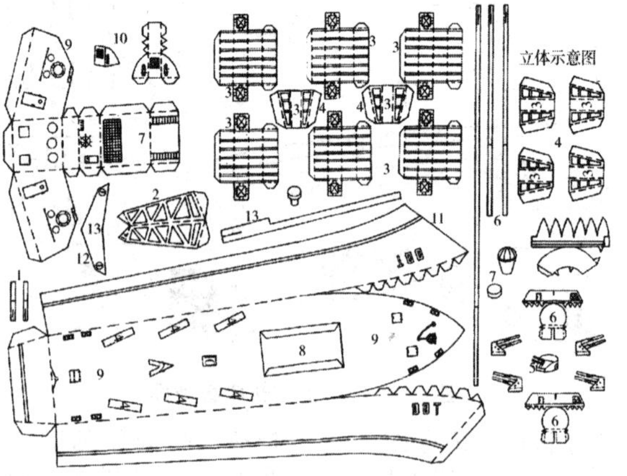

图2—2—4　导弹艇模型图

1. 船体的制作

如图2—2—4中11号，在离轮廓黑线外远一点的地方，先大致粗剪下船体，再沿着黑线外沿剪出船体轮廓。用直尺、小刀沿所有虚线轻划，使纸有印迹后向外折。

黏接顺序是：先将艉板和左右舷黏牢，然后将左右舷的首部弯曲，与甲板艏部弧度比一下，看看它们之间的吻合程度，找到一个最佳吻合的地方后再黏接。先从一边舷的前2个齿开始，涂上胶，使齿上尖端对准甲板艏最尖部，按甲板边缘弧度将齿与甲板黏牢，然后将船体翻过来用牙签沾上胶涂在其余的齿上，用手或工具压住齿和甲板黏接处，待其固定，这样黏出来的线型就比较流畅。另一舷用同样方法黏接，最后将左右舷艏部黏到一起。船体就制作完毕了。

2. 驾驶舱的制作

按照图2—2—4中8号的轮廓线剪下，虚线和制作船体一样，在正面划线向图纸反面折叠，但遇到点划线时应在背面划痕，为使背面的划痕正确，最好将图纸面向光源，用铅笔在点划线反面两端各点1点定位，或用针尖在正面刺2点定位，就可以划痕向内（图纸的正面）折叠，这时驾驶舱的立体形状就初步形成。

黏接的顺序是：将两侧先后与仪器板、舱的露天甲板和后壁依次进行黏接，最好也在黏接前先试着对对位，看轮廓是否都能对准，然后再用胶黏合。制作好的驾驶舱黏在船体甲板8号位置上。

3. 前后火炮的制作

图2—2—4上5号为制作完成后的火炮立体形状的示意。本模型的火炮为双联装25毫米半自动炮。制作过程是先剪下零件，划虚线、点划线和折叠，将炮塔防护围板和底盘黏接，然后黏前防护板。将4片炮管2个1对正反黏接在一起形成炮管，黏接时注意点划线下的部分不能黏住，应将它们分开黏在炮塔底盘上，使炮管伸出前防护面板约1厘米。然后将6号零件剪下，从箭头部分向内卷，卷时食指和拇指保持一定湿润度，同时用镊子控制纸卷紧固和上下齐整，在纸卷尾端2毫米处涂胶、卷紧固定，黏在炮塔底部6号的位置上。再将整个火炮黏在船体甲板6号位置上。

4. 导弹发射器的制作

本模型有6个同样的箱式导弹发射器，如图2—2—4中3号零件。将箱体剪下，划线折叠，将四壁黏接，再黏前后盖。4号零件是导弹发射器的箱体底座，剪下折叠好，将两边折边重叠黏合，箱体居中黏在底座上，然后整个黏在甲板4号位置。

5. 桅杆的制作

把图2—2—4上的2号零件大致（轮廓线外多留空白）剪下后，用小尺和刀将桅杆体内的小三角形和梯形镂空，下刀时切勿切割过头，最好的办法是从外向里用刀，因为桅杆构架中间稍宽一点，稍过一点也不会太影响宽度。镂空后再细剪外轮廓线，虚线划痕折叠，将底部（大的一头）黏在船体甲板2号位置。零件12号为桅杆平台，剪下，居中黏在桅杆顶部位置12上。

6. 雷达的制作

导弹艇的雷达主要用于导弹进

攻，如图2—2—4中7号零件。剪下后将锯齿上的每个齿先用手捋一下，使其自然弯曲成形，便于后面黏接。先将锯齿形黏成雷达圆型上部，如图2—2—4中立体示意图所示7，制作时可以先用1个直径约1厘米的圆形物体在1张薄纸上压成圆坑剪下衬在里面，每个齿涂胶后与衬黏接成型。扇形部分黏成圆柱体，2部分黏在一起便组成雷达。雷达底座用长条纸卷制而成，办法与做6号零件相同，黏在驾驶舱甲板7号位置，雷达黏在底座上。图上13号零件是对海搜索雷达，剪下按同样方法卷制而成，黏在桅杆平台上的13号位置。1号零件为侦察雷达，剪下卷好黏在桅杆平台1号处。

7. 甲板后舱的制作

即图2—2—4中10号零件，剪下后沿虚线划痕折叠，黏成左侧示意图形状，然后黏放在船体甲板10号位置。

粉笔模型

我们常用的粉笔质地松脆，很容易加工成各种模型，但是粉笔也非常容易折断，因此在制作过程中必须掌握正确用力和正确的削磨方法。

制作粉笔模型需要一盒质地好、无孔无洞完整的粉笔（可以是白色也可以是彩色）和一套工具，包括立刀、直尺、铅笔、锯条、乳胶、砂纸、布、垫板、毛衣针、白卡纸、大头针、毛笔，颜料可以是水彩、涂料或油漆。

一、渔船模型

我国的小渔船多见于内河，被渔民用来打鱼和作运输等用途。渔船的部件一般包括船体、船篷、舵、桅杆和帆。

用粉笔制作渔船模型的船体和船篷必须挖空，船首至船尾不是一个平面，首部高于舯部和艉部，制作稍有难度，应当多加注意。制作步骤如下：

1. 船体的制作

①在粉笔粗的一头量42毫米处切断。

②削磨2个平行面，厚度为8毫米，见图2—3—1。

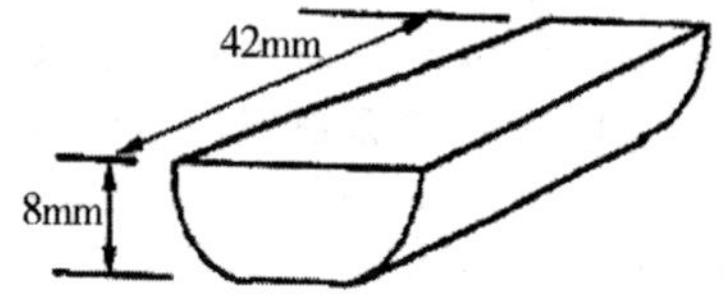

图2—3—1

③制作甲板：按图2—3—2用立刀或砂纸打磨宽度大的平面，方法是从艉部向首部长度为32毫米，平行向下打磨掉2毫米，并从32毫米处向上翘出一个弧形来，弧形应光滑、平缓，尖端和甲板平面的高度是2毫米。

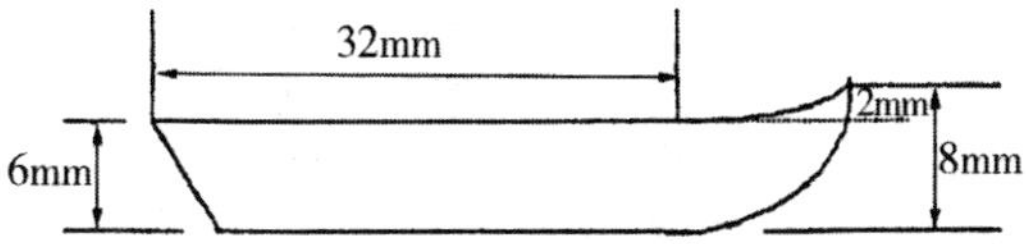

图 2—3—2

④按图 2—3—2 切削艏、艉斜面，艉部为平面，艏部为弧形面，其倾斜度比艉部大。

⑤按图 2—3—3 画中线和线型，加工成型。

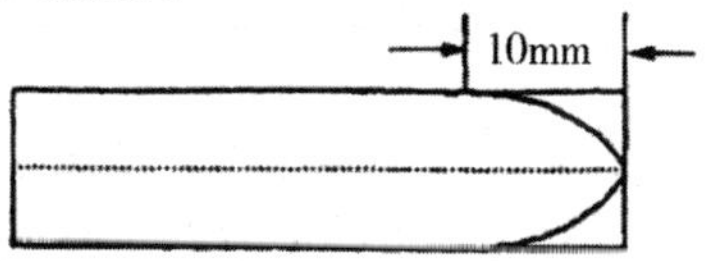

图 2—3—3

⑥挖空：在船尾部预留 5 毫米，两舷边预留 1～1.5 毫米，按图 2—3—4划线，将中间部分用立刀挖空，注意挖空的内平面要光滑、平整，挖空的深度为 2～2.5 毫米。

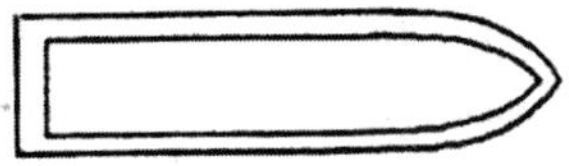

图 2—3—4

2. 船篷的制作

①按图 2—3—5 从粉笔粗的一头量 10 毫米长切断。

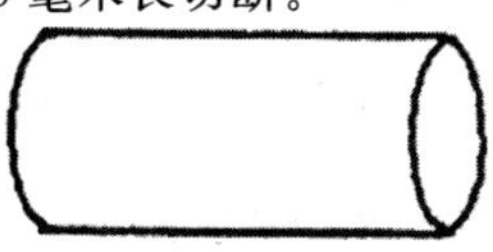

图 2—3—5

②将这段粉笔磨去 1/2，使之成为半圆，见图 2—3—6。

图 2—3—6

③掏空的形状见图 2—3—7，掏空的方法可以是先将边缘留 1～1.5 毫米，再选一根粗的毛衣针包上砂纸从心部向外打磨成型。

图 2—3—7

④将船篷的底边涂上乳胶，贴在离船首 20 毫米的地方。

3. 帆的制作

用白卡纸按图 2—3—8 所示剪成帆形，将大头针黏在帆的中轴线上，尖头朝上插入离船首 20 毫米的地方。

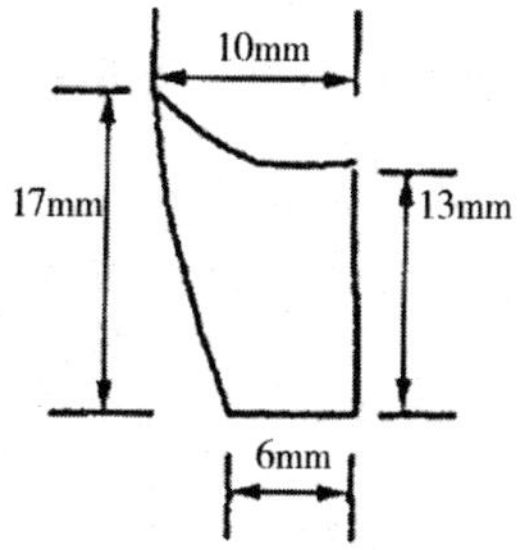

图 2—3—8

4. 舵的制作

用白卡纸按图 2—3—9 剪出舵的形状。用砂纸将船尾底部待黏贴的部位磨粗，涂上乳胶，用镊子镊住剪好的舵黏贴在相应的位置上。

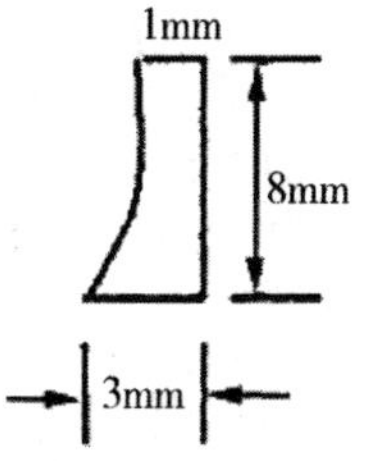

图 2—3—9

5. 上色

按民用木质船的色彩进行，船体水线上为棕色，水线下为黑色，船篷为浅黄色，帆为白色，舵为黑色。

二、货船模型

货船属于民用舰船中的运输船，根据装载货物的不同可分为干货船（如散装货船）、液货船（如装油和化学品石油天然气等的船）、冷冻船、全集装箱船、滚装船等。这里介绍散装货船简化模型的制作。

散装货船的结构包括货舱、艏尖舱、艉尖舱、艏楼、艉楼和机舱，制作步骤如下：

1. 船体的制作

①用整根粉笔削磨甲板面，可以使用以下 2 种方法：

方法 1：使用一根粉笔削磨 2 个平面，2 个平面之间的厚度为 8 毫米，见图 2－3－10。在离船首 15 毫米处用锯条按图所示向下锯 3 毫米左右，再用立刀从船尾向断面平削成型，用砂纸磨平，使 3 个加工面成为 3 个平行面。这种方法的缺点是船首造型略差。

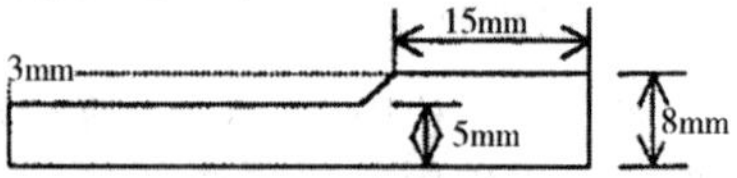

图 2－3－10

方法 2：先将整根粉笔削磨成上、下 2 个平面，其中 1 个平面应是粉笔的最大直径面的纵向剖面，2 个平面中间的厚度为 5 毫米。再取另一段长度为 17 毫米的粉笔，削磨成厚度为 3 毫米的 2 个平面，见图 2－3－11，中间也有一个大面，再将细头的一端按图磨一个斜坡，把它贴在前一根粉笔粗头一端，使 2 个最大面相贴。这种方法的优点是船首处造型美观，但一定要等 2 面贴牢后才可以继续向下加工。

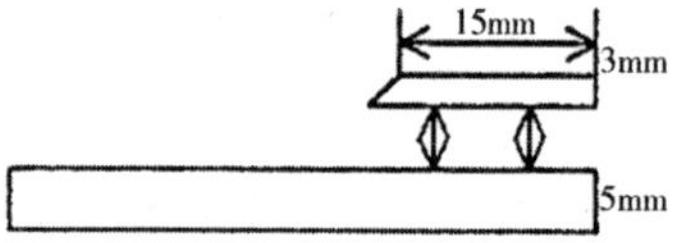

图 2－3－11

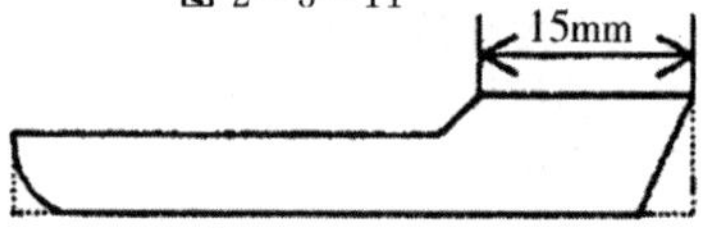

图 2－3－12

②磨船首及船尾面，按图 2－3－12 以 4 毫米的宽度差从船首的底板向上磨斜面，船尾磨成弧面。

③在甲板面画中线及线型见图 2－3－13，包括中线、船头和船尾弧线，要求左右对称、弧度圆顺。

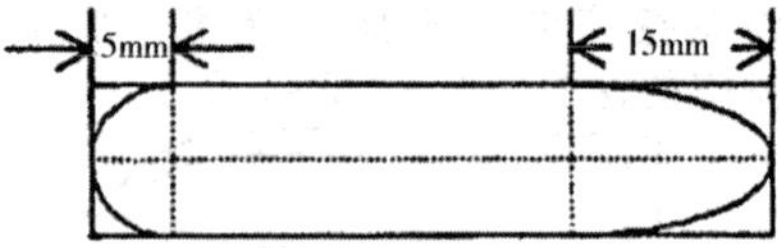

图 2－3－13

④按画线加工成型，要求左右对称，弧度光顺，首尾应交于中线，整体性强。

2. 驾驶室的制作

①驾驶室是双层。按图 2－3－14 削磨出一个长 10 毫米、高 5 毫米、宽 6 毫米的长方体。

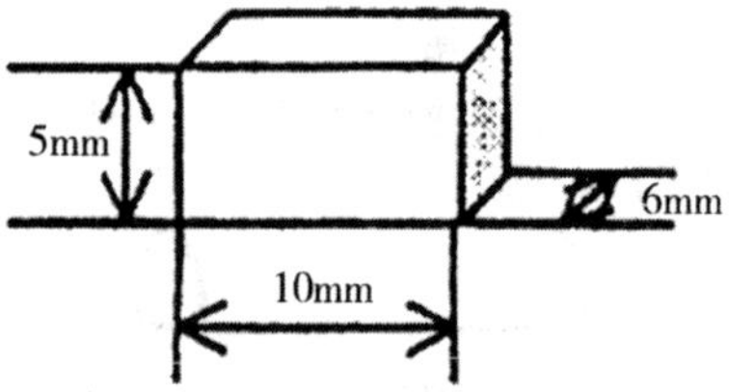

图 2－3－14

②按图 2－3－15 的形状削磨驾驶室。

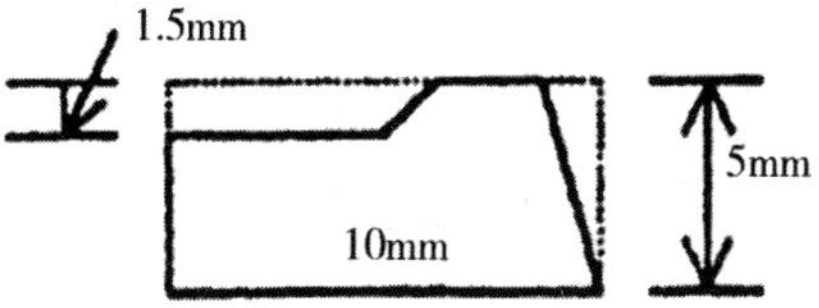

图 2—3—15

③将第二层驾驶室的正面及两侧各削掉 1 毫米，使两层之间错落有致。

④将驾驶室贴在甲板尾处。

3. 烟囱的制作

烟囱的作用是排除废气和异味。

①按图 2—3—16 削磨出一个长 3 毫米、高 2 毫米、宽 2 毫米的长方体。

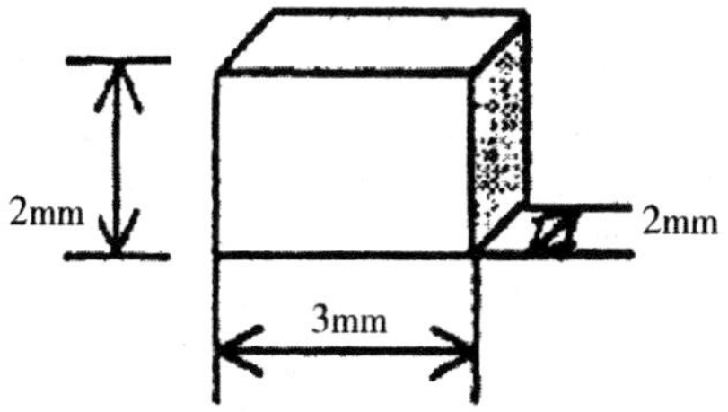

图 2—3—16

②按图 2—3—17 将后侧削磨出 1 个梯形平面。

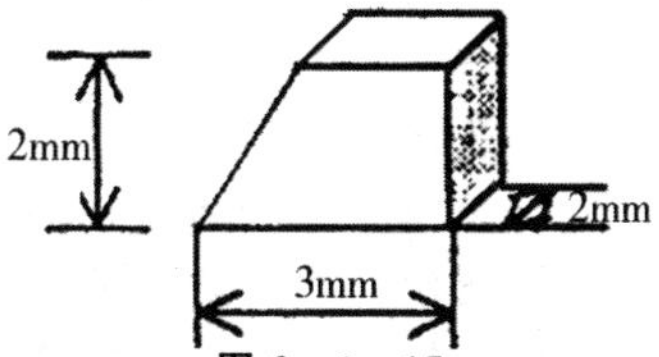

图 2—3—17

③将做好的烟囱贴在驾驶室上，斜面朝向船艉。

4. 舱盖的制作

使用白卡纸，剪出 4 块长 9 毫米、宽 4 毫米的长方形，均匀贴在甲板上。

5. 吊杆的制作

用大头针和棉线插在 2 舱盖之间，并位于甲板的中轴线上。

6. 上色

货船的色彩不能太鲜艳，应该和实际船的颜色相似。

完成后的模型如图 2—3—18 所示。

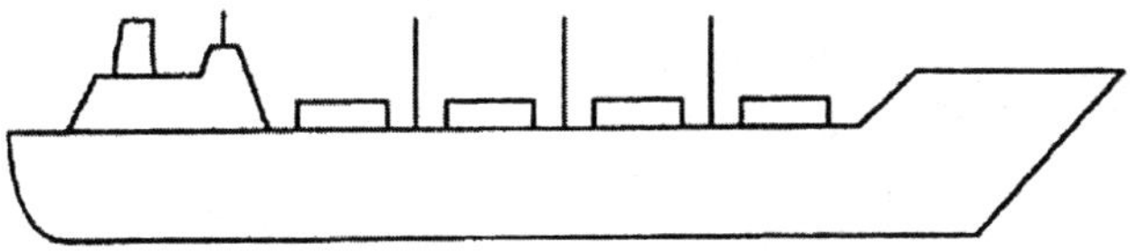

图 2—3—18

三、交通艇模型

交通艇是内河流域专业工作船，一般归入港务船类，它可以用于巡逻和传递消息、物品等，也可搭载有关人员视察、游览。交通艇按航行姿态可分为吃水型和滑行型 2 种。交通艇的主要部件有船体、驾驶室和桅杆，大多为内燃机动力。这里介绍用粉笔制作交通艇模型，制作步骤如下：

1. 船体的制作

①下料：从粉笔粗头量出 30 毫米，用小刀或锯条将其断开，如图 2—3—19 所示。

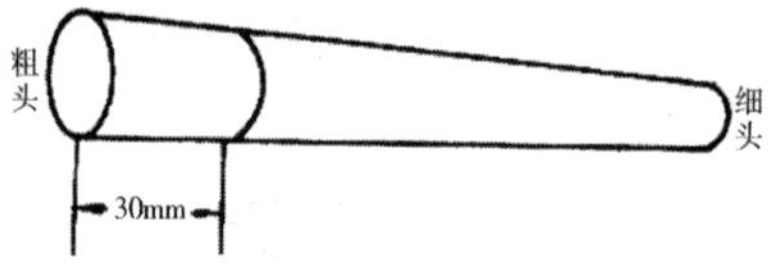

图 2—3—19

②磨上平面：将图 2—3—20 中锯下的 30 毫米长的粉笔竖立，用立刀和砂纸将其削磨出 1 个平面，面积要尽可能地大，如图 2—3—20 所示。

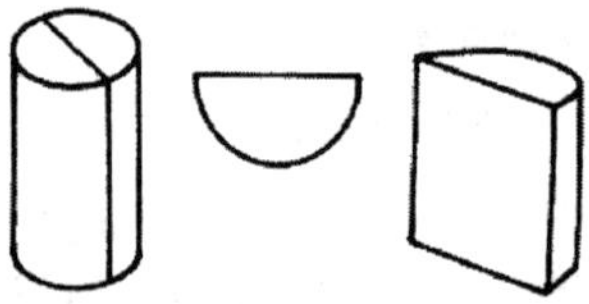

图 2—3—20

③磨下平面：在距上平面 6 毫米处再削 1 个平面，削磨时应注意保持和上平面的平行度，如图 2—3—21 所示。此时，宽平面为模型的甲板面，窄平面为模型的底板面，粗头的一边是船首，细头的一边是船尾。

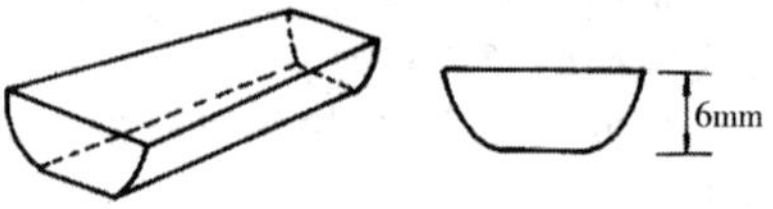

图 2—3—21

④切艏艉斜面：斜面从甲板向底板，艏部斜面大于艉部，甲板面朝上，底板面朝下，倾斜地在砂纸上打磨，如图 2—3—22 所示。

图 2—3—22

⑤画中线：在甲板面、船首面、底板面、船尾面 4 个平面的居中部位画出 1 条封闭的连线，如图 2—3—23 所示，为画线型和最后船体成型作准备。

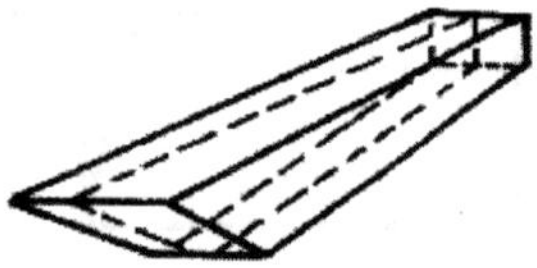

图 2—3—23

⑥画线型：左右对称地在甲板、底板面上靠船首 1/3 处画左右对称弧线，弧线应光顺，如图 2—3—24 所示。

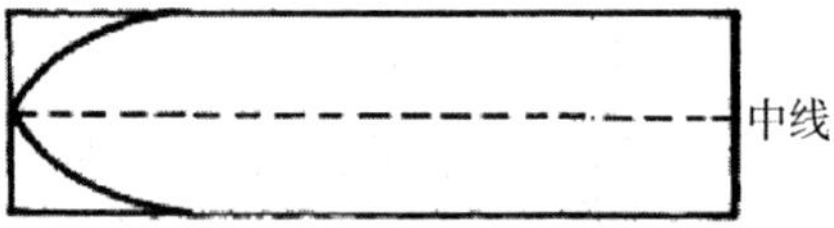

图 2—3—24

⑦加工成型：用锯条沿画好的线型外侧，将多余部分锯掉，再用砂纸细细打磨，打磨时注意左右要对称且有一定弧度，左右舷交于船首面中线。加工完成的船体应光滑、整体性强，如图 2—3—25 所示。

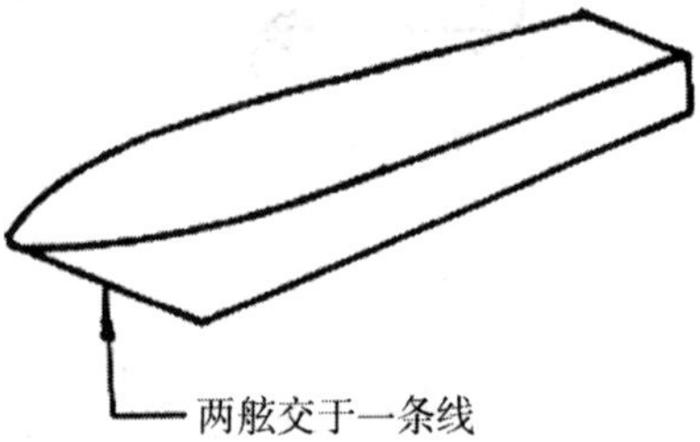

图 2—3—25

2. 驾驶室的制作

驾驶室是舰船上层建筑的主要组成部分，内部有控制舰船航向、航速的各种仪器仪表，它是船员驾驶舰船正常行驶的操纵室，一般还备有船员及旅客的休息室。

①削磨出 1 个长 13 毫米、高 5 毫米、宽 6 毫米的长方体，如图 2—3—26a 所示。

②选择长方体的一端，按适当角

度削一斜面作为前窗斜面如图 2－3－26b 所示。

③成型：在长方体的另一端，先按图 2－3－26c 顶面朝上，在高度的 1/2、长度的 1/3 处划线，然后削掉此部分。再用刀尖按图 2－3－26d 形状加工成弧面，注意应使弧面线条圆顺。

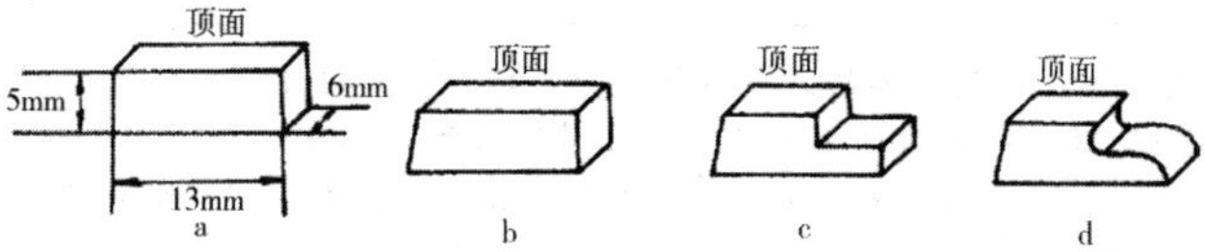

图 2－3－26

3. 桅杆的制作

桅杆用来挂旗帜、信号灯、雷达天线、喇叭等，可以用粉笔削磨，也可以用白卡纸制作，如图 2－3－27 所示。桅杆制作完成后安装在驾驶室上，其角度应向船尾部倾斜。

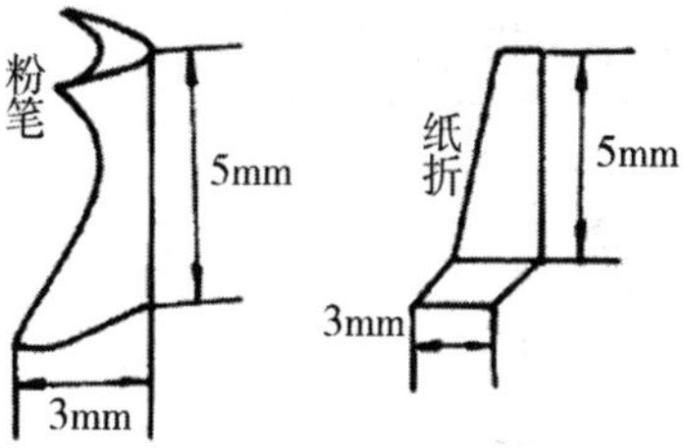

图 2－3－27

4. 组合

将制作好的驾驶室黏在船体上离船首 7 毫米的地方，桅杆在驾驶室上方。

5. 上色

用水彩或漆给交通艇上色：水线为红色；水线上为浅蓝色；水线下为深蓝色；舱室、甲板、桅杆为米色；窗口为淡蓝色。完成后的模型侧视图如图 2－3－28 所示。

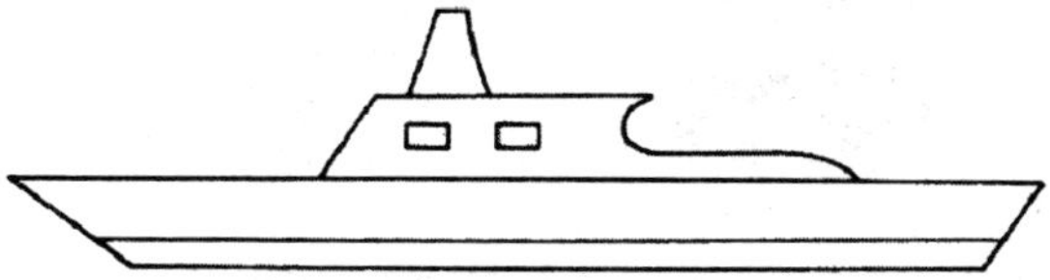

图 2－3－28

简易实体舰船模型

简易实体模型是用简单的几何形体显示舰船外观和主要结构的立体模型。通过制作简易实体模型，我们可以学会从侧视图和俯视图想象出舰船模型的立体形象，还可以学到不同材料的加工方法，为制作较复杂的构架式舰船模型打下基础。

简易实体模型取材广泛，如火柴盒、卡纸、墨鱼骨、小木板、牙刷柄等都是制作简易实体模型的好材料。简易实体模型的大小可以根据手头现成材料的大小来定，只要按照图纸选取合适的比例加以放大或缩小就可以了。但由于简易实体模型所表现的只是主要部件，做得太大失真度加大，所以在制作时模型的尺寸最好小于30厘米。

一、交通艇模型

交通艇是用于海上联络的小型船只。图2—4—1是交通艇简易实体模型的图纸，它只有船体和船舱2个部分，省略了推进器、尾舵等细小部分。

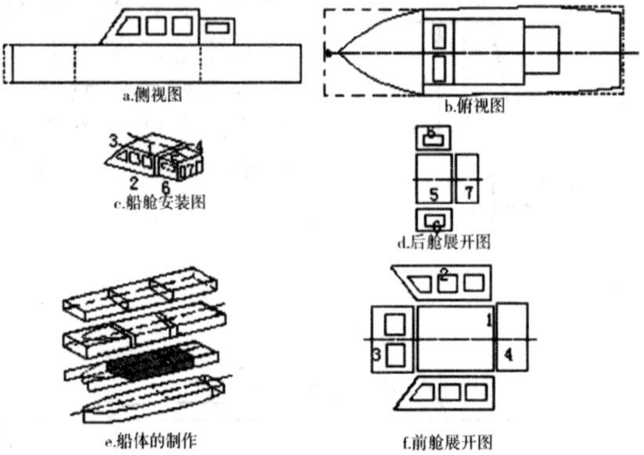

图 2—4—1　交通艇简易实体模型图

在图纸中除了绘出交通艇的侧视图和俯视图以外，还附有制作图和安装图。制作交通艇简易实体模型需要用五六个火柴盒。制作的步骤如下：

1. 船体的制作

(1) 参考图2—4—1e，先用木砂纸轻轻地把火柴盒外面的包装纸打磨干净，注意保持火柴盒的棱角完整。

(2) 打磨后把3个火柴盒串摆在一起，用削尖的铅笔在它们上面画出船首曲线和船尾曲线。沿曲线剪去多余部分，但要保持火柴盒的侧壁完整。

(3) 把一火柴盒芯插入火柴盒内，把3个火柴盒黏接成一个整体。再把火柴盒侧壁向船首船尾围拢并黏接起来。为了黏接得牢固一些，要在黏接处的里面衬火柴棍。胶干后，船体就制作好了。

2. 船舱的制作

把打磨好的火柴盒拆开铺平，参考图 2—4—1d 和 f，分别画出前舱和后舱的展开图。用剪刀把它们剪下来，照图 2—4—1c 黏接成船舱。同样要在黏接处的里面衬火柴棍加固。然后参考图 2—4—1a 和 b，把船舱黏在船体上。这样，一艘小巧的交通艇模型就制作完毕了。

二、小炮艇模型

图 2—4—2 是用火柴盒制作小炮艇简易实体模型的图纸。制作步骤如下：

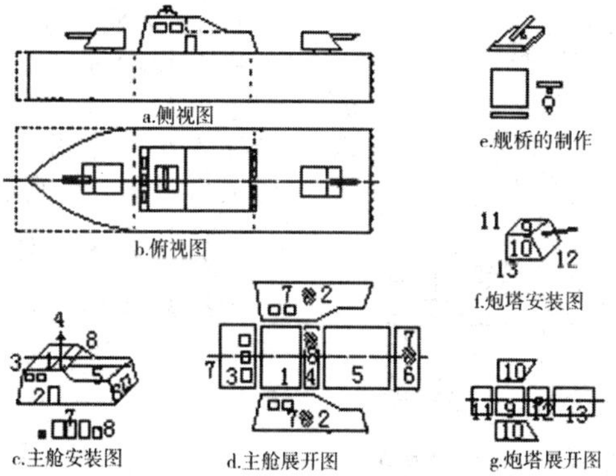

图 2—4—2　小炮艇简易实体模型图

1. 船体的制作

这艘模型船体的制作方法同交通艇模型完全一样。

2. 船舱的制作

（1）把打磨好的火柴盒拆开铺平，参考图 2—4—2d，画出主舱的展开图。

（2）用剪刀把它们剪下来，照图 2—4—2c 黏接成主舱，并把 4 扇门黏在展开图的斜线部位。

3. 舰桥的制作

（1）参考图 2—4—2d，用厚约 8 毫米的松木板，锯成 3 块长方形板，用砂纸打磨光洁。

（2）参考图 2—4—2e 把舰桥黏接起来，桅杆用圆形竹丝制作。在舰桥前部中央钻 1 个小孔，把桅杆插入小孔中。

4. 火炮的制作

（1）参考图 2—4—2f 和 g，用 2 块长 15 毫米、宽 12 毫米、厚 8 毫米的松木板做火炮。削去 1 个斜面，在斜面上钻 2 个小孔，插入圆形竹丝做的炮管。

（2）炮座可以用直径约 7 毫米的圆木片或纽扣制作。

5. 救生圈的制作

（1）用保险丝或铜丝在圆棒上弯成圆圈做救生圈。

（2）在它上面涂上红白相间的油漆。

6. 机关炮的制作

参考图 2—4—2f，用一段 12 毫米长的单股塑料导线，两头切去一段塑料皮，露出铜丝，再用一小段塑料套立着做支架。

7. 上漆

除了救生圈外的所有构件，包括船体和舱面设施都涂上银灰色油漆。等油漆干透后，参考图 2—4—2a 和 b，把舰桥、鱼雷发射管、火炮、救生圈、机关炮等黏在甲板上。这样，鱼雷快艇就制作完毕了。

三、尾机型货轮模型

尾机型货轮是由于它的发动机安装在船尾而命名，图 2—4—3 是尾机型货轮简易实体模型的图纸。制作步骤如下：

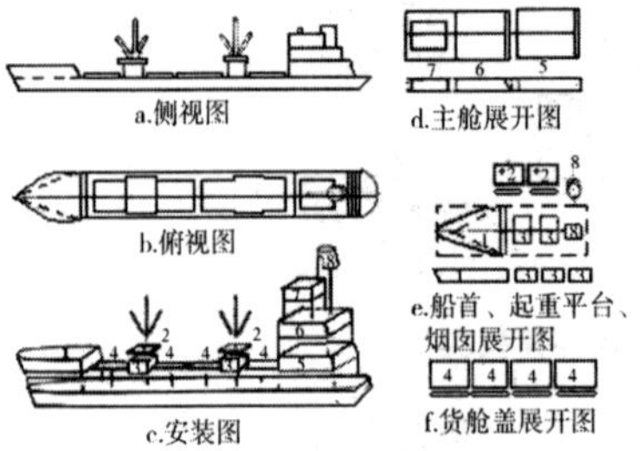

图 2—4—3　尾机型货轮简易实体模型图

1. 船体的制作

找 1 块大约长 150 毫米、宽 18 毫米、厚 5 毫米的平整光滑的松木板，在船首部分黏上 1 块长 27 毫米、宽 18 毫米、厚 5 毫米的平整光滑的松木板制作船体。参考图 2—4—3a 把船首削斜，把船尾下部磨圆。参考 2—4—3b 把船首和船尾的外形实体画在甲板上，把船首外形虚线画在船底上，用小刀加工成型，再用木砂纸按船体形状仔细打磨光洁，船体就制成了。

2. 主舱的制作

找宽 18 毫米、厚 5 毫米的木板，参考图 2—4—3d 做主舱。下舱长 23 毫米、中舱长 21 毫米、上舱长 13 毫米，中舱和下舱的尾端斜削 1 毫米，用砂纸打磨光洁。

3. 起重平台的制作

起重平台的底座参考图 2—4—3e 中的 3，用长 10 毫米、宽 7 毫米、厚 5 毫米的松木板制成。起重平台的上盖参考图 2—4—3e 中的 2，用长 11 毫米、宽 8 毫米、厚 1 毫米的松木片制成，黏在底座上面。在起重平台上钻 1 个小孔，把圆形竹丝插入小孔中做桅杆。在每根桅杆旁边再斜黏 2 根圆形竹丝做吊杆。

4. 货舱盖的制作

参考图 2—4—3f，用长 14 毫米、宽 10 毫米、厚 1 毫米的松木片做货舱盖。

5. 烟囱的制作

参考图 2—4—3e 中的 8，用小木块制作。

6. 组装

各种构件完成后，参考图 2—4—3a 和 b，先把下舱、中舱、上舱黏在甲板后面，再把烟囱黏在中舱的上面、上舱的后面。然后把起重平台和货舱盖黏在相应位置上。

7. 上漆

等胶水干透后，在凹凸不平处嵌上腻子，并且用砂纸打磨光洁。然后涂一两遍清漆。这样，尾机型货船模型就制作完毕了。

四、护卫舰模型

图 2—4—4 是护卫舰简易实体模型的图纸。护卫舰模型的制作方法和上述的制作尾机型货轮简易实体模型基本相同，只是鱼雷发射管用圆形细竹丝制成。

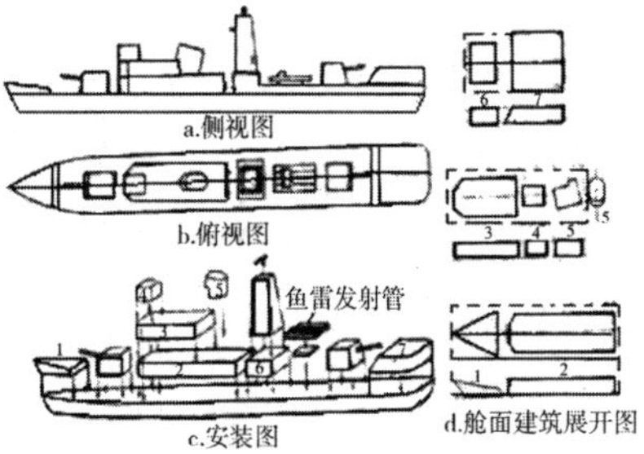

图 2—4—4　**护卫舰简易实体模型图**

五、乌篷船模型

前面介绍了乌篷船的纸质模型制作，这里介绍乌篷船模型实体模型的制作。需要的材料有：桐木片（1 毫米×54 毫米×300 毫米）、桐木条（2 毫米×3 毫米×100 毫米、1 毫米×25 毫米×100 毫米）、白纸。制作步骤如下：

1. 船体的制作

(1) 按图 2—4—5 在桐木片上绘制左舷、右舷共 2 块舷板。

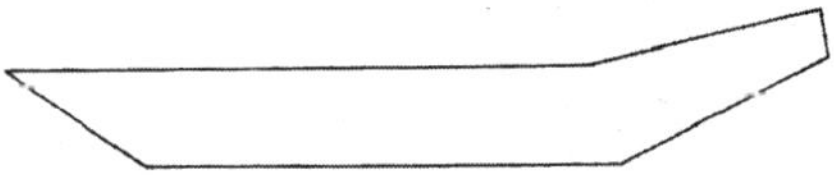

1∶1左右舷板各一块

图 2—4—5　1∶1 **左右舷板各一块**

(2) 用小刀和钢板尺将画好的舷板刻制下来，注意刻画时应先刻木片斜方向的轮廓线，后刻直线，用力不要过猛，以免木片断裂，应反复多划几次，让其自然断离。

(3) 按图 2—4—6 用尺量取船底板的长度（25 毫米×155 毫米），将船首底板、船尾底板和尾板按虚线刻浅槽，然后将船首底板、船尾底板按左右舷板图上翘的角度窝住，有条件的可以用胶条贴在窝槽的外侧起固定作用。尾板应该刻下，垂直地黏在尾部。

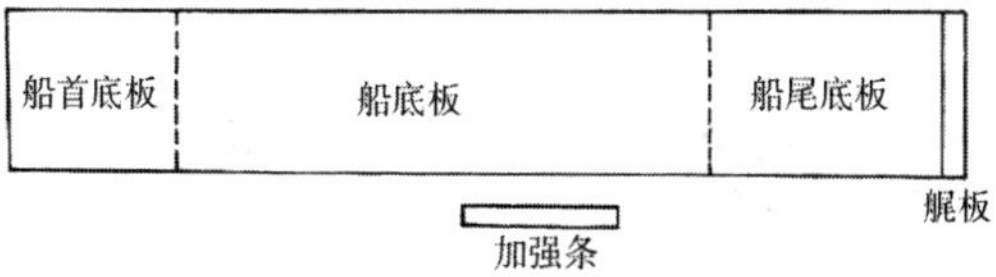

图 2—4—6

(4) 按图 2—4—6 截取 3 小根加强条（2 毫米×3 毫米×25 毫米），将它们分别黏在船底等分位置，起到加强和支撑 2 舷板的作用。

(5) 在桌子上垫 1 张纸。在船首底板、船尾底板和船底板的两侧均匀地涂上乳胶，然后将左右 2 块舷板黏上去，用两只手轻轻地向内压住舷板约 30 秒钟左右，使其完全固定。

(6) 按图 2—4—7 在木片上量出船首甲板（2.9 毫米×50 毫米）和船尾（2.5 毫米×40 毫米）甲板的尺寸和形状，然后刻下。

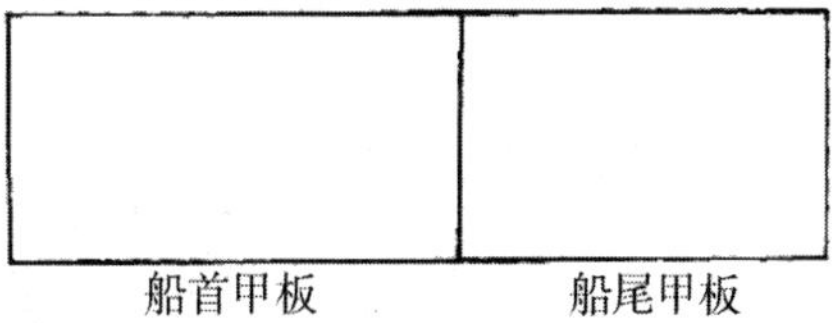

图 2—4—7

(7) 在船首甲板和船尾甲板两侧均匀涂抹上乳胶，分别黏在船首和船尾的相应位置上。

2. 其他部件的制作

(1) 用白纸按图 2—4—8 剪出篷的大小，涂成黑色或自己喜欢的颜色，弯制成篷的形状，插在小木船模型上相应的位置。

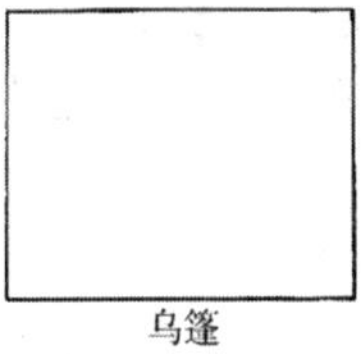

图 2—4—8

(2) 参照图 2—4—9 用木片刻制一个小的橹，点少许胶黏在船尾。

总的组装参见图 2—4—10。

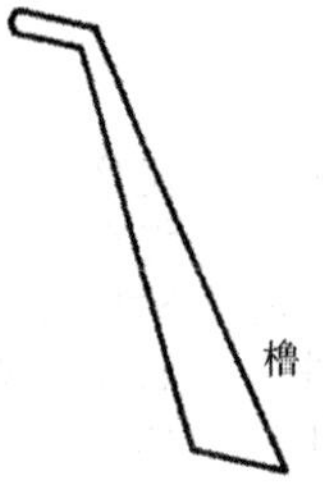

图 2—4—9

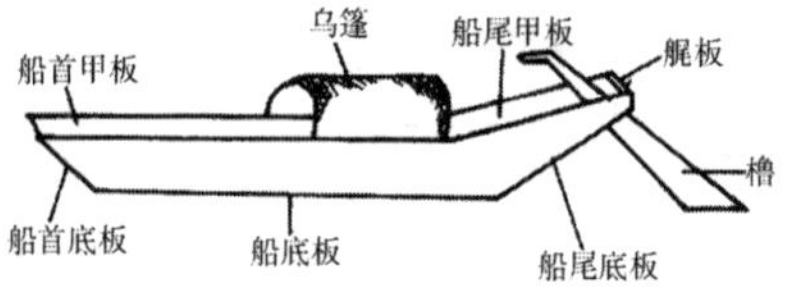

图 2—4—10

六、木质南湖船模型

这里介绍的南湖船是嘉兴城南的鸳鸯湖上的一种游船，在当地叫单夹弄丝网船，这种船做工精巧，结构考究，长约 16 米、宽约 3 米，船头平阔，内设前舱、中舱、房舱、后舱，以右边一条夹弄贯通。

所需的材料：2 毫米 × 40 毫米×2毫米松木片 10 片，1 毫米×50 毫米×300毫米桐木片 2 片，2.5 毫米 × 2.5 毫米 × 300 毫米松木条 2 根，竹牙签 4 根。

所需的工具：手工锯、小刀、木锉、直尺、铁夹子 4 个、小刷子或毛笔、清漆、乳胶、铅笔、复写纸、砂纸、砂纸板、锥子或手捻和 2.5 毫米钻头、颜料。

本船体为实体木模型，制作步骤如下：

1. 船体的制作

(1) 将 2 毫米 × 40 毫米 × 200 毫米松木片 7 片层层黏接成长方体，见图 2—4—11。

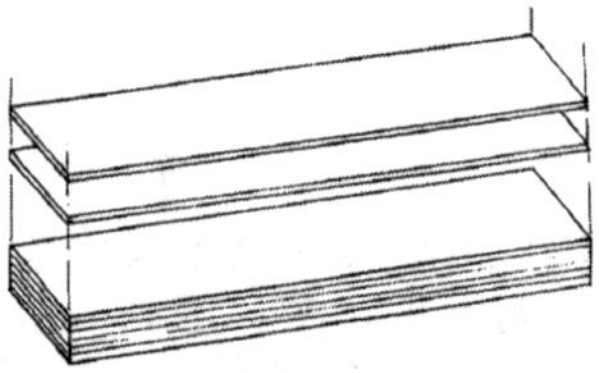

图 2—4—11

(2) 将船侧板（图 2—4—12）用复写纸拓于长方体木块侧面，沿边缘削制成型。

图 2—4—12

(3) 将船甲板面（图 2—4—13）拓于长方形木块上面，并沿外缘削制成型。

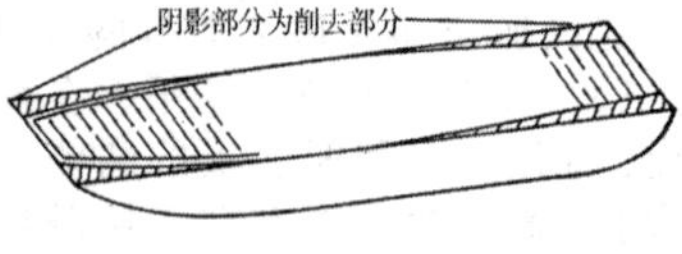

图 2—4—13

(4) 用砂纸对船体进行打磨，以看不到刀痕为准。

2. 零部件的制作

(1) 将 2.5 毫米×2.5 毫米×300 毫米松木条截成 210 毫米长的 2 根长料作为护舷板，黏于船体甲板面边缘（图 2—4—14），用余料 1 根黏于船体艏部（图 2—4—14）。

(2) 按模型图 2—4—15 将前篷加强板、前篷入口防水板、前舱壁、前舱侧板、前篷支板、主舱侧板、艉篷侧板及船尾侧艉板拓在 2 毫米×40 毫米×200 毫米松木片上裁好，按总图从艉部开始向艏部依次进行黏接。

图 2—4—14

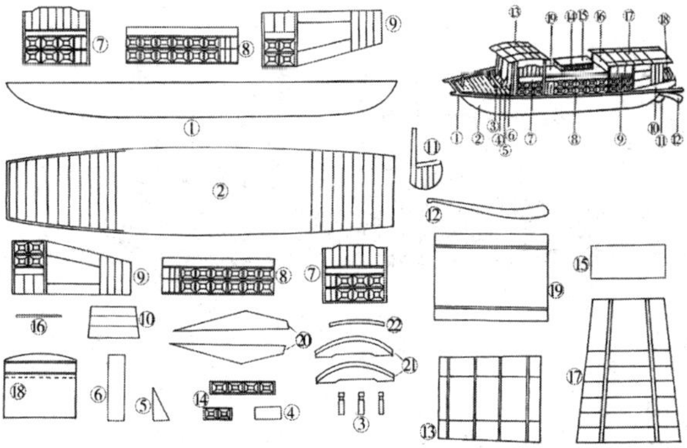

①护舷板×2　②船体×2　③系缆柱×3　④防水板×1　⑤加强板×2　⑥前舱壁×2　⑦前舱侧板,左右各一　⑧主舱侧板,左右各一　⑨艉篷侧板,左右各一　⑩船尾侧板,左右各一　⑪船舵×1　⑫船橹×1　⑬前舱顶篷×1　⑭明楼×1　⑮明楼顶×1　⑯隔舱板(沿虚线分开)　⑰后舱顶×1　⑱船尾板×1　⑲主舱顶×1　⑳舵柄×1　㉑前篷支板×2　㉒艉篷支板×1　⑬⑮⑰⑱⑲选用1毫米桐木片

图 2—4—15

(3) 按图 2—4—15 上所示隔舱板形状拓在 2 毫米×40 毫米×200 毫米松木片上，裁下，按图黏接到相应位置。

(4) 按图 2—4—15 所示顶篷、明楼顶、船舵等的尺寸拓在 1 毫米×50 毫米×300 的桐木片上，裁下，按图 2—4—16 进行黏接，最好从主舱向两边黏，然后将艉板黏到位置上，最后将明楼、船舵、系缆柱按图做好，黏接在位置上。

(5) 舵的安装：在船尾中线约 8 毫米处用锥子或用手拈捻钻 1 个直径为 2.5 毫米的小孔，将舵轴插在孔中，最后将舵柄黏入舵轴即可。模型效果图如图 2—4—17 所示。

(6) 可按照参考色标着色，或用铅笔按图将线条描于模型相应位置上，本步骤也可不进行。参考色标：船体及零部件——红木色、舱篷——竹子本色、花格——黑色或自己彩绘。

(7) 在船体表面喷涂清漆，也可以不进行或作表面浸蜡处理。

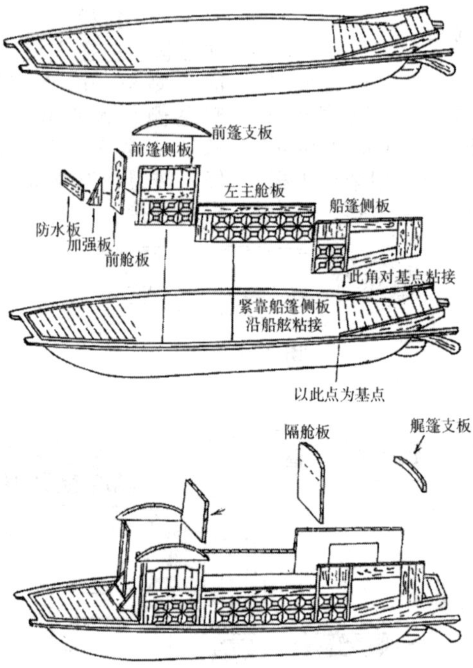

粘接示意图

图 2—4—16

图 2—4—17

3. 制作注意事项

(1) 裁木料时一定要看准木纹的走向，一般应顺着木纹走向长的一边下料，但前舱顶篷板例外。

(2) 在黏接和制作过程中应随时检查平行度、垂直度和左右对称性，该圆滑过渡的地方，如艏部、艉部线条一定要光顺。

(3) 应注意尽量减小拼接时的缝隙。

七、导弹驱逐舰模型

驱逐舰是一种多用途的中型作战舰艇。它的任务是担负编队作战的防空、反潜、对舰攻击和海上巡逻、警戒等。驱逐舰从诞生至今已有 100 多年历史，在第一次和第二次世界大战中起到十分重要的作用，所以被人们称为“海上多面手”。

这里介绍用松木块制作导弹驱逐舰模型，制作步骤如下：

1. 船体的制作

模型船体和上层建筑可以用木料制作，最好选用松木或椴木，也可用有机玻璃制作，木板的厚度按零件厚度选择或按其厚度自己加工。

（1）将比例为 1∶1 的俯视图船体外形，如图 2—4—18 所示，用描图纸或复写纸绘到相应的木板上，用刀子进行削制。

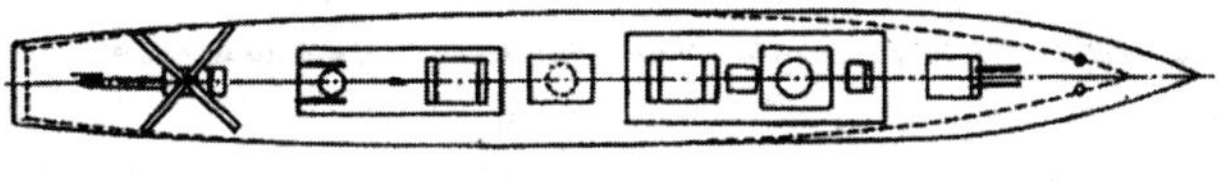

图 2—4—18

（2）在木块纵向的一边绘出船体侧视投影，用锯、刀等工具加工成型，如图 2—4—19 所示。注意此时不可用木锉来锉制船体艏部艉部等细部，这些部分应按俯视图虚线加工。制作过程中要划上中心轴线以便随时检验左右对称性。也可以事先制作好上、下、侧投影样板来检验船体左右是否对称及船体形状是否符合要求。当船体外形锉好后，再对其进行砂纸磨光，最后上漆。

2. 上层建筑的制作

船体制作完后即可按图纸进行上层建筑的制作，如图 2—4—20 所示。该模型上层建筑零件可按图纸用木块直接加工，炮身用有机玻璃制作，也可用木块削制。炮管可用大头针表达。雷达架可用细铜丝焊制。直升机身可用木头削制，旋翼用可口可乐易拉罐外皮剪制。

图 2—4—19

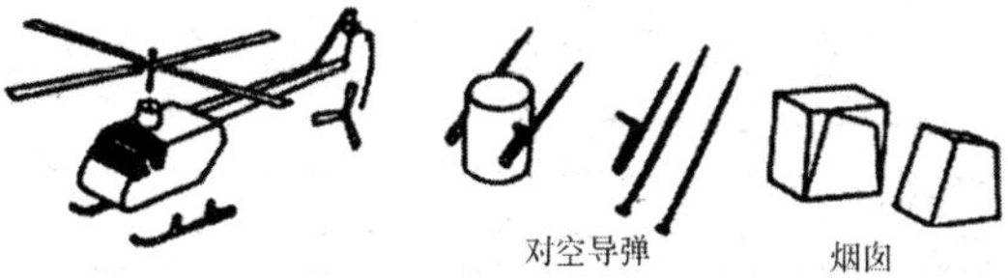

图 2—4—20

3. 上色

制作工作完成后就是给零件上色了。上色是制作舰船模型过程中较重要的一个步骤，必须细心完成。上色前应把所有零件表面打磨光洁，涂料最好是硝基漆或醇酸漆。油漆使用前，应先将油漆过滤，方法是用两层旧尼龙丝袜作过滤网，滤掉油漆中的杂质。上色前可在上层建筑零件下面钉上一小钉子，用手拿住小钉，为了晾干油漆也可将小钉弯成小钩把零件挂起来。

每个零件要上 2～3 遍漆，每次涂薄薄一层，晾干后用细砂纸打磨，再漆下一遍，直至自己认为满意为止。漆最后一遍时，要选用新的毛刷或毛笔，这样可以达到更好的效果。待零件的漆上好后就可以按图号将零件一一对应地黏接到船板上相应的位置，如图 2—4—21 所示。这样，一艘漂亮的导弹驱逐舰模型就完成了，如图 2－4－22 所示。

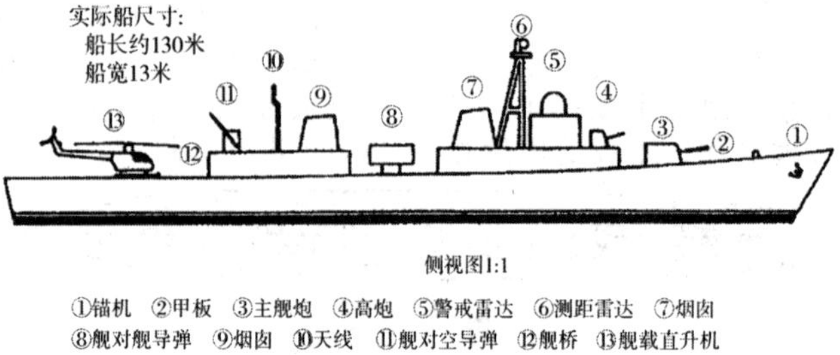

图 2－4－21

图 2－4－22

上色可以以模型甲板为暗绿色，水线下为棕红色，其余均为浅灰色。

八、游艇模型

这里介绍的游艇模型，它的上层建筑是用卡纸制作的，图 2－4－23 是这艘模型的图纸。制作步骤如下：

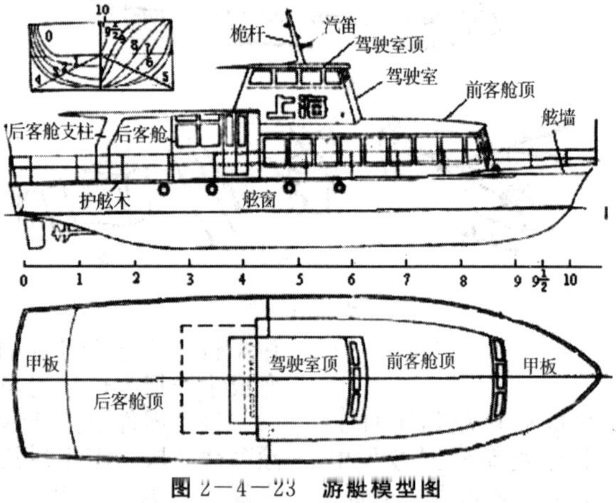

图 2－4－23 **游艇模型图**

首先根据图 2－4－23，画出供制作用的 1∶1 图纸，长 213 毫米、宽 52 毫米，船体高 22 毫米、吃水 12 毫米。

船体的制作如下：

(1) 把 1∶1 图纸中的 1～10 号肋骨线型图分别画在硬纸板上，见图 2－4－24，然后准确地剪下样卡备用。

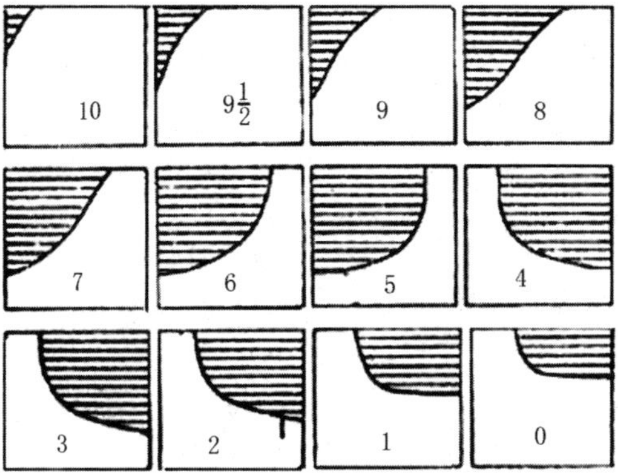

图 2—4—24　**肋骨线型样卡**

（2）用长 213 毫米、宽 52 毫米、高 22 毫米的木块做船体，打磨光洁后画上中心线，如图 2—4—25a 所示。把侧视图的船体部分画在木块的左右两边，先用弓锯锯削，去掉多余部分，再用木锉修整，如图 2—4—25b所示。

再把俯视图甲板的 1/2（按中心线划分）画在卡纸上，剪下作样卡，在木板上按中心线左右两边画出甲板形状，用弓锯、刀和木锉修整，如图 2—4—25c 所示。画出肋骨位置线，不断用肋骨样卡插入校正，直至完全吻合，再用细砂纸打磨成型，如图 2—4—25d 所示。用少量滑石粉拌喷漆做腻子，在成型的船体上涂沫两三遍，干透后再用水砂纸打磨。

（3）制作护舷木。找 3 根松木条，3 面磨成半圆，把平的一面贴在甲板左、右、后的边沿上黏牢，用大头针暂时固定。等干透后取下大头针，再稍作修整。

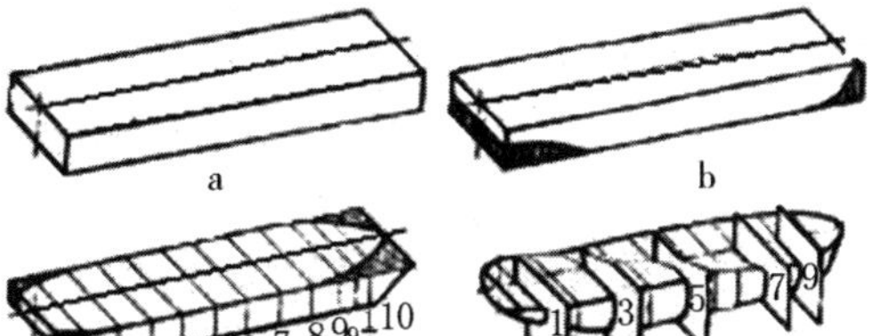

图 2—4—25　**船体的制作**

（4）制作螺旋桨轴和支架。用直径 0.5 毫米钢丝 1 根，斜插入船底中间。用卡纸剪 2 片刀形小片做支架，夹紧在钢丝两边，并黏在船底上。

（5）上漆。

第一步，用稀薄的白色喷漆把船体的底面和侧面涂刷两遍，晾干后用水砂纸打磨光滑。

第二步，用小号底纹笔对甲板刷虫胶漆四五遍，每次涂刷后都要用水砂纸轻轻打磨，磨去木质表面的毛刺。涂刷时上漆要少，不要让漆流到船壳上，以免影响下一步上漆，再涂刷一两遍，使甲板呈棕色。

第三步，在水线以上的干舷部

分涂淡天蓝色喷漆，等干透后用胶纸准确地把干舷部分黏盖住，胶纸的边缘要平整，不要有气孔出现，以免喷漆渗入而影响美观。在水线以下涂上暗红色的喷漆，涂好以后轻轻把胶纸拉起，就得到一条红蓝相交的水线。

最后再用小毛管把护舷木仔细地涂上黑色喷漆，整个船体的上漆工作就完成了。

（6）制作舷窗。找1张黑纸在上面画上8个直径2.5毫米的小圆圈，用剪刀剪下来。或者用直径2.5毫米的鞋扣冲头在黑纸上冲出8个小圆圈。把黑色的圆圈分别黏在船的左右两侧做舷窗，再用细漆包线紧绕在圆棒上，刻断成一个小小圈，用胶水黏在舷窗外做窗框。

（7）制作螺旋桨和舵。用金色卡纸剪成螺旋桨黏在钢丝后端。再用金色卡纸剪成2片舵面，黏在一段钢丝的两边，钢丝插入螺旋桨后面的船底上。

2. 上层建筑的制作

（1）刻零部件。照图2－4－26和图2－4－27的上层建筑展开图，把14块大小零部件画在淡黄色卡纸的反面，先用小刻刀把大小43扇窗和门上的窗口仔细刻空，注意不要把窗框刻裂。再把零部件的边沿刻去多余部分。

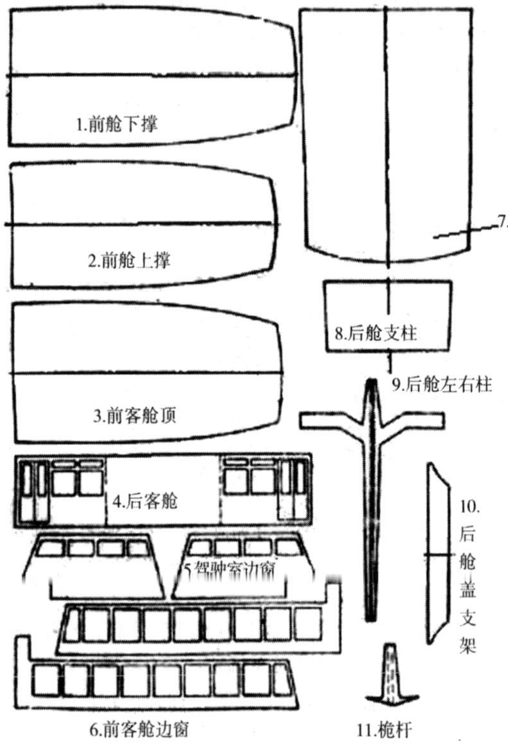

图2－4－26　上层建筑展开图Ⅰ

（2）做窗口。在所有门窗刻空部分的反面先黏上透明胶片做玻璃。驾驶室前面 3 扇和左右各 2 扇窗口不黏贴窗帘。在驾驶室其他窗口和前客舱所有窗口黏贴天蓝色的确良布做窗帘，在后客舱所有窗口都黏贴白色纸做半透明的毛玻璃。注意贴透明胶片和布料不要大于零部件的边线，否则会影响整体黏接。

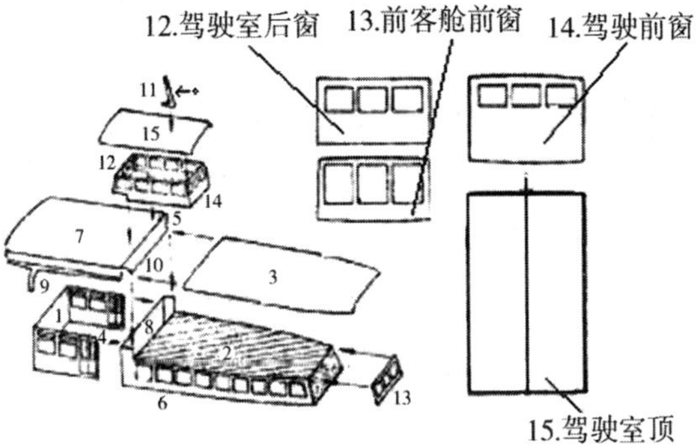

图 2－4－27　上层建筑展开图Ⅱ

（3）放前客舱。把图 2－4－26 中的前客舱上撑和下撑画在硬卡纸上，剪下后分别黏在前客舱边窗的上下部位做加强。前面黏上前客舱前窗，后面黏上后舱支柱和后舱盖支架。把前客舱顶的两边用手仔细地弯成弧形，盖在前客舱上。

（4）做后客舱。在后客舱板的虚线部位用刀轻轻刻上一道，弯折后黏在后舱支柱的中间，再盖上后客舱顶，并在左右两边分别黏上后舱左右支柱。

（5）做驾驶室。用金箔纸刻制成“上海”字样 2 套，黏在红纸上，按字样刻出约 0.5 毫米红纸边，分别黏在驾驶室两旁。把驾驶室前窗、边窗、后窗黏连起来，把驾驶室顶的两边弯成弧形，黏在驾驶室上面。把桅杆折成 U 形槽，黏在驾驶室顶部，再黏上汽笛支架，黏上用细木条削成的汽笛。用细铜丝弯成 V 形天线支架，穿过桅杆，两头各黏 2 段黑线做天线。

（6）做航行灯。找 2 粒细小的玻璃珠，分别涂上红色和绿色，黏在驾驶舱两旁，左红、右绿，作为航行灯。

（7）栏杆和旗杆。用直径 0.5 毫米的钢丝焊接成栏杆，在甲板上用针钻好小孔，把栏杆安装上去。用直径 0.5 毫米的钢丝做前后旗杆。

这样，这个游艇模型就做好了。

九、货船模型

本章第 3 节介绍了货船的粉笔模型，这里再介绍一个货船的简易实体模型制作方法，其工作图如图 2－4－28所示，制作步骤如下：

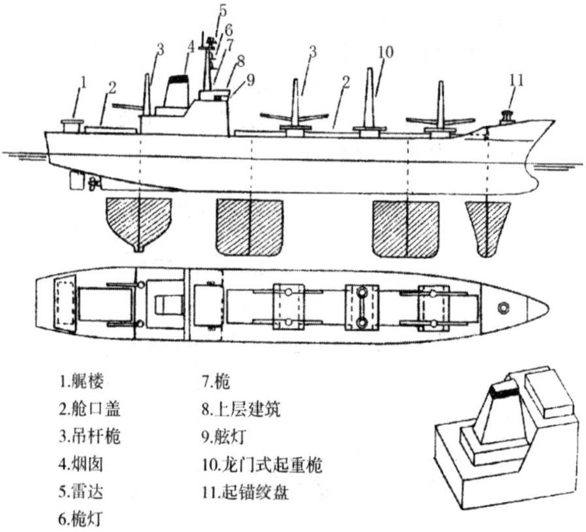

图 2－4－28　货船简易实体模型工作图

1. 船体的制作

(1) 根据 1∶1 图纸选择 1 块长 155 毫米、宽 22 毫米、厚 17 厚米的松木或椴木做船体的材料，如图 2－4－29 所示，木质尽量细致、纹理

图 2－4－29

尽量平直以便加工，也可选用杨木。

(2) 选择木块较平整、光洁的一面作甲板面。在正中央纵向用铅笔画 1 条等分线，使木块左右宽窄一样。用描图纸或透明纸在俯视图上描绘出船体的甲板外形轮廓线并转印到木块上，如图 2－4－30 所示，注意甲板中线要与木块中分线相吻合。

图 2－4－30

(3) 用斜口刀（小三角刀）沿甲板轮廓线把多余的木头削去并注意左右对称，如图 2－4－31 所示。考虑到以后修整，所以要留些许余量。用刀操作时要小心，注意安全。

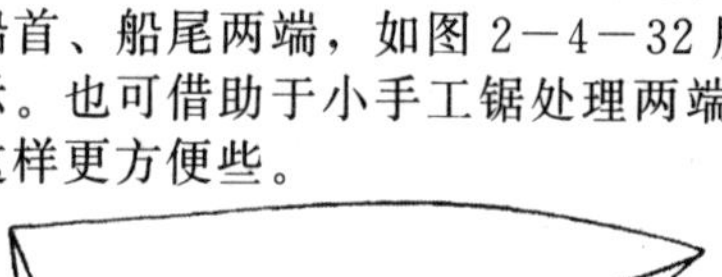

图 2－4－31

(4) 参照船体侧视图形状削好船首、船尾两端，如图 2－4－32 所示。也可借助于小手工锯处理两端，这样更方便些。

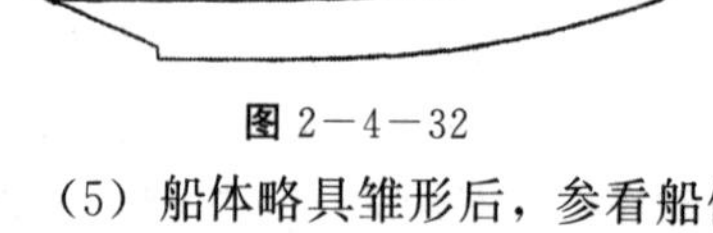

图 2－4－32

(5) 船体略具雏形后，参看船体局部横剖面形状细心加工船体外形使其呈流线型。如果备有小木锉工具，可进一步修整外形使其更加光滑准确。船首甲板升高部分可用长 22 毫米、宽

16毫米、厚7毫米的松木片黏上，待黏牢后与船体一并修好，如图2—4—33所示。最后用干磨砂纸打磨光滑，为以后涂漆做准备。

图2—4—33

2. 上层建筑的制作

(1) 用长约13毫米、宽9毫米、厚4毫米松木片做上层建筑最上端驾驶室，如图2—4—34①所示。

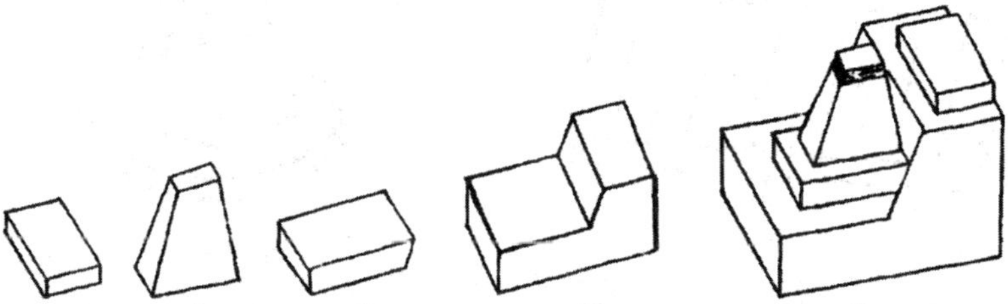

图2—4—34

(2) 用长10毫米、宽9毫米、厚5毫米松木片做烟囱的材料。制作中注意长度方向为烟囱高，宽度方向为烟囱的前后，前后向上都有稍微倾斜，如图2—4—34②所示。

(3) 用14毫米×12毫米×3毫米松木片做烟囱甲板。制作中应注意前端方向稍微向下倾斜，以便与上层建筑主体部分的倾斜面相吻合，如图2—4—34③所示。

(4) 上层建筑的主体部分为方便初学者制作已经作了简化处理。可以选用长29毫米、宽22毫米、厚10毫米的小松木一块做材料，参照图2—4—34④所示加工制作，它的几何形状稍有一点难度，制作时要看清楚。

(5) 上层建筑各部分制作过程中一定要注意几何形状和尺寸准确，保持棱角，这样才规矩、好看。打磨好的各部件按图示组装黏牢，如图2—4—34⑤所示。

3. 桅杆、吊杆桅及龙门式起重桅的制作

①桅杆和吊杆桅用细竹丝或小木条制作。为了制作方便可先做一根长棍，待削圆、打磨光滑之后再根据桅的长度一根根截下，如图2—4—35a所示。

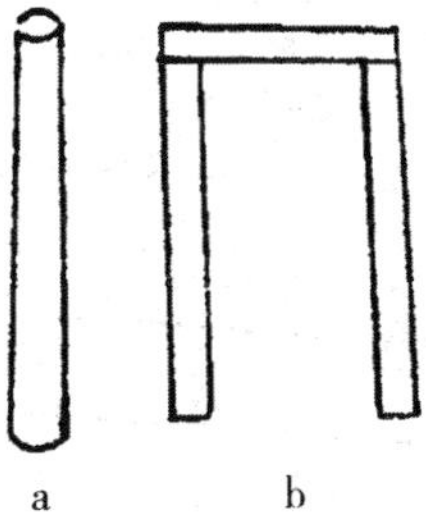

图2—4—35

②龙门式起重桅。它的制作同上，但形式与吊杆桅不同，在两根桅的上端有一横梁相连，如图2—4—35b所示。

4. 舱口盖的制作

舱口盖是货舱的顶盖。它是用16毫米×10毫米×2毫米松木片为材料制作的。为显示其真实性，可以用3H铅笔削尖在上面画出间距相等的板缝线，直观效果是很好的，如图2—4—36所示。

图2—4—36

5. 起货机平台及艉楼的制作

起重桅下边的起货机平台用12毫米×6毫米×3毫米的松木片制作，而上面的平板用13毫米×8毫米×1毫米的卡板纸或其他代用品（如扑克牌）来制作，如图2—4—37所示。剪好后黏在起重机平台上，四周稍微伸出遮沿来。艉楼的制作方法同上。所用松木块为12毫米×6毫米×5毫米，卡板纸为15毫米×8毫米×1毫米。

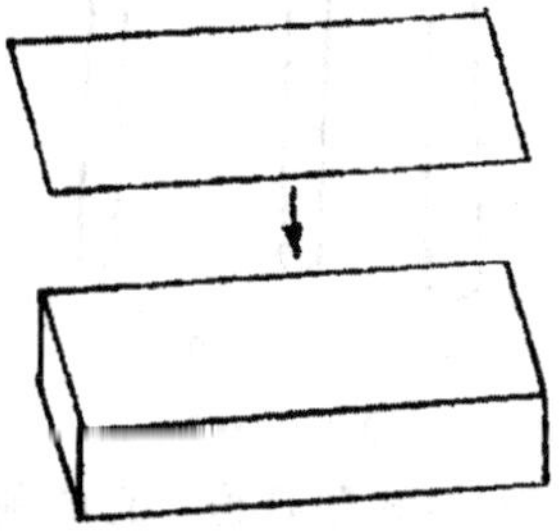

图2—4—37

6. 起锚绞盘的制作

起锚绞盘用直径为3毫米的松木条制作，为操作方便，应在圆棍一端先用圆形什锦锉锉好形状之后再小心切割下来。绞盘顶端和下部底座用适当厚薄的卡纸剪圆黏在绞盘上下即可，如图2—4—38所示。

图2—4—38

7. 舷灯的制作

舷灯的颜色为左舷红色，右舷绿色。可以用相应颜色的有机玻璃碎料或塑料制作成圆柱形，也可用小木条、竹丝制作，然后单涂漆。

8. 模型的漆饰

模型的漆饰参看本书舰船模型的漆饰部分。漆饰的色彩建议：上层建筑为白色，桅为奶黄色，起货机平台为奶黄色，舱口盖为浅灰色，艉楼为白色，起锚绞盘为黑色，甲板为浅绿色，烟囱为橙红色，顶部色环为黑色。船体干舷部分为浅灰色，水线以下部分为铁红色；或者干舷部分为铁红色，水线以下部分为黑色，这样更加醒目、漂亮。船体水线可以用漆纸（将白漆涂于纸上晾干）裁成2毫米宽的小条，用乳胶黏在水线处，起到画龙点睛的作用，使模型更加精美。

构架式模型

构架式舰船模型的制作要求较高、较真实，也更加美观，更具科学性。与前面介绍的模型制作方法不同之处在于船体的结构，构架式模型是由各个构件组合制作完成的，其制作工艺有点像真船的建造过程。

构架式舰船模型的制作是依据船模图纸来完成的，船体部分按照舰船线型图进行，上层建筑部分及设备依照总布置图来进行。这种模型上层建筑及各零部件的制作大多使用薄铁皮焊接，而船体部分可以用金属材质也可以用木料来制作。

常见船的船体构架由龙骨、艏柱、艉柱、肋骨板、龙筋、船壳板及甲板组成。

1. 船体的制作

船体的制作是在“造船台”——工作板上进行的，如图 2－5－1 所示。工作板的厚度在 1 厘米以上，其长宽要比选做的模型的长度和宽度稍大一些。用铅笔在工作板上画出纵中线，然后按照船模线型图横剖线型图所标明的肋骨的每一站号(即横剖线，一般为等距离)，一一画出与中心线相垂直的线段，同时确定龙骨的长度。中心线就是以后安装固定龙骨与艏柱、艉柱的位置，而那一组线段，就是一一对应安装肋骨板的位置。

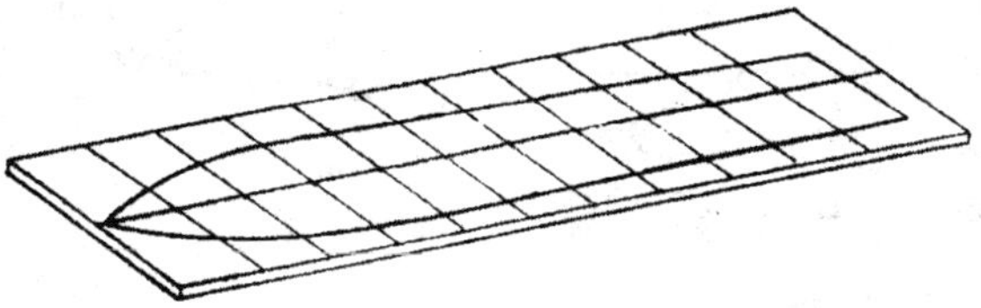

图 2－5－1　画出中心线和肋骨板位置线

2. 龙骨的制作

龙骨是贯通全船、连接舷柱、艉柱和肋骨板，保证舰船纵向强度和船体外形的重要构件。它的外形和长度要根据侧面线型图的外形轮廓线的形状来确定，一般为船底基线的直线部分，如图 2－5－2 所示。制作龙骨的材料一般选择截面积为 5 毫米×（10～15）毫米×15 毫米的长方形松木条，其尺寸可根据所做模型的大小来选择。

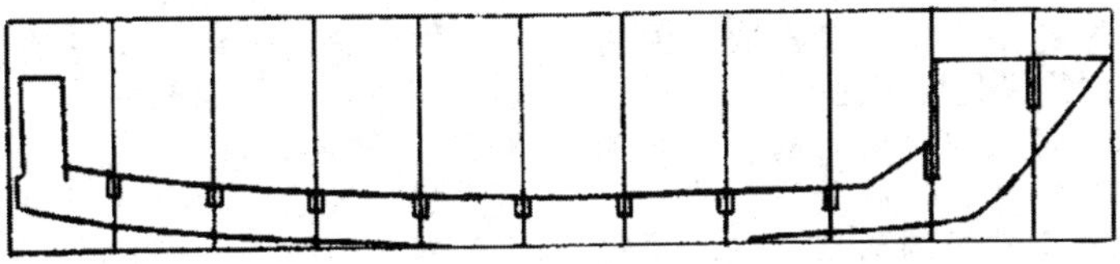

图 2－5－2　龙骨的制作

3. 艏柱、舰柱的制作

艏柱、艉柱下部与龙骨相连接，是支撑舰船首尾端部，构架起局部强度作用的构件。所用的材料可用与龙骨宽度相同的木板或层板。依据侧面图中艏、艉的形状，用描图纸或透明纸拓描下来转移到层板上，保持一定宽度，用小手工锯或钢丝锯锯下来，分别与龙骨连接胶合。舷柱、舰柱也可以用适当的松木块削制成形。

4. 肋骨板的制作

肋骨板是保证舰船横向强度、决定船体外部线形的构件。肋骨板的制作依据船体线型图来进行，所用材料多为三合层板，其制作方法如图 2—5—3 所示。

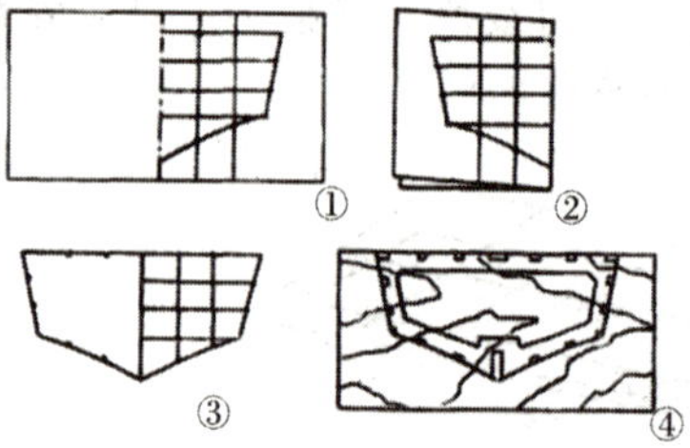

图 2—5—3　肋骨板的制作

首先用描图纸或透明纸根据船体图所绘横剖线的数量裁好若干纸片，然后将表示肋骨板外形的每一号横剖线分别拓描在一张张纸片上，并在轮廓线上标出它与线型网水平线和竖线相交的交点，该交点就是以后开槽安装龙筋的位置。

在没有线型网的船体图上，自己可以画几条辅助线来解决。因为每一横剖线只是横剖面的 1/2，所以要将每一张纸片以中心对折，拓描出另 1/2 轮廓线，展开后，就是一个完整的肋骨板的形状。然后再将它们逐一剪下并黏在三合板上，同时标上与线型图相对应的编号。

最后用手工锯或钢丝锯把它们一块块锯下来，并在边缘部分开出龙骨槽和龙筋槽，其缺口大小要根据所选用的龙骨和龙筋木条的尺寸来决定。

为了减轻船体的重量和留有船体内部的空间，以便安装电机、电池、遥控设备等，除了个别肋骨板之外，大部分肋骨板中间是要挖空的，边缘部分可保留 10～15 毫米的宽度。因为肋骨板是决定船体外形的，所以在制作时一定要精心，要用细木锉加工整形，边缘不能出现凹凸变形。

所有肋骨板制作好以后，就可以对号入座与龙骨一一胶合起来，如图2—5—4所示。在胶合时，肋骨板要与工作台基平面垂直，而每一块肋骨板两侧的距离保持等距，不能东倒西歪。

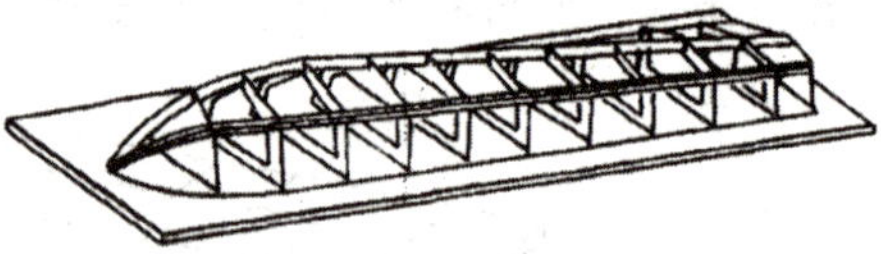

图 2—5—4　安装肋骨板

5. 龙筋的制作

龙筋是保证船体纵向强度的构件。另一方面也是为了便于蒙船体外壳板的需要。龙筋有若干条，其材料为 3 毫米×3 毫米、3 毫米×4 毫米、4 毫米×4 毫米、5 毫米×5 毫米，长度一般为 1 米的松木条，可根据船模要求选择。

在胶合时，每一条龙筋都要自艏至艉与每一块肋骨板同一高度的槽口胶合在一起。为了胶合牢固，可在每一胶合点用大头针扎牢。为了使船体构架受力均匀，在胶合时，左右两舷要轮流对称进行，切不可等一边完成后再进行另一边，这样容易使船体构架出现扭曲变形。

6. 船壳板的制作

船体外壳的作用，一是为使船体形成一个水密的封闭空间，另一方面是保证船体的整体强度和线型。它所用的材料为 1 毫米×55 毫米×1 000毫米、1.5 毫米×55 毫米×1 000毫米的松木片或桐木片，有的也可采用 2 毫米×5 毫米×1 000 毫米、2 毫米×10 毫米×1 000 毫米的松木条或桐木条。

在蒙外壳板时，可根据船体外表面的情况分别进行。一般说来船体中段较为平坦，曲面变化不大，可先从这里做起。其蒙板长度和宽度也要由它决定。一般为 15～30 毫米宽而长度适当的木片，可用斜口刀将上述木片裁制。在裁制时，尽量做到木片的宽度和长度正好搭接在肋骨板和龙筋上，中间不要悬空，如图 2－5－5 所示。木片裁好后，就可在要蒙的部位的肋骨板、龙筋上涂上胶黏上去，为了黏牢不致跳开，可用多枚大头针在适当位置扎

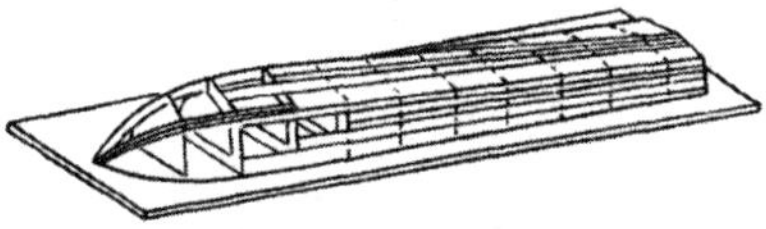

图 2－5－5　**船壳板的制作**

牢固定，等干后再拔下。

艏、艉及舰部曲面变化较大，应将木片裁成更小的合适的尺寸和形状进行胶合，必要时还应将它们浸湿处理后再黏接。应当注意的是，在蒙外壳板时，木片与木片的接合处应当相互错开，不能在同一水平位置和垂直位置上，这也是为了保证船体的强度。还应当注意在整个制作过程中随时观察船体外形是否出现变形，要及时加以校正。

船壳板蒙好以后，把所有大头针拔下，用细木锉修整好船体表面，使其线型流畅、光顺。船体内部空间涂刷一层醇酸调和漆作防水处理。之后，就可以黏合甲板了。

7. 甲板的制作

甲板的材料一般用三合板，其形状依据俯视图或已蒙好的船体甲板外形制作。如模型要求的是木制甲板，还应事先作木纹处理。还要根据上层建筑布局和安装内部设备（如电机、电池、舵机等）的需要，在适当位置开好口。最后与船体胶合在 ·起。

为了保证船体的强度和水密性以及漆饰的需要，在船体外部可以用透布油、清漆蒙上 1 层薄纱布或 2 层棉纸，待干透后，作涂刮腻子、打磨、漆饰，完成整个船体的制作。

8. 上层建筑、船楼、甲板室及各零部件的制作

上层建筑、船楼及甲板室是依据船模总布置图来进行的。在动手制作之前，要仔细研究图纸，了解整体布局、结构，分清层次，考虑好步骤、方法以及所用材料。这些图纸都不具体标明尺寸大小，在制作时，应当从图纸上直接量取：在侧视图上量取某一部件的长度和高度，在俯视图上量取它的长度和宽度，其几何形体要根据这两个图进行。

在制作中要由大到小逐一进行，如船楼—甲板室—舰桥等。它们的制作可以用航空层板或者普通三合板以及 1.5～2 毫米厚的松木片，根据从图纸上量取的各部尺寸裁好后直接胶合。应当注意的是，因为它们形状复杂，所有裁好的材料均应在胶合之前，用细砂纸打磨好，否则，胶合后再打光处理是比较麻烦

的。因为船楼、甲板室、舰桥内部空间较大，为了保证强度和不变形、开裂，在内部，可以用层板或木片加装横向或纵向隔板加强支撑，用胶黏牢。

这些建筑都开有方形或圆形窗户，用铅笔画好后，用钻打孔，用方形或圆形什锦锉将它们一一加工好。在制作时要防止木料开裂，并保证窗在一条直线上，不能出现有高有低大小不均的现象。

门的制作可以使用厚度为1毫米的木片或者薄铁皮、卡片纸。为了更加真实和美观，窗玻璃可用茶色或透明的有机玻璃制作。有的内部空间里的设施也可以做出来，效果更加逼真。船楼、甲板室、舰桥分层制作好之后，就可以着手制作它们上面的附属部件和甲板面上的各种设备、零件了。

舰船模型上的所有部件都应分类制作。如桅及桅上装置（雷达、天线、信号灯、气象仪器等）、烟囱及其附属装置（排烟口、管道、防护网、梯子等）、起重、吊货装置（起重机、起重桅、吊货杆）、救生设备（救生艇、吊艇架、救生圈、救生筏）、通风设备（各种形式的通风筒）、系泊设备（锚、起锚机、起锚绞盘、锚链、卷车、带缆桩等）、消防设备、扶梯、栏杆以及舷外设备等。对于军舰来说，主要是火炮、鱼雷、水雷、深水炸弹、火箭、导弹，以及直升机、舰载机等。

以上这些设备及其部件，根据结构、形状、复杂程度的不同，可以采用不同的材料和制作工艺。所使用的材料极为广泛。例如桅杆，对于单柱桅，可以用木条加工，对于三角桅等较复杂的桅，可以用细铁丝、铜丝，用电烙铁焊接。有的可以用实心木块削制，如烟囱、炮塔。对于圆形物体，如炮管、鱼雷发射管、火箭、导弹、通风筒、系缆桩等既可以用木条、有机玻璃棒制作，也可以用铁皮、铜皮、卡纸卷制，或选用合适的现有成品，稍经加工，就会成为很好的零件，道理很简单，那些代用品本身就是工业产品。总之，可以充分发挥自己的创造性，无论材料、方法都不拘一格。

帆船模型

帆船模型和帆船一样是以风帆为动力的舰船模型，它依靠风力的推动而向前行驶。一艘帆船模型行驶的好坏，除了取决于船型、重量、帆型以及制作工艺等因素以外，还取决于对风向、风力变化的掌握。因此，要学会根据风向和风力的情况，对帆船模型进行适当的调整，使它在航行的时候航向准、航速快。

帆船部件的名称和用途如下：

帆——用来承受风的压力产生升力，这个力通过桅杆传递到船体上，推动船前进。

桁条——也叫横桁，用来撑展和固定帆。

帆索——帆船上的帆索可分为动索和静索，动索用来收拢、伸展帆以及操纵帆面受风的角度，从而实现对帆船航行的控制。静索一般是指固定桅杆的绳索。

主（前）桅杆——用来悬挂主帆和前帆的支承构件。

系柱——用来固定调整好的动索。

舵轴——用来固定舵叶的装置。

舵柄——用来转动舵轴的手柄。

橡皮泥帆船模型

我国古代航海木帆船中有“四大名船”——沙船、福船、鸟船和广船。本节介绍一个用橡皮泥制作广船的实体模型。广船主要航行于广东沿海，其特点是艏尖体长，吃水较深，艏很像现代轮船，艉呈圆形开尾式。方向舵置于圆艉开槽内，在主桅杆前有块中插板，用来减少船的横倾和在迎风航行时向上风偏航的扭矩。在舵叶上开有数个菱形小孔来减轻操舵时的扭力，广船的帆如同折扇打开后的形状。

1. 船体制作

船体可以用橡皮泥或黏土以及硬泡沫塑料块来制作。下面着重讲解使用橡皮泥制作的方法。将1盒橡皮泥揉在一起，放在泥工板上，用手轻压，再将泥块转90度后甩手轻压，反复几次使它成为长方柱体，用小刀将它切成符合船体图长度的长方形泥块，并略作修整使它棱角整齐。

将图3—1—1中的船体侧面图和船体甲板图分别剪下来，用胶黏在泥块的侧面和与侧面成90度的一面。先用小刀沿船体侧面轮廓线切割，切割时可参考侧面图和船体线型图对应位置的形状，然后用小刀沿船体甲板轮廓线切割，注意无论切割哪一面时小刀应始终保持垂直。经过两次切割后泥块就基本呈船体形状了。甲板图留下来不要取掉。这时船体的横断面是U形，应将船底稍往平形压一下。

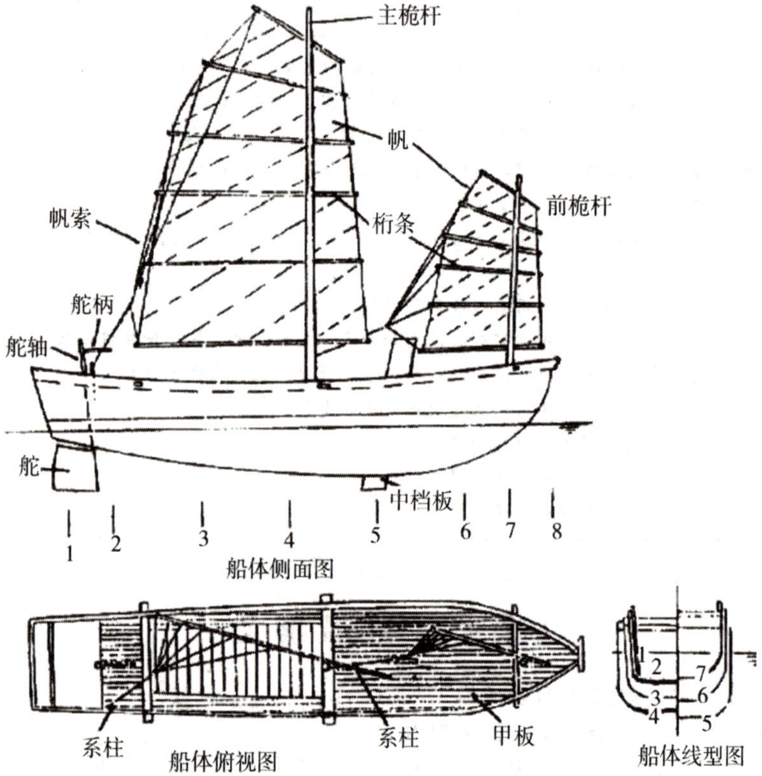

图 3－1－1

2. 主帆的制作

把毛衣针或竹签打磨成直径3毫米、长85毫米，作为主帆的桅杆，再选取较细的牙签6根按主帆图截成不同的长度作为桁条，用小刀刮细待用。把图3－1－1中的主帆剪裁下来，准备60毫米的棉线6根做绳索备用。

给主帆的每根桁条上系缆绳需要2个人合作，一个人拿住桁条一头，另一个人用普通打结的方法将棉线系在桁条上，系扣要紧，系完后最好用胶点一下，以免脱落。当6根都系完后，把6根长短不同的桁条系在主桅杆上。由一个人握住主桅杆下端，另一人先从最下端的一根拴起，拴时将棉线十字交叉系两个扣，然后按顺序拴到桅杆顶端直到第 6 根桁条全部结束。注意系有棉线的一端都应放在一个方向，再将它们摆放在剪下的主帆上调整好上下左右的位置，在绑扎处稍微点些胶，黏在帆上。主帆完成后可以插在船体甲板的相应位置，将 6 根绳索拉展集中结扣系在系柱上，系柱也可用牙签制作。最后注意应使帆和船体保持一个角度。

3. 前帆的制作

前帆的制作程序和主帆一样，但由于前帆较小，可以简单一些。前帆的桅杆长 45 毫米、直径 2 毫米，作桁条的 6 根牙签应刮得更细一些。把图 3—1—1中的前帆裁下来，把 6 根桁条按不同的长度直接黏在帆上。干透后再将前桅杆黏在 6 根桁条上，干后分别在 6 根桁条的一端黏上长 40 毫米的绳索，将前帆插在船体相应位置，把 6 根绳索拉展集中结扣固定在系柱上，让前帆也和船体有一定角度，这样看上去就产生了帆船正在风吹下航行的姿态。

4. 舵的制作

将图 3—1—1 中的舵剪下，黏在一根 20 毫米长细竹签的一端，竹签另一端插入船体即可。为不碰坏舵，可在船底部做 1 个支架（可用泥块也可用纸折叠而成），就可以将小帆船搁上去了。

上面的系柱用大头针插在甲板相应的位置上即可。最后可随意给甲板、帆、船体上色。

简易实体木帆船模型

这里介绍一种“大捕”型木帆船的模型。“大捕”型木帆船是目前仍然活跃在舟山海面的一种运输和捕鱼帆船。实船总长 19.2 米、宽 4.3 米、吃水 1.25 米、排水量 54 吨。它与其他的浙江海帆船一样，具有船形较肥大、稳性较好的特点。“大捕”帆船的首端耸起 2 个尖角，角下左右各饰有 1 只“眼睛”，“眼睛”上方舷墙处漆成绿色，故俗称“绿眉毛”船，这种船的雏形是将一条鱼从背部纵向剖开，让鱼肚连着，将鱼背扳开的样子。

浙江海帆船一般设有 3 根桅。每根桅上有 1 张“疏杆硬蓬”式帆。帆成四边形，后上角高高翘起，以利逆风航行。这种帆形在逆风时优于外国的方帆，在横风或顺风时则又优于外国的三角帆，从而形成了中国帆船独特的外形。与“大捕”船型相似的浙江木帆船还有“大对”、“六格档”等。“大捕”木帆船模型的制作要点如下：

1. 船体的制作

船体由整木削成。

(1) 先刨1块方木，如图3－2－1甲所示，其长度与宽度等于模型图中的船长与船宽，高度为船体侧面形状的最大高度。按图用卡纸做好A、B、C、D 4块样板和肋骨样板0、1、2、3、4、5、6。在方木两侧用样板A分别画上线，注意两侧所画外形前后高低位置对齐。

(2) 按划线削成图3－2－1乙形，并绘上中线。在乙形的顶上用样板B画上顶视形状，画时注意样板B之中线与乙形体的中线对准。

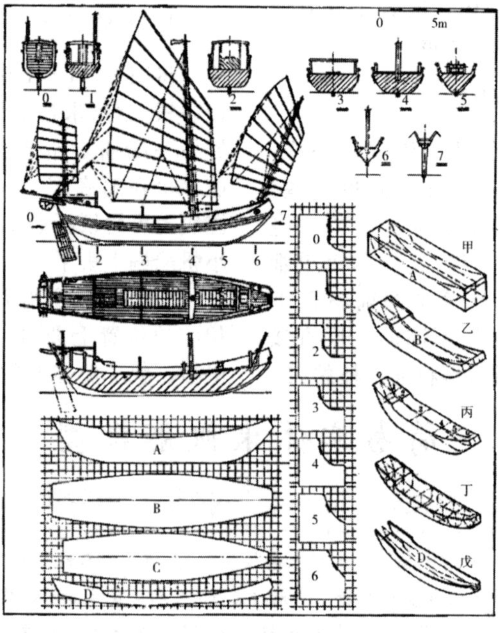

图 3－2－1

(3) 按顶视形状沿垂直方向削去多余部分成为图3－2－1丙形，并在顶面画上肋骨位置线。

(4) 按各档肋骨样板将船体线型削准，此时船体外形如图3－2－1丁已经基本形成。

(5) 在顶面上按样板C画线并挖深至甲板平面。挖下的深度用样板D来检验。这时舷墙构成、整个船体形成、甲板上的拼缝线用铅笔画上。船底的立龙骨，两舷的揽木及尾部的马蹄形加强木可单独加工后黏上去。舷墙上的条材用细木条或竹丝削成黏上去。

2. 舾装设备的制作

甲板上的舱口盖用木片按图制成并画上铅笔线，两舷之十字桩用细方木在上端钻孔，穿入细铜丝或细竹丝制成。“门”字形篷架用细木条黏接。舵、舵杆、舵柄、卧式绞车等均为木制。锚可用有机玻璃挫制或用铅浇铸。

3. 桅及帆的制作

桅杆用竹或木削制，桅杆直径

上小下大。桅顶的风向标可裁一块小红布条黏上去。帆的制作是一艘帆船模型逼真的关键。帆应选用丝绸或其他较挺括的化纤纺织品制作。帆的布纹应平行于后帆边或帆顶桁木（俗称“先头竹”）。为了表明帆的接缝，应相隔一定距离缝一条线缝。帆上的横杆为细竹丝。各档横杆与帆缝牢并配上箍索。帆与横杆连接后再将它装上桅杆，然后将整个桅及帆插入在船体上预先钻好的孔内，黏牢。钻孔时应注意桅孔的倾斜度。

4. 索具的制作

索具的制作及安装是帆船模型的另一重要部分。帆船上的索具按其功能可分为 3 类：①固定桅的支索；②用于升降帆及调整帆面形状的动索；③由多组滑轮相配合的用于调整帆的受风角度的缭绳。其中尤其以缭绳穿梭较为复杂，应仔细地参照图纸进行安装和固定。当模型做得较大时，例如 1∶50、1∶30 的模型应将各种滑轮全部制作出来，滑轮材料以柞木或银杏为好，加工方便又具有足够的强度。模型比例大于 1∶100 时滑轮可酌情简化，或全部省却。

5. 模型色彩涂装

木帆船的实船涂漆色彩并无严格的规定，不少船只仅通体涂刷桐油，保持木质本色。模型制成后通体刷上清漆，便能达到效果。另一种常见的彩色涂装为舷侧甲板以下为黑色，舷墙为土红色，艏部舷端有 2 条“绿眉毛”。甲板及舷墙内侧为木材本色。舷墙顶部为白色，艏部左右两舷配上 1 对白底黑睛的“眼睛”起到画龙点睛的效果，再制一个木质底座，上面铺上丝绒或植绒纸，让模型放置在底座上，就更完整了。

木质多桅帆船模型

这里介绍的木质多桅帆船模型采用木块直接挖削成船体的方法制作。所需的材料有：木块 1 块（最好选择椴木、松木或桐木）、竹质牙签 7 根、大头针 18 根、深色丝质线 2 米、薄木片 1 片，硬纸板若干。

所需的工具有：刀（削船体的刀应比较锋利）、直尺、圆杆铅笔、乳胶、砂纸、剪子、斜口钳、锤子、锥子（可用自行车条制作）、镊子。

1. 船体制作：

（1）将图 3－3－1 中甲板形状的实线用复写纸拓描在 1 张硬纸板上，程序是先画出中线，再画出甲板边线，一定要做到准确，然后沿线剪下。

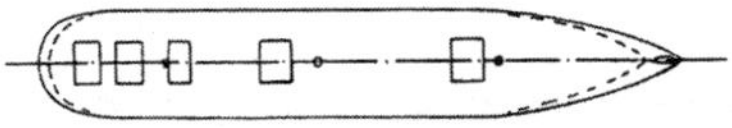

图 3－3－1

（2）在木块上画出中心线。

（3）将纸板样板上的中心线和木块中心线重合后在木块上画出甲板边线。

（4）可使用锯、小刀、木锉等

沿甲板边线外侧将多余部分削去。

(5) 将图 3－3－1 中虚线（船底形状）拓描在硬纸板上并剪下，做成船底样板。

(6) 用船底样板将船底形状描画在木块下面，描画时注意应使船底中线与甲板中线对齐，艏部上下距离大约为 5 毫米，再用小刀将四周多余部分削掉。

(7) 根据图 3－3－3 模型侧视图在木块侧面画出船首冲角并用小刀削出形状，再用砂纸打磨光滑，船体部分就制作完成了。

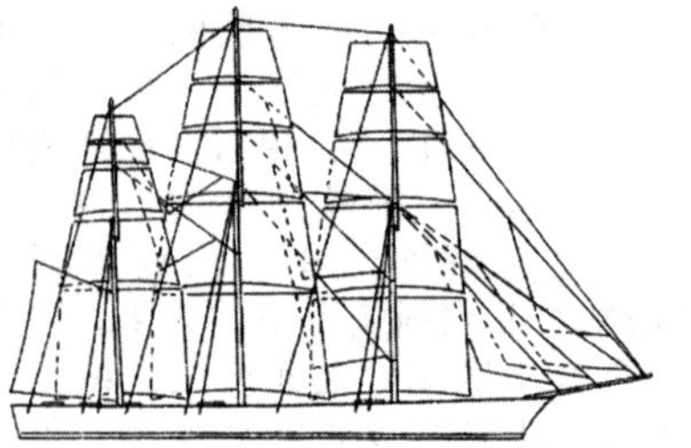

图 3－3－3

需要说明的是，按上述办法做出来的甲板是平直的，图纸中船甲板前后应有弧度（在船体纵舯位置低约 1 毫米），后用砂纸打磨，方法是将砂纸放在桌子的边沿，将船体纵向在砂纸上均匀打磨，使之过渡平滑。初学者也可不做这一步。

(8) 用小木片按图 3－3－1 形状将甲板上的舱盖裁出，然后黏在相应位置上。

2. 桅杆制作

(1) 按照图 3－3－1 甲板中线上的小圆孔画出桅杆位置，并用锥子扎出孔，注意用力不要过大，以免扎裂船体，孔的直径与牙签制作的桅杆粗细一致。注意孔一定要扎垂直。扎好孔后应检查一下，方法是在 4 个孔内分别插入 1 根牙签（3 根竖桅杆分别为主桅、前桅、后桅与 1 根艏斜桁），此时 4 根桅杆应在一个平面即一条直线上，不可左右歪斜，注意艏斜桁不要翘得太高，水平夹角小于 15 度为宜。

桅杆选择的原则与标准应该是：主桅杆应最粗最长，前桅杆较粗和较长，后桅较细较短；上桅杆较细，下桅杆较粗。艏斜桁最细，与后桅、上桅杆相当。

(2) 桅杆的绑扎方法是：选择粗细一致、圆形好的竹牙签，按图 3－3－3的尺寸将桅杆长度量好，在量长度时应注意将上下桅杆交接处的长度和插入船体的深度计算在内，然后截断。

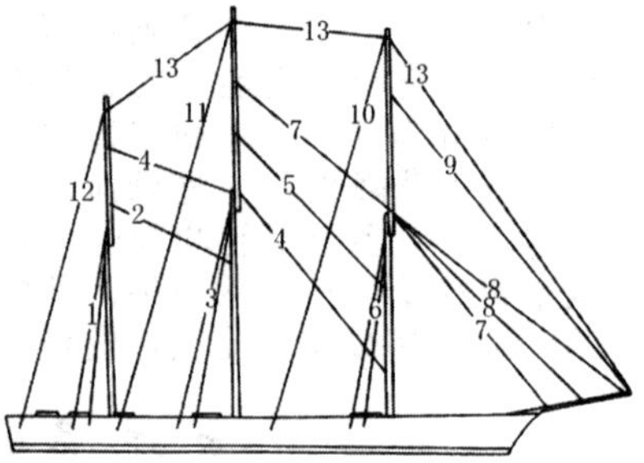

图 3－3－3

(3) 按图纸取上下 2 节桅杆交错对齐（交接处长约 5 毫米），在交接处涂抹少许乳胶，然后用棉线 1 匝 1 匝地紧密缠绕 4～6 圈，上下各 1 匝，中间留出空白位置。最后在线头处点一点乳胶，待干后用小刀齐根切掉。为给下一道工序——帆的黏贴打好基础，每做好一根桅杆要和图纸上进行相应的对照，使它的长短与连接处的位置和图纸一致。检查无误后在桅杆底部涂乳胶然后插入相应孔内固定。

3. 安装索栓架

在系绳索之前先要在船舷两侧安装索栓架：

(1) 按图 3－3－3 所示在船体

两侧低于甲板 2 毫米处用铅笔画出 1 条贯通直线，然后按图 3－3－3 上的位置画出索栓架的位置（左右两舷必须严格对称）。

（2）将大头针钉入画好的位置，钉入时要有一定的深度，露出船体的部分留下 2 毫米，多余部分用斜口钳去掉，注意所有索拴架露出的长度均应一致。

4. 绳索的牵系

牵系绳索时要严格按照图纸要求进行认真细致的操作。

（1）3 种绳索拴结方法如图 3－3－4 所示：单扣（用√表示）、活扣（用 O 表示）、丁香结（用×表示）。本模型固定在船体上的静索用单扣；固定在桅杆上的绳索用活扣或丁香结。

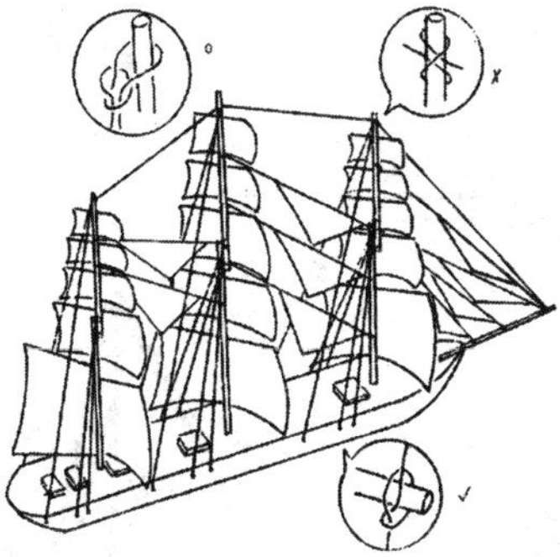

图 3－3－4

（2）按图 3－3－3 上的标号顺序牵系，其中第 1、3、6、10、11、12 号绳索先在中间打好活扣套在桅杆的相应位置，然后将左右两侧拴好，注意活扣的结应朝向船尾方向。

（3）所有绳索都应拉紧、绷直，用力以不使桅杆变形为准。

（4）绳索头要点乳胶，干后在线根部切掉。

5. 帆的制作

（1）用稍厚一些的白纸（复印纸即可）按图 3－3－5 帆图的形状制作。

图 3－3－5

（2）先将前桅与主桅之间的 3 面三角帆剪下，用圆柱形铅笔将帆卷一下，不要让它有死褶，点上乳胶用镊子辅助黏在线上。

（3）分别将前桅、主桅、后桅的横帆剪下，用铅笔卷一下后黏在桅杆的相应位置，注意胶应点在帆上下沿中间和桅杆接触的位置，量不要太多。

（4）将艏斜桁上的 4 面三角帆剪下，卷成弯曲状，按顺序黏在相应位置上。

（5）将后桅上的纵帆剪下，弯曲后黏上。

注意：从整体上看帆的形状应该一致，上下距离要均匀，保持帆的整洁。

三合板小帆船

这里介绍一艘小帆船模型，它的图纸见图 3—4—1。这艘模型结构简单，取材方便，容易掌握，适合初学者制作。

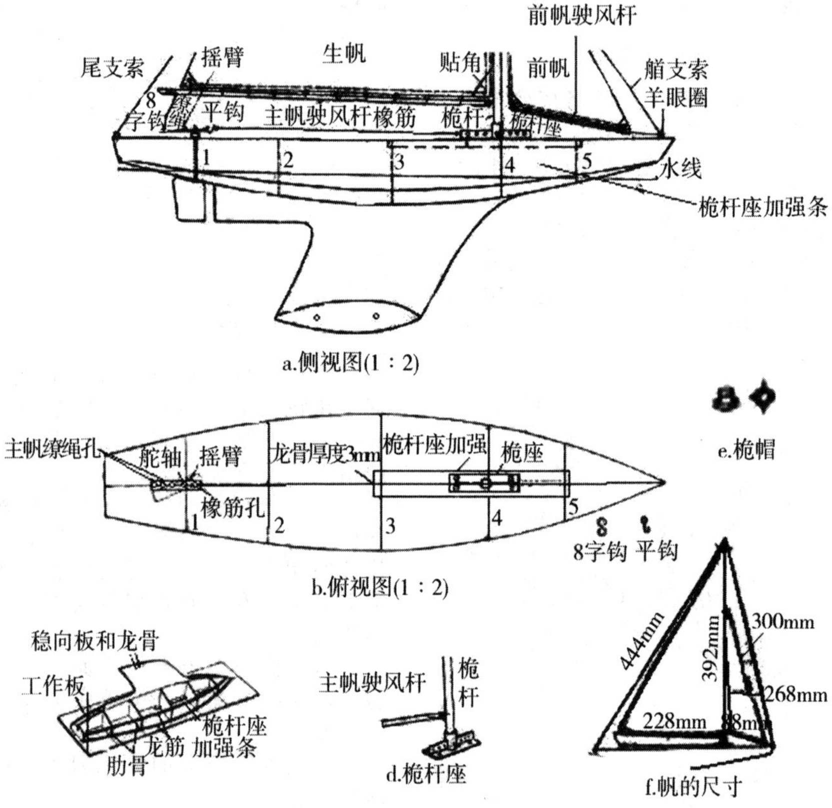

图 3—4—1

1. 船身的制作

(1) 制作稳向板和龙骨。这艘小帆船全长 392 毫米，稳向板和龙骨是连成一体的。制作的时候，先把图 3－4－1a 的图纸放大，变成 1∶1图纸。然后把稳向板和龙骨复写在三合板上，用弓锯和木锉加工成型。在肋骨线位置上，各开一个宽 3 毫米的槽口，深度是每块肋骨中心线长度的 1/2。在紧靠 1 号肋骨槽口处，再开一个宽 3 毫米的槽口，深度是1号肋骨中心线的2/3，用来安装舵轴套管。

（2）制作肋骨。先把图3－4－2a的肋骨图放大

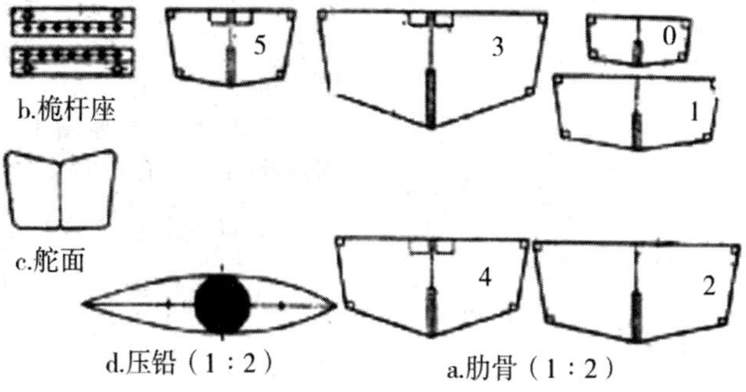

图 3－4－2

1倍，变成1：1图纸，然后复写在三合板上，用弓锯和木锉加工成型。在龙骨处，各开1个宽3毫米的槽口，深度是每块肋骨中心线长度的1/2。在每块肋骨的4个角，各开1个宽3毫米、深3毫米的缺口，用来安装龙筋。

在3、4、5号肋骨上紧靠甲板中心线两边，各开1个宽7毫米、深5毫米的缺口，用来安装桅杆底座的加强条。肋骨制成后，分别插入龙骨上的肋骨槽内，检查每个槽口是否吻合。

（3）安装船身骨架。在平整的工作板上，根据1：1图纸画出中心线和各块肋骨的位置线。在龙骨和肋骨的槽口中涂上胶水，互相插好，并且黏上2条桅杆座加强条。在胶水还未干的时候，把船身骨架朝下放在工作板上，调整龙骨和肋骨的位置，使它们的位置正好同工作板上画的线条重合，然后用大头针暂时固定。等胶水干后，把4根龙筋安装在肋骨的龙筋缺口上。在船首处，两边龙筋的端头要用小刀切成斜口，用胶水黏在船头龙骨的两边。

（4）蒙船壳板。用厚1毫米的松木片做船壳板。先蒙船底，再蒙船舷。等胶水干透后在船底紧靠1号肋骨中心线处，打1个直径3毫米的孔，用来安装舵轴套管。

（5）制作甲板。用厚1毫米的松木片做甲板。根据1：1图纸，在松木片上画出甲板边线，在切割的时候，四周要留出1～2毫米的加工余量。在舵轴套管的位置上打1个3毫米的孔。然后用胶水把甲板黏在船身上，找一段圆珠笔芯做舵轴套管，从船底孔中插入，直穿出甲板，并用胶水黏牢。等胶水干透后，用刀子把伸出的舵轴套管两头削平，再把整个船身打磨光滑，然后嵌缝上漆。颜色可以自由选择，一般选用白漆漆几遍。

2. 舵的制作

用铁皮照图3－4－2c剪成舵面，从虚线处对折。用直径2毫米的自行车辐条做舵轴，放入舵面中用焊锡焊牢。舵轴从船底穿入舵轴套管里，从甲板穿出后套入垫圈。用长35毫米的铁皮做舵轴摇臂，在摇臂的两端各打1个小孔，在1/4处打1个直径2毫米的舵轴孔。把舵轴插入舵轴孔中，用焊锡焊牢。

用2根橡筋圈串联起来，一头

用平钩挂在桅杆座上，另一头用平钩挂在摇臂前面的小孔中，使摇臂在没有牵动的情况下舵面处在正中位置，如图3－4－1 所示。

3. 压铅的制作

先把图 3－4－2d 的压铅图放大，然后制作压铅阴模，把熔化的铅水浇在阴模上。要浇 2 次，制作成左右 2 块压铅。压铅制好后，再在上面打 2 个孔，用螺丝螺母把压铅固定在稳向板上。

4. 桅杆的制作

（1）制作桅杆座。用 2 块长 48 毫米、宽 10 毫米的铁皮做桅杆座，如图 3－4－2b 所示。在每块铁皮的一侧钻 7 个直径 2 毫米的小孔，另一侧钻 2 个直径 3 毫米的小孔，按图中虚线折成直角。然后把 2 块铁皮紧靠，并且用焊锡焊牢，再用 4 个木螺丝照图 3－4－1b 把桅杆座固定在甲板上。

（2）制作桅杆。用长 450 毫米、截面 6 毫米×6 毫米的松木条做桅杆。先用小刀削去棱角，再用砂纸打磨成上细下粗的圆棒，顶端直径 4 毫米，底端直径 6 毫米。找 1 个内径 4 毫米的鞋扣做桅帽，套在桅杆顶端，离顶端 5 毫米用一点环氧树脂黏牢。在鞋扣的前、后、左、右各钻 1 个小孔，如图 3－4－1e 所示，用来固定支索。

找一段内径 6 毫米、长 10 毫米的铜管，套在桅杆的底端。用钢锯把铜管连同桅杆底端一起锯出 1 个 5 毫米深的缺口，再用手摇钻从左边到右边打 1 个直径 2 毫米的小孔。然后插入桅杆座上，用直径 2 毫米的螺丝螺母把桅杆固定起来，见图 3－4－1d。桅杆座上的 7 个小孔是用来调整桅杆位置的，使小帆船的重心位置合适，能够平稳地浮在水面上。

用 4 个羊眼圈分别拧入船首、船尾和桅杆两侧的甲板上。用 4 根尼龙线做支索，一头绑在桅杆顶上鞋扣的 4 个孔中，另一头分别绑在前后左右 4 个羊眼圈上，使桅杆牢固地垂直竖立在甲板上。

5. 帆和驶风杆的制作

（1）制作驶风杆。用长 230 毫米的竹丝削成直径 3 毫米的主帆驶风杆。在主帆驶风杆的一端钉入 1 根大头针，去掉大头针头，把未钉入部分弯成圆环形，见图 3－4－1a 和 d。用长 90 毫米的竹丝削成直径 2 毫米做前帆驶风杆。

（2）制作主帆和前帆。用白色的确良布照图 3－4－1f 的尺寸裁剪成主帆和前帆。帆的每边都要留 1 条宽 3 毫米的边，再用缝纫机缝边，帆的每个角都要缝 1 块贴角，使帆更加牢固。用线把主帆的底边绑在主帆驶风杆上。把前帆的底边绑在前帆驶风杆上。

（3）安装主帆。在离桅杆底端约 25 毫米处，在后方钉入 1 根大头针，去掉大头针的头，向下弯 1 个小钩，把主帆驶风杆一端的圆环挂在小钩上，如图3－4－1a和 d 所示。用线把主帆的垂直边绑在桅杆上，再用线把主帆顶绑在鞋扣上。

在主帆驶风杆的另一头，绑上 1 根尼龙线，尼龙线穿过 1 个“8”字形钩后又绑在 1 个平钩上，平钩再挂在摇臂后面的小孔中。尼龙线的长度可以通过字形钩调整，最大长度能够使主帆左右偏转 90 度。

当主帆向左偏转的时候，由于尼龙线的牵动，舵面会向左偏转。帆向左偏转，航向会向右偏；舵面向左偏转，航向会向左偏。如果调整得当，这两种作用可以相互抵消，小帆船能够保持直线航行。同样，当主帆向右偏转的时候，也有类似的情况。

(4) 安装前帆。用1根尼龙线穿入前帆斜边的折缝中，一头绑在离桅杆顶1/3处，另一头绑在前帆驶风杆上，再绑在船首的羊眼圈上。在前帆驶风杆的另一头，绑上1根尼龙线，尼龙线穿上1个“8”字形钩后又绑在1个平钩上，平钩再挂在桅杆座的小孔中。通过“8”字形钩可以调整尼龙线的长度，尼龙线的最大长度能够使前帆左右偏转90度。

这个小帆船可以在三四级的风力下航行，根据风向和风力的情况，适当调整主帆和前帆的偏转角，就能使小帆船沿着既定的航向前进。

厚桐木板小帆船模型

本节制作的模型与上一节基本相同，但是材料不同，制作方法也不完全相同。

1. 材料

(1) 制作龙骨与肋骨板的三合板或3毫米厚桐木板1块，尺寸为210毫米×75毫米。

(2) 制作甲板的木板或三合板1块，尺寸为215毫米×55毫米。

(3) 制作左右舷板的1毫米厚桐木片2片，尺寸为225毫米×28毫米。

(4) 制作船底板用的1毫米厚桐木片2片，尺寸为215毫米×30毫米。

(5) 桅杆和驶风杆用2.5～3毫米直径的竹丝制作，主桅杆长225毫米，主驶风杆长110毫米，前驶风杆长90毫米。

(6) 三角布片（以彩色尼龙布片为好）制作2片三角帆。

(7) 细线，用以制作简易绳索。

(8) 铁块（或其他重物）1块，作压载物，航行时固定于稳向板下，不放航可省略。

2. 工具

钢丝锯、小手锯（或钢锯条代替）、美工刀、细木锉、细砂纸、砂纸板（可将砂纸平黏在木块上制成）、复写纸、小锤子（可省略）、黏合剂、百得胶（或同样的氯丁胶）、白乳胶。

3. 龙骨和肋骨构架的制作

(1) 将图3－5－1中比例为1∶1的龙骨板和4块肋骨板用复写纸复印到三合板（或桐木板）上，复印时需力求准确。

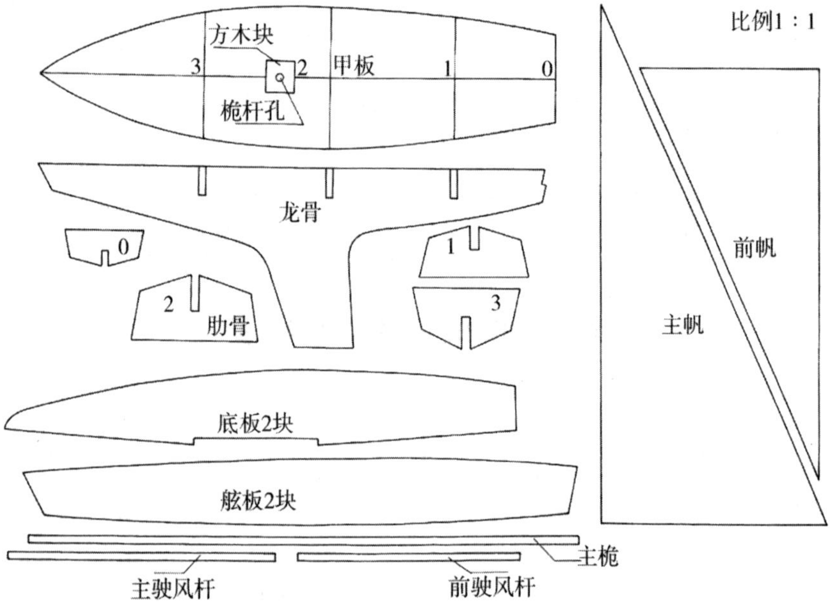

图 3－5－1　模型各部分下料图

（2）用钢丝锯和小手锯锯出龙骨板和肋骨板的外形，凹槽部可用小手锯锯出。由于凹槽的准确与否关系到构架的质量好坏，应反复比试大小，以防止龙骨肋骨的对插过松或过紧，尤其要防止过松。其松紧程度应以能用手稍微用力即能插合为好。

（3）将 4 块肋骨插合在龙骨板上，一定要确认插合是否垂直、4 块肋骨板的上端是否在一平面，若未达到要求应再作修整，甚至重做，直到符合要求为止。完成的构架如图 3－5－2 所示。

（4）将接插好的龙骨和肋骨构架用乳胶黏接，如果构架做得十分牢靠紧密，也可不用胶黏。

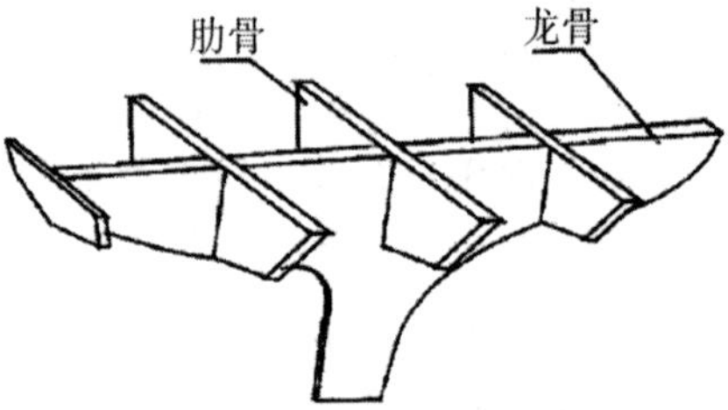

图 3－5－2　构架图

4．甲板与构架的结合

（1）把图 3－5－1 中的甲板复写到甲板木坯上，用钢丝锯将其锯下，锯时应在线外留 1 毫米左右的余量，以便再修整。

（2）将粗略修整过的甲板覆在构架上，用百得胶黏合。注意甲板的位置要放准确，使构架与甲板形成一个整体，进行黏接。

(3) 修整甲板边缘。因甲板样板比构架稍大和有一定余量，应将甲板边缘修整至与肋骨板两侧边平齐，如图 3—5—3 所示。大的修整可用木锉，精细的修整可用砂纸板打磨，整个修整过程中应时刻注意观察甲板左右边缘弧度的对称。

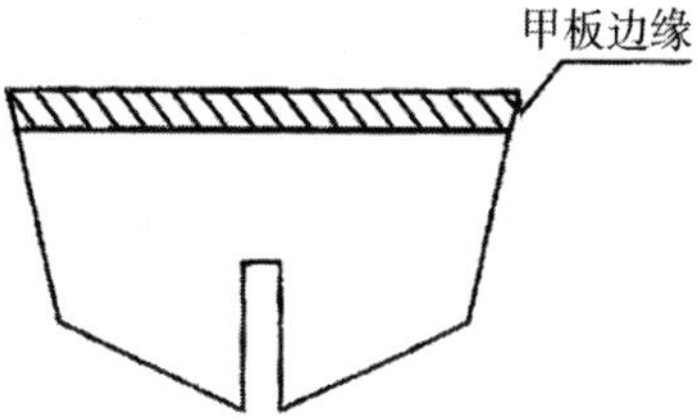

图 3—5—3

5. 舷板的包贴

(1) 将图 3—5—1 中的舷板复写在桐木片上（共左右 2 片），并用美工刀将其割下。将切割下的舷板在黏贴部位稍作比试并作大致的修整，舷板应高出甲板 3～4 毫米，如图 3—5—4 所示，然后进行黏贴。

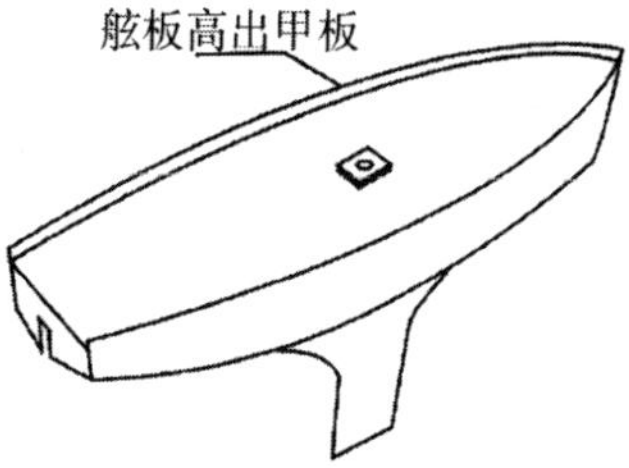

图 3—5—4

(2) 由于舷板是顺船舷弯曲的，所以在胶黏前应用手适当用力逐渐将舷板弯出一定的弧度，舷板两端特别是船首部会受弹性力而翘起，在用力弯弧时应细心缓慢进行，以防止舷板撕裂。

(3) 选用百得胶做黏合剂，舰船的细部可用 502 胶补胶。左右舷板在船首处的吻合是个难点，应先贴好一边，再黏贴另一边。2 块舷板在船首部结合的方法有 2 种：①两舷板头部角度均分见图 3—5—5a，②将一边舷板盖在另一舷板上，见图 3—5—5b。

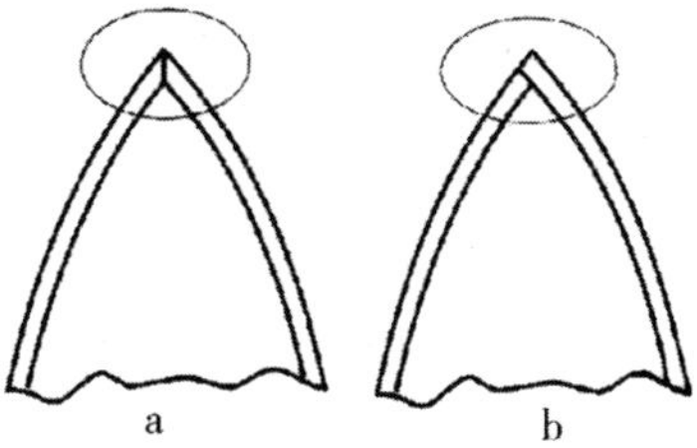

图 3—5—5

(4) 修整左右舷板高出甲板的部分，使其均匀。修整舷板下部使其与肋骨板下边缘平齐，舷板下边缘可用砂纸板打磨，使弧线圆顺流畅。

6. 底板的包贴

将图 3—5—1 中的底板复写到 1 毫米桐木片上，并将其割下（2 块）。先将一块底板紧贴稳向板，按准确的位置开出缺口宽度，使缺口卡紧稳向板。除缺口外，整个底板的边缘应在龙骨底部中线上，然后用百得胶黏牢，再用同样的方法做另一块底板，2 块底板的拼缝处应黏合严密。再将底板多出舷板的余量修去。

7. 船体的修整与美化

仔细检查船体各个部位，有破损的应进行修补，有缝隙的可用树脂胶等补合，然后用漆或不溶水的颜料涂装。涂装不仅是为了美观，同时也是水密的需要，所以船体中部以下（入水部分）一定要涂装。可沿舷板中部用胶带纸贴出一条水线，将舷板上部遮住，注意船舷两边要对称，然后用罐装漆喷涂或用笔描涂，色彩可按个人的喜好选择。等漆稍干后将胶带纸拉去，可以看到留下的水线平顺，并且色彩分明。

8. 帆的裁剪与安装

(1) 将图 3－5－1 中上帆的形状复写在硬纸板上，剪下硬纸板作样板。按样板将布料裁成主帆和前帆。选用尼龙布做帆可用电烙铁烫裁，以使布缝光洁。帆的 3 个角可用胶布黏贴加固，以方便穿线。

(2) 将桅杆和驶风杆竹丝修整好，桅杆和驶风杆直径约 2.5～3 毫米，按图 3－5－1 中的长度切下。

(3) 按图 3－5－1 中甲板上桅杆孔的位置钻相应大小的孔，并在钻孔处贴 1 小木块以增加钻孔处的厚度。将主桅杆黏乳胶后插入孔中，同时注意桅杆应垂直于甲板面或略后倾。

(4) 将主帆下 2 角穿线并扎在主驶风杆上，同样将前驶风杆与前帆扎好。

(5) 主驶风杆与桅杆在高出甲板面约 10 毫米处连接，可用大头针弯环套合，见图 3－5－6，也可用线或其他方法连接，只要驶风杆能左右摆动就行。

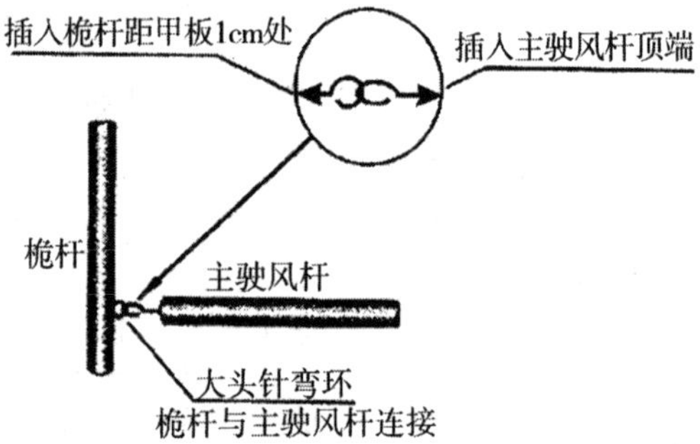

图 3－5－6

(6) 在前驶风杆 1/3 处系一短线与其下的甲板连接以作前帆摆动的支点，可用大头针钉入甲板折弯作系线桩系线。

(7) 主驶风杆外端系一长线（航行时可调整长短）与帆外角下面甲板上的系线桩连接（系线桩可用大头针钉入折弯），在前驶风杆靠近桅杆一端系长线（航行时可缩放调整），与桅杆相连。

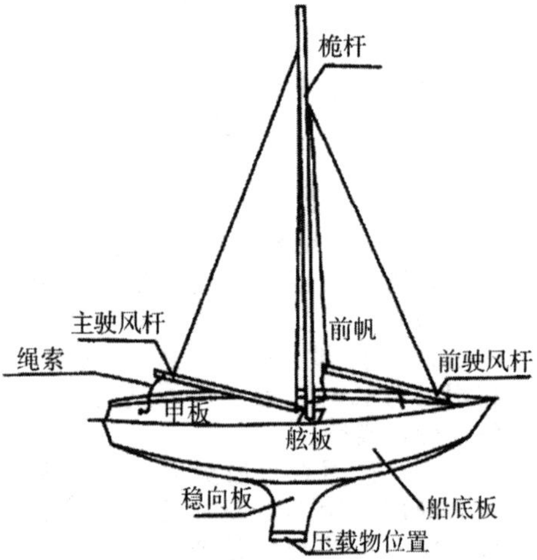

图 3－5－7

9. 压载物的处理

航行中的帆船在稳向板下需有压载重物，以降低重心，使船不倾覆。压载物可用小铁块或子弹壳等金属物充当，使用树脂胶黏在稳向板下部即可，也可挂于稳向板下，最简单的方法就是用一铁夹子夹在稳向板下。

至此模型就做好了，如图3—5—7所示。

10. 试航

（1）帆船模型试航的准备工作。

①测定侧面阻力中心：帆船模型水下纵中剖面面积的中心，就是侧面阻力的中心。测定方法是用厚薄均匀的纸板，按图纸剪出水下纵中剖面的形状，以 2 点悬垂法找出 2 垂线的交点，此交点部为模型水下侧面阻力中心。

②测定风压中心：在图纸上用作图法求出帆的面积中心。如有 2 面或数面帆，则需根据它们的相对位置，求出总的面积中心，此中心即为风压中心。

③调整压载：在无风的静水中，调整帆船模型的压载，使其符合设计吃水。

（2）试航。帆船模型的试航，是使模型在风力的作用下，按规定的航道（一定的宽度和长度），以最短的航线和尽可能快的速度到达航行的终点。

这要求运动员既熟悉帆船模型的性能，又随时观察场地风向、风速的变化，并根据风向、风速的变化，调整帆的角度（帆面与中纵剖面的夹角）和风压中心与侧面阻力中心的相对位置，有效地控制模型的航向和航速，如图 3—5—8 所示。风压中心在侧面阻力中心之前，其垂线间距一般在6%～9%L（L 为帆船水线长）范围内。

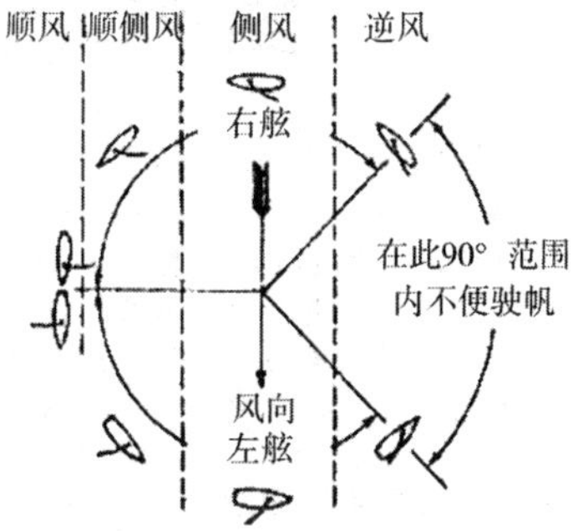

图 3—5—8

在风向、风速相对稳定的情况下，帆船模型放航后如果迎风转向，这是由于帆的角度小了，需要适当放松缆绳，加大帆角。帆角加大后仍迎风转向，这是由于风压侧阻 2 中心的垂线间距小了，需要前移风压中心，即前倾或前移桅杆，我国沿海帆船则在艄部升起或降下尾桅 1 面小帆，还可以后移侧面阻力中心。通过这样的调整，模型即能按预定航向航行。

如果顺风转向，可采取和上面相反的措施。

帆船模型每次试航要做好记录，以便分析情况积累经验，达到熟练地掌握船的性能和风向、风速变化的相互关系的目标。

每次试航结束时，要将模型整理好，检查是否漏水并及时修理。索具力求牢固、简单、调整方便。

经过一个阶段的试航之后，要总结经验，加以改进。活动中，应注意将当地最常见的运输、渔业帆船做成模型，通过试航研究它的性能，提出改进意见，更好地体现出模型制作的价值。

自航式舰船模型

能够在水中航行的模型，除帆船模型依靠风力航行外，其他模型都要有动力装置，如橡筋束、电动机、蒸汽机、内燃机等。用得比较多的是橡筋束和电动机。因此，把以橡筋、电动机、蒸汽机等为动力的水面舰艇、潜水艇及商船等模型称为自航式模型。自航模型要求制作工艺细致、外观逼真。

橡筋动力舰船模型

舰船模型上用的最简单的动力装置就是橡筋发动机。橡筋动力是利用橡筋束在拉伸和扭转过程中储存的能量，在它回复原来状态的过程中带动螺旋桨来驱动舰船模型航行。橡筋动力优点是使用方便，制作简单，重量轻；缺点是续航力差，一般用在初级自航模型上。

舰船模型的橡筋，可以安装在船体外面，也可以安装在船体里面。如果橡筋安装在船体外，结构简单，制作容易，但橡筋使用寿命短、弹性差；装在船体内，结构比较复杂，制作难度增大，但使用寿命长。

体外橡筋动力舰船模型，可利用前面制作的实体舰船模型，只要在船底装上动力装置就行了。动力装置由螺旋桨、橡筋来组成。用白铁皮制作螺旋桨和轴架，用自行车辐条制作桨轴和弯钩，弯钩也可以用羊角圈代替。

一、橡筋束的性能

橡筋动力舰船模型是动力模型中最简单的品种。当把橡筋旋绕上紧的时候，橡筋发生扭曲和拉伸形变，储存弹性势能。一旦弹性势能释放，就能驱动舰船模型航行。

舰船模型的橡筋束可以安装在船体外面，也可以安装在船体里面，如图 4－1－1 所示。

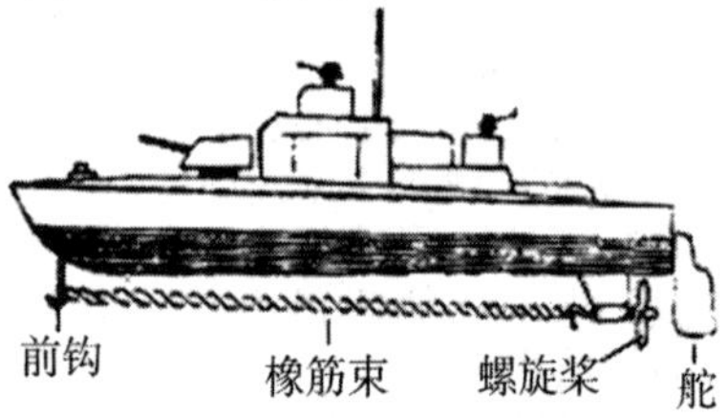

a.橡筋束安装在船体外

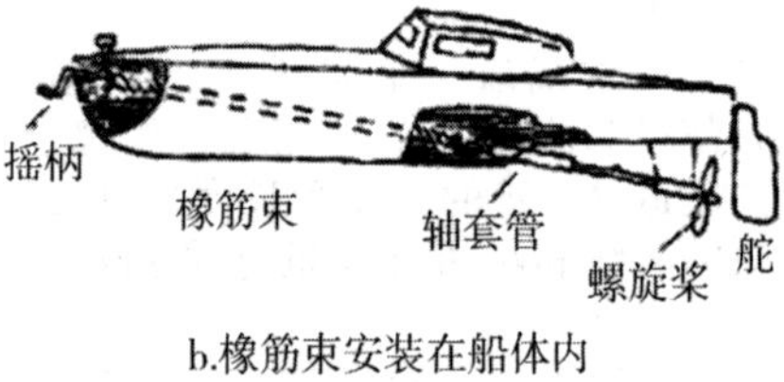

b.橡筋束安装在船体内

图 4－1－1

橡筋束安装在船体外的模型，结构简单，制作容易，但由于橡筋直接浸泡在水中，质量容易下降。橡筋束安装在船体内的模型，结构比较复杂，制作比较困难，但可以延长橡筋束的使用寿命。

1. 橡筋束的最大可绕转数

正确地确定橡筋束的最大可绕转数，对于保证模型有最大的航行距离和防止橡筋断裂是十分重要的。橡筋束的最大可绕转数同橡筋束的横截面积、橡筋的伸长倍数、橡筋的预先拉伸程度以及橡筋束的长度都有关系。

(1) 橡筋束的横截面积。橡筋束的横截面积取决于橡筋的根数和每根橡筋的横截面积。常用橡筋的横截面积有1×1平方毫米、1×2平方毫米、1×5平方毫米。

长度500毫米以下的模型，可以用2～4根1×5平方毫米的橡筋做橡筋束，这种橡筋束的横截面积就是10～20平方毫米。

(2) 橡筋束的伸长倍数。橡筋束的伸长倍数可以通过试验得到。找一段长100～200毫米的橡筋，把它拉长，直到不能再拉长为止。橡筋最大伸长后的长度同原来长度的比就是橡筋的伸长倍数。舰船模型用的橡筋一般伸长倍数为4～5倍比较好。伸长倍数太小，可绕转数少；伸长倍数太大，弹力不足，这两种情况都不适宜用在舰船模型中。

(3) 橡筋束的预先拉伸程度。在旋绕橡筋束之前，预先把橡筋束拉伸到原长的几倍，能够增加橡筋束可绕转数。因为伸长后橡筋束的长度增加而直径减小了。

表4－1－1给出不同横截面积、不同伸长倍数、不同预先拉伸程度的1米长橡筋束的最大可绕转数。

表4－1－1 1米长的橡筋束最大可绕转数

预先拉伸倍数	横截面积(mm^2)	伸长倍数				
		3	4	5	6	7
没有预先拉伸	16	260	420	580	750	960
	24	220	340	480	625	785
	32	190	295	415	524	685
	40	170	265	370	495	610
预先拉伸到2倍	16	300	485	680	890	1 120
	24	260	395	555	725	915
	32	225	345	485	635	795
	40	195	310	430	565	710
预先拉伸到2.5倍	16	345	585	790	1 035	1 300
	24	300	460	645	845	1 060
	32	260	400	560	735	925
	40	230	360	500	660	825
预先拉伸到3倍	16		580	825	1 080	1 350
	24		480	670	880	1 110
	32		420	585	770	965
	40		375	520	685	865

（4）任意长橡筋束的最大可绕转数。橡筋束最大可绕转数同橡筋束的长度成正比。知道 1 米长橡筋束最大可绕转数 n_0，就能计算出长度是 l 的橡筋束的最大可绕转数 n：

$$n=n_0\times l$$

l 以米做单位。

例如有一束 4 根橡筋组成的橡筋束，橡筋束的长度是 500 毫米，单根橡筋的横截面积是 2×2 平方毫米，测得它的伸长倍数是 4 倍，预先拉伸到 2 倍，求这橡筋束的最大可绕转数。

由给出的条件可知，橡筋束的横截面积是 16 平方毫米。查表 4—1—1，预先拉伸到 2 倍、横截面积 16 平方毫米、伸长倍数 4 倍的 1 米橡筋束最大可绕转数是 485 转，那么 500 毫米的橡筋束最大可绕转数是

$$n=n_0\times l=485\times 0.5\approx 243\ （转）$$

2. 橡筋束的选择

橡筋发动机往往是用十几根同截面的橡筋组成一束，一束多少根数为宜，可通过水上试验的方法来确定。首先要满足规定距离的续航力，然后再考虑提高航速。一般的规律是橡筋截面积小、根数少、转数多的橡筋发动机续航力长，航速慢；反之续航力短，航速快，这应在试航中找出合适的数据。选择橡筋时要求粗细一样、厚薄均匀，拉伸时没有毛刺、裂痕。

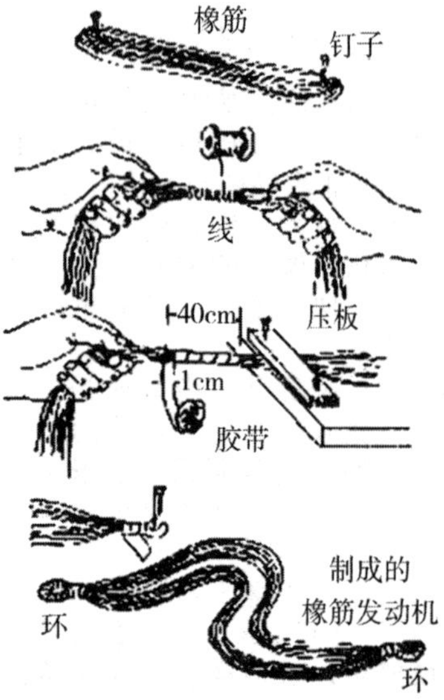

图 4—1—2

3. 橡筋束的制作和安装

橡筋束的制作是在木板上钉 2 枚钉子，2 钉之间的距离等于所需橡筋束的长度。沿 2 钉外围绕上成双数的橡筋，橡筋要稍放松些。橡筋的两端头要互相叠起来，并在橡筋束端部于拉伸状态下，中间扎上线或胶带。然后再做成钩环，这种钩环应比较牢固，如图 4—1—2 所示。有时，在橡筋束的两端，用直径为 0.8 毫米左右的钢丝做成 2 个小环，使橡筋发动机在弯曲的地方不易折断，如图 4—1—3 所示。

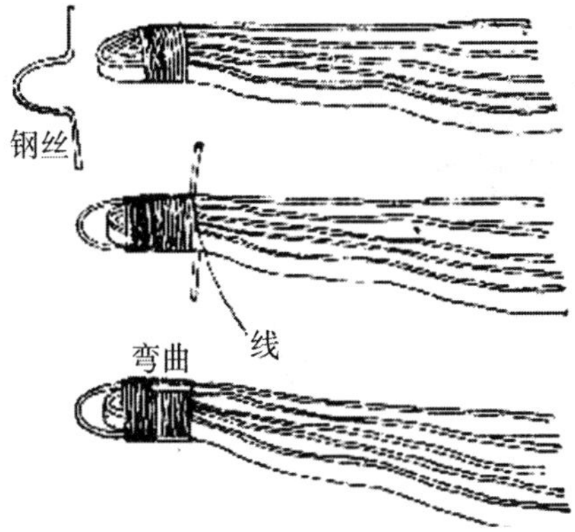

图 4－1－3

安装时，橡筋束的纵向中心线，必须与螺旋桨轴的中心线位于同一直线上，如图 4－1－4 所示。否则，橡筋发动机在快速转动时会敲打船体，使船摇晃。

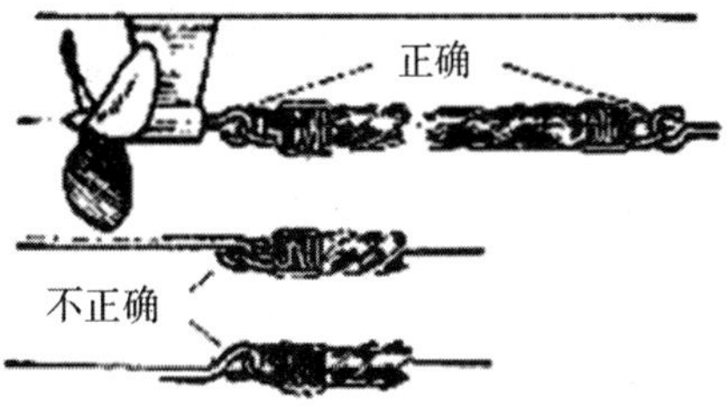

图 4－1－4

4. 橡筋束的使用

为了发挥橡筋束的最大效能，在正式使用之前，要对橡筋束进行预绕：将橡筋束拉长 2～3 倍，在橡筋束拉长的情况下，先预绕最大可绕转数的 50%，放松后再预绕 70% 和 80%。预绕橡筋束要慢慢绕，并且注意观察，如果绕数不多就出现断裂或毛刺，表明橡筋质量不高，已经老化。如果出现少量毛刺，细心地把毛刺剪掉仍然可以使用。

预绕的橡筋束，需要在手摇钻钻头夹上 1 个铁钩，将橡筋束的一端挂上钩子；另一端固定在船模螺旋桨轴钩上，由另一人拿着。然后将橡筋束拉长，并转动手摇钻使橡筋扭转，这时要注意 3 个问题：

(1) 转向要同螺旋桨推进方向相符。

(2) 要知道手摇钻手把与钻头的转动比（即手把转 1 圈，钻头钩子转几圈），以便计算橡筋束的扭转数。

(3) 随着橡筋束的扭转，橡筋束拉伸长度应逐渐缩短。当橡筋束扭转到满转数时，将小环从手摇钻的钩上取下装入模型里的挂钩上。

另外，橡筋在多次使用和长期处于扭转状态后，其储备弹性会显著减小。因此，橡筋束应在放航前扭转。

在较大的船模上采用橡筋发动机时，可用齿轮箱变速，或将 2 个或 2 个以上的橡筋束组合起来，这能保证橡筋发动机持续较长时间的工作，如图4－1－5所示。

用4根橡筋束组合在一起的橡筋动力鱼雷艇模型

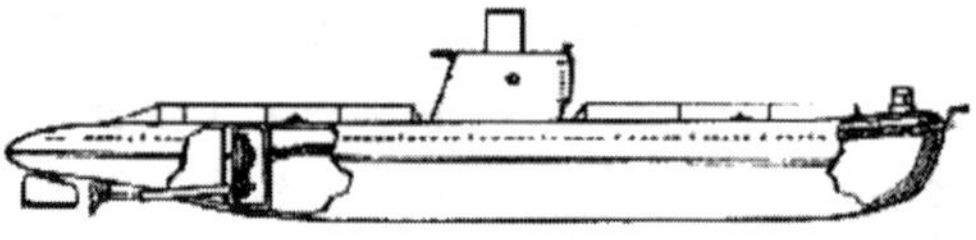

用齿轮箱变速的橡筋动力潜水艇模型

图 4—1—5

5. 橡筋束的贮藏

橡筋应撒上滑石粉，贮藏在具有室温的玻璃缸内，用塞子盖紧。使用时抖掉滑石粉，放在温肥皂水中洗一下，抖掉水，吹干，涂上润滑用的甘油或蓖麻油，再装到船模上。橡筋长时间受甘油或蓖麻油的作用是有害的。因此，使用后必须及时从船中取出，并用肥皂水洗净，吹干，涂上滑石粉，贮藏起来。这样可延长橡筋束的使用寿命。

二、护卫舰模型

这里介绍一艘采用体外橡筋动力的护卫舰模型，如图 4—1—6 所示，它的船底是平的，很容易在船底上安装羊眼圈、铁片支架、螺旋桨和橡筋束。甲板上的上层建筑和各种设施用木料制作，切割成规则的几何形体，制作也不困难。

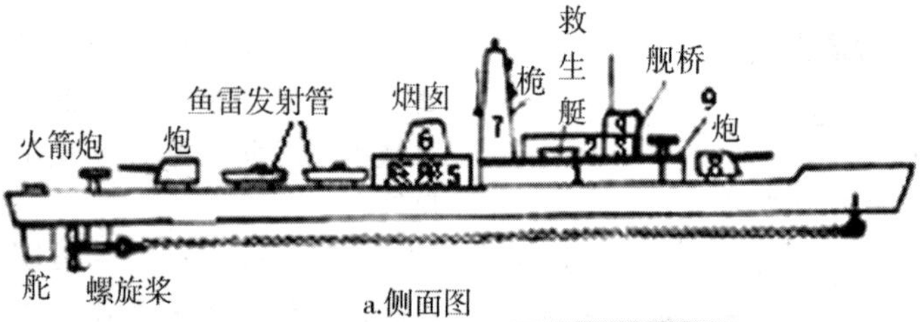

a.侧面图

b.俯视图

图 4—1—6　体外橡筋动力护卫舰模型

1. 船体的制作

用长 210 毫米、宽 24 毫米、厚 8 毫米的松木板，照图 4－1－7 制作船体。照图 4－1－7C_1 削去船首尾虚线以外的部分。再用长 28 毫米、宽 24 毫米、厚 3 毫米的松木片做船首上甲板，照图 4－1－7C_2 削去虚线以外的部分。

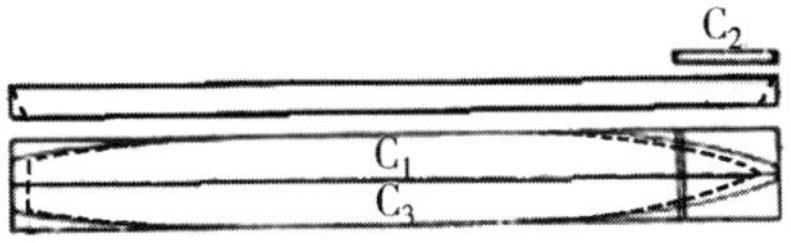

图 4－1－7　船体的制作

用胶水把船首上甲板黏在船首上部。等胶水干透后，用铅笔照图 4－1－7C_3 把甲板边缘线（图中实线）和船底边缘线（图中虚线）画在松木板上，用弓锯或刀子仔细把多余部分锯掉或削掉。成型后用木砂纸把整个船体打磨光滑。

2. 动力装置的制作

这艘模型的动力装置由螺旋桨、螺旋桨支架、羊眼圈、橡筋束等组成。螺旋桨转动的时候，不断地把水向后推，被推开的水对螺旋桨产生反作用力，推动模型前进。

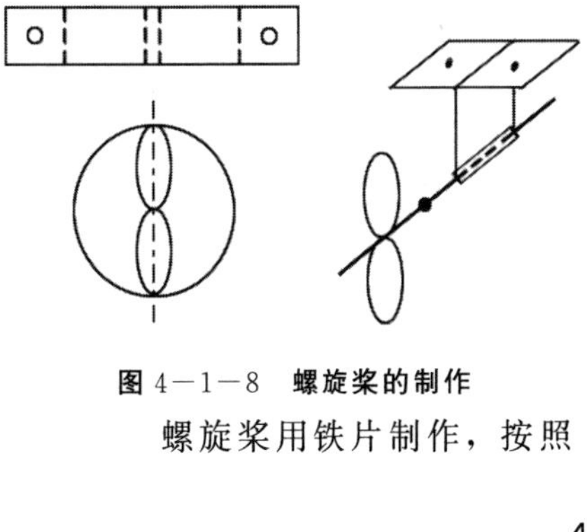

图 4－1－8　螺旋桨的制作

螺旋桨用铁片制作，按照图 4－1－8 在铁片上画 1 个直径 20 毫米的圆，在中心线上对称地画 2 片桨叶，中间钻 1 个小孔，然后用剪刀把螺旋桨叶剪下来。找 1 根直径 1 毫米的钢丝做螺旋桨轴，一头敲扁，挤入螺旋桨叶的中央小孔中，用焊锡把螺旋桨叶片和螺旋桨轴焊牢，再用尖嘴钳把 2 片桨叶各弯 30°，螺旋桨就制作好了。

螺旋桨支架也用铁片制作，按照图 4－1－8 剪一条铁片，画上 4 条虚线，在中间 2 条虚线处对折弯转，把 1 根 1.2 毫米的钢丝嵌在里面，用尖嘴钳把铁片弯转处轧成轴管形。再把铁片劈开，左右弯成直角，并钻上 2 个小孔，然后把 1.2 毫米的钢丝抽出。找 1 粒空心的玻璃珠，套入螺旋桨轴上，把螺旋桨轴穿入螺旋桨支架的轴管中，用尖嘴钳把螺旋桨轴的尾端弯成环形小钩。然后在离船尾 20 毫米处的中间，用 2 个小钉把螺旋桨支架固定在船底上。

在船底的正前方，离船头 10 毫米处安装 1 个羊角圈。把橡筋束的一头挂在羊角圈上，另一头挂在螺旋桨轴的环形小钩上。这样动力装置就制作好了。

3. 船舵及舱面建筑的制作

在铁片上照图 4－1－9a 画上左右对称的舵面，沿中心线对折后，再把上方的 2 片撑脚分别向左右弯折，在撑脚上各钻 1 个小孔，然后用小钉把船舵固定在艇尾底部的中心线上，离螺旋桨约 5 毫米。

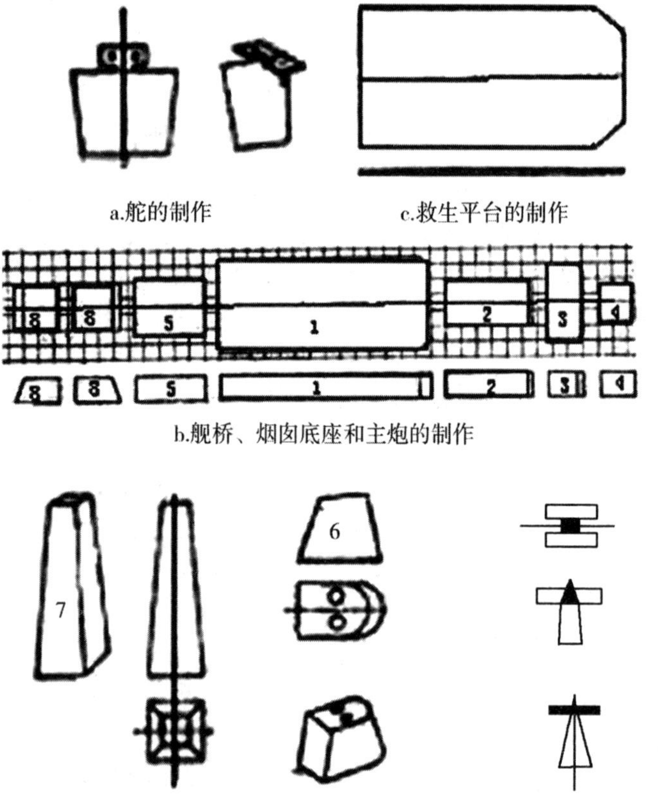

a.舵的制作　c.救生平台的制作

b.舰桥、烟囱底座和主炮的制作

d.桅的制作　e.烟囱的制作　f.火箭炮的制作

图 4－1－9

用松木板，照图 4－1－9b 制作舰桥、烟囱底座和前后主炮，用松木板照图 4－1－9c 制作救生平台，再用松木条照图 4－1－9d、e、f 制作桅、烟囱、火箭炮等。零件制作好后，照侧视图和俯视图把上层建筑和武器装置用胶水一一黏装在船体的甲板上。

5. 试航

用 3 根普通的横截面 1×1 平方毫米的橡筋圈串接起来，一头挂在羊角圈上，一头挂在螺旋桨轴的环形小钩上。用手转动螺旋桨，直到橡筋旋紧为止。然后把模型轻轻放入水中，两手松开，螺旋桨转动，推动模型向前行驶。调节船舵的方向，可以使模型沿着直线或者圆周轨道航行。

三、导弹艇模型

这里介绍的是一艘以体内橡筋束为动力的折角型构架式导弹艇模型，它的图纸如图 4－1－10 所示。它的船体采用构架式结构。由龙骨、肋骨、龙筋、船首柱、船尾柱、船壳板、甲板、舭龙骨、护舷木等组成。由于它的船底和船舷交界处有明显的折角，所以叫做折角型构架式模型。

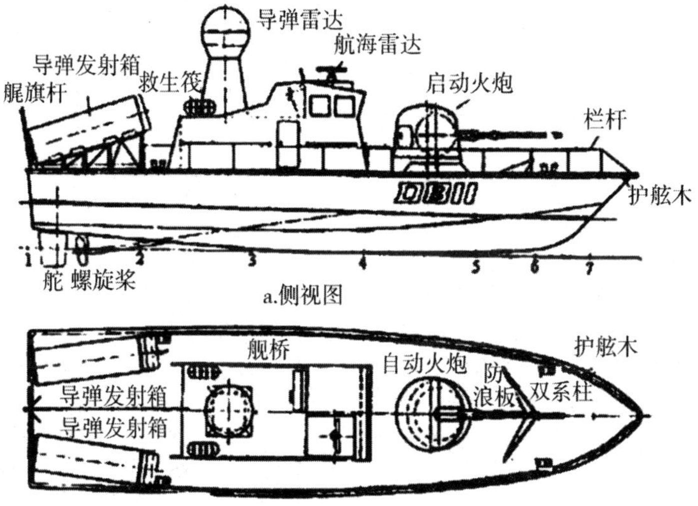

a.侧视图

b.俯视图

图 4—1—10

1. 船体的制作

(1) 制作肋骨。按照船体肋骨线型图 4—1—11，在白纸上放大画出 7 块 1 ∶1 肋骨图。线型图上的肋骨只画 1/2，另 1/2 可以对称地描画出来。由于肋骨线型图是表示船体外形曲线的，它包括船壳板、甲板、嵌缝、上漆等厚度，所以实际肋骨应该比线型图缩小一些。如果选定船的壳板和甲板的厚度是 1.5 毫米，又考虑到嵌缝和上漆，实际肋骨的每条边线应向里缩小 2 毫米，图 4—1—12 是在白纸上描画的 4 号肋骨。

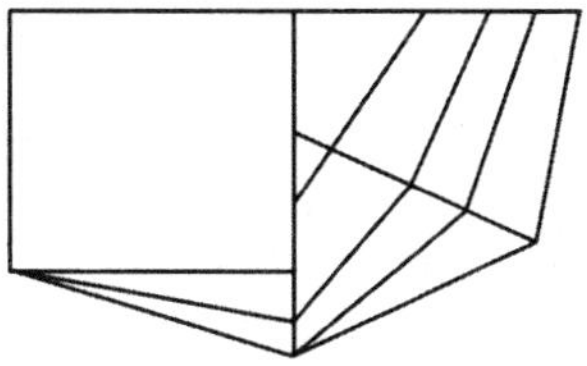

图 4—1—11　**船体肋骨线型图**

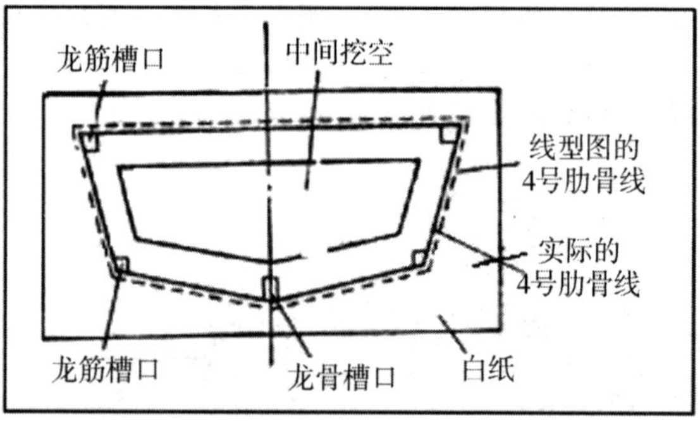

图 4—1—12

实际肋骨线画出后，还要画出龙骨槽口和龙筋槽口。龙筋槽口的宽和高都是 3 毫米，龙骨槽口对不同号码的肋骨有不同的尺寸，1～5 号肋骨的龙骨槽口宽 2.5 毫米、高 5 毫米，6 号肋骨的龙骨槽口宽 2.5 毫米、高 12 毫米，7 号肋骨的龙骨槽口宽 2.5 毫米、高 14 毫米。另外2～5 号肋骨中间挖空，各边留 10 毫米宽。

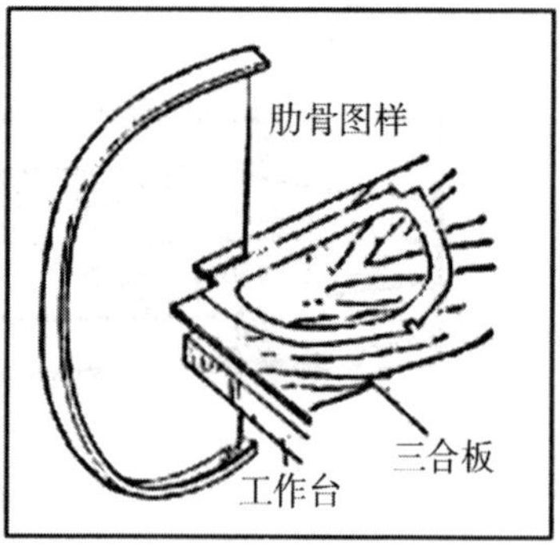

图 4—1—13

肋骨图画好后，用剪刀剪去内外多余部分，用糨糊平整地把它贴在三合板上。等干透后用弓锯沿着肋骨内外边缘锯去多余部分，如图 4—1—13 所示。然后用木锉和砂纸打磨平整。7 块肋骨板制作好后，要仔细检查每个槽口同龙筋、龙骨是否完全吻合，过大或过小都会影响蒙甲板和蒙船壳板。

(2) 龙骨的制作。龙骨是纵贯船体、连接艏柱艉柱和各个肋骨的重要构件。制作之前先照图 4—1—10a侧面图放大描画 1∶1 龙骨图。先把船体外形描画下来。然后画出 1～7 号肋骨的位置线，画出船首柱和船尾柱，并离船底 10 毫米画出龙骨的上边线，如图 4—1—14 所示。在 1～5 号肋骨处画出宽 3 毫米、高 5 毫米的槽口，6 号肋骨处画出宽 3 毫米、高 8 毫米的槽口，7 号肋骨处画出宽 3 毫米、高 14 毫米的槽口。

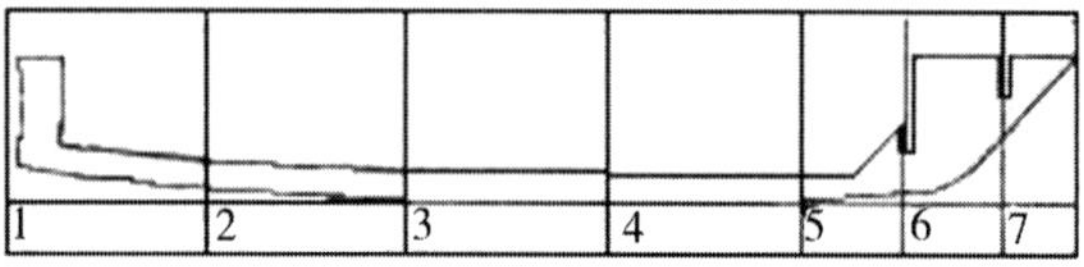

图 4—1—14 在半透明纸上画龙骨

1∶1 龙骨图画好后，用剪刀剪去多余部分，用浆糊把它贴在五合板上。等干透后用弓锯把多余部分锯掉，然后用木锉和砂纸打磨平整，龙骨就制作好了。

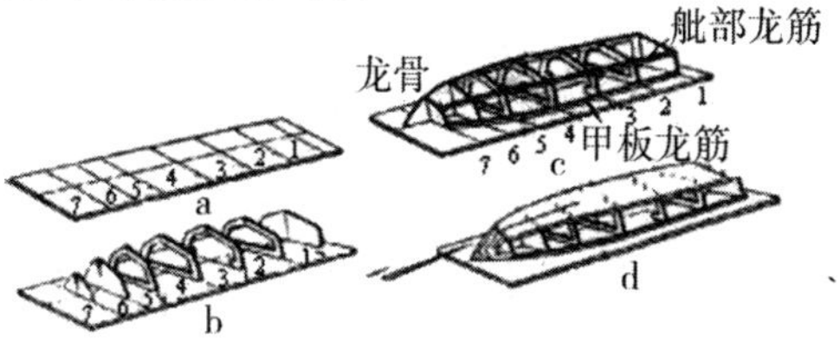

图 4—1—15 构架的组装

(3) 组装构架。找一块比船稍长的木板做工作板，在板上画上中心线和各块肋骨的位置线，如图 4—1—15a所示。由于这艘模型的甲板是平的，每块肋骨可以直接用点胶水暂时黏在工作板上面。胶水不宜过多，以免将来分离困难。肋骨要“对号入座”，而且要严格垂直地黏在肋骨位置线上，肋骨的中心线对准工作板上的中心线，如图 4—1—15b 所示。

龙骨朝下，对准每块肋骨的龙骨槽口插入。如果发现某个槽口不正，要仔细修好。然后在槽口处涂上胶水，正式把龙骨插入各块肋骨槽口中。

找 2 根横截面 3×3 平方毫米的松木条做甲板龙筋。在各块肋骨的甲板龙筋槽口处涂上胶水，把龙筋放入槽口中。放入的时候，由船尾开始逐渐向船首弯拢。为了防止龙筋向外弹开，可以用大头针暂时固定。用同样的方法，把舭部（船体和船侧的交界处）龙筋黏在各块肋骨的舭部龙筋槽口上，也用大头针暂时固定，如图 4—1—15c 所示。由于船首部分的弯曲度较大，要把肋骨上的龙筋槽口削成斜面，增加龙筋和槽口的接触面积，使它们黏得牢固一些。

等胶水全部干固后，取下大头针，仔细检查肋骨有无倾斜，龙骨是否平直对称，每个槽的黏合是否牢固。然后用木砂纸板对龙筋边缘加工修整，使它外表面的倾斜度同肋骨相符合，使船壳板铺得平整些。

(4) 蒙船壳板。由于这艘导弹艇模型的船首弯曲度不太大，船底板可以用 2 块松木板分左右两边从船尾到船首整块铺盖。在 5～7 号肋骨之间，用小刀刻去 1 条三角形木片，使松木片能紧靠在 5、6、7 号肋骨上。如图 4—1—15d 所示。注意使船底板同龙骨、龙筋、肋骨紧密接合，凡接触处都要涂上胶水，并用大头针暂时固定。

等胶水干透后，用小刨或砂纸板在舭部折角处仔细打磨掉多余部分，使底板边缘自然地同舭部龙筋侧面相平，折角处不要打磨成圆角，而要保持棱角。

船底板蒙好后再用 2 片松木片分别蒙左右船侧板。蒙的办法和蒙船底板相同，蒙好后用小刨或砂纸板在舭部折角处和在甲板处打磨掉多余部分，使侧板边缘自然地同船底相平，同甲板龙筋上面相平。

(5) 船头的制作。由于船首前端弯曲度比较大，船底板和船侧板只能蒙到 7 号肋骨，船头要用木块削制。找 2 块实心松木块，大致削成船头形状，涂上胶水，黏在船首柱左右两边。等胶水干透后，再用刀和木锉进行修整。

(6) 糊棉纸。为了提高船体强度和加强水密性，要在船体内每块肋骨同船壳板之间用快干胶裱糊 1 层棉纸（最好用中文打字纸中的棉衬纸）。裱糊的时候不要留空隙，也不要把棉纸弄破，等棉纸干透后，再在船体内涂一两遍漆，这不仅能防止漏水，也能防止木材受潮开裂。最后用粗、细砂纸把船体打磨光洁。

2. 动力设备的制作

(1) 制作轴套管。找 1 根长 120 毫米的普通铅笔，用砂纸把表面的漆皮打磨掉，放在温开水中浸泡三四个小时，等铅笔内的胶水溶化后，把铅笔分成两半，取掉铅芯。等铅笔干透后，放进 1 根自行车辐条，用快干胶再把铅笔胶合起来。胶合的时候，所用胶水不要太多，以免堵住圆孔。注意使两半铅笔对准，并用夹子夹住，如图 4－1－16a 所示。等干透后拔出自行车辐条，用小刀截取一段长 90 毫米的空心铅笔做轴套管，截取一段长 25 毫米的空心铅笔做舵套管。

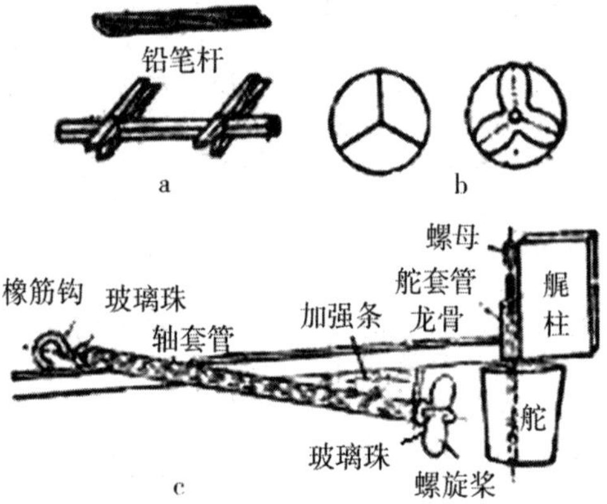

图 4－1－16

用手摇钻在离船尾 110 毫米的船底上对准正中龙骨斜向船首钻 1 个直径 2 毫米的圆孔，斜度大约 15 度。把长 90 毫米的轴套管插入圆孔中，并且用快干胶黏牢，见图 4－1－16c。

找 1 块 3 毫米厚的木片削成三角形做加强条，一面黏在船底龙骨上，另一面黏在轴套管上，以便增加轴套管的机械强度。

(2) 安装橡筋钩。在 6 号肋骨中心线上，离甲板 10 毫米左右，拧上 1 个开口羊眼圈做橡筋钩。橡筋钩的位置正好在轴套管的延长线上。

(3) 制作螺旋桨。在铁片上画 1 个直径 20 毫米的圆，把圆分成 3 等分，画出大小一样的 3 片桨叶，在圆心处钻 1 个直径 2 毫米的小孔，如图 4－1－16b 所示，用剪刀把桨叶剪下来。找 1 条直径 2 毫米的自行车辐条做螺旋桨轴，连同上面的螺母一起焊上焊锡，用锉刀修整成流线型。把螺旋桨轴插入螺旋桨叶中央的小孔中，用焊锡把螺旋桨轴和桨叶焊在一起。焊好后，用尖嘴钳把每个桨叶扭转 25～30 度。

(4) 组装。把 1 粒中空的圆形玻璃珠套入螺旋桨轴上。再把螺旋桨轴插入轴套管内，在船体内伸出

20～30 毫米，把多余的截去，用尖嘴钳弯成环形钩。把制作好的橡筋束，一头挂在螺旋桨轴的环形钩上，另一头挂在羊眼圈做的橡筋钩上。这样，动力装置制作完毕。

3. 舵机的制作

（1）安装舵套管。在船尾柱前 3 毫米的龙骨上，钻 1 个直径 6 毫米的孔，把 25 毫米长的铅笔舵套管插入孔中，并用快干胶黏牢。

（2）制作舵面。用钢针把舵面画在铁片上，用剪刀剪下。找 1 根直径 2 毫米的自行车辐条，在有螺纹一头截取 55 毫米的一段做舵柄，把舵柄焊在舵面上。在焊接之前，先把焊接处打磨干净，镀上 1 层焊锡，把舵柄焊到舵面一面之后，再把舵面对折，用电烙铁在外面加热，使舵面另一面也和舵柄焊在一起。舵柄焊好后，再用焊锡把舵的后边线和上下面封住。

（3）组装。把舵柄插入舵套管内，伸出约 3 毫米，用自行车辐条的螺母把舵柄拧紧。如果要调整舵角，只要松开螺母，调整后再拧紧就可以了。

4. 甲板的制作

找 1 块厚 1.5 毫米的航空层板做甲板，照图 4—1—10b 放大画出 1∶1 的甲板轮廓，留出 1 毫米的加工余量把甲板锯下。照图 4—1—17 在甲板的前面、中间和后面刻出 3 个长方形舱口，后面的舱口用来调整舵角。前面和中间的舱口用来安装和更换橡筋束。刻挖的时候要仔细，不要把挖下的长方块弄坏，因为挖下的长方块还要紧盖在甲板上。

图 4—1—17

在甲板龙筋、肋骨横梁上涂上快干胶水，在甲板的相应处也涂上快干胶水，然后把甲板盖在船体上，如图 4—1—18 所示，并用大头针暂时固定牢。等快干胶干透后，取下大头针，用砂纸板沿船体侧面把甲板打磨平整，最后用 2 根截面 3×3 平方毫米的松木条从船尾开始到船首，黏在甲板两边，作为护舷木。在船尾横方向也要黏 1 根护舷木。

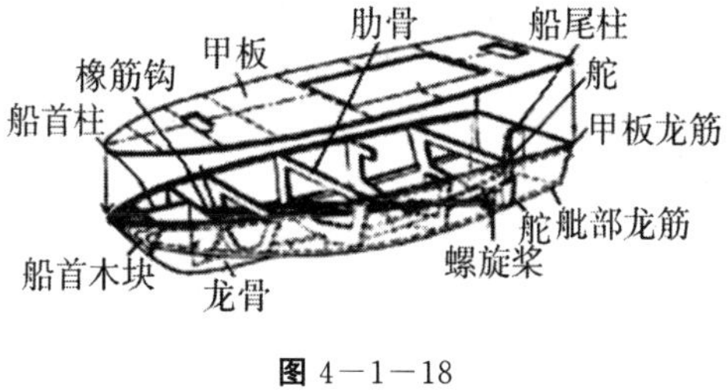

图 4—1—18

5. 舱面建筑的制作

（1）驾驶台用厚 1 毫米的航空层板制作。照图 4—1—10 把驾驶台零件放大成 1∶1，画在航空层板上，锯下后用胶水黏接。

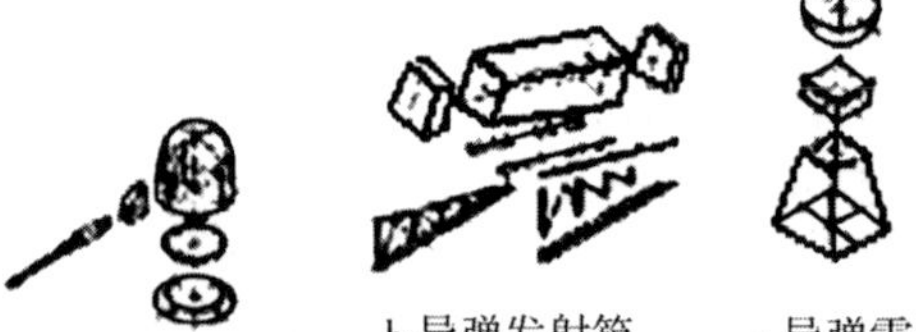

图 4—1—19

（2）自动火炮如图 4—1—19a所示，其底座用木块制作，炮管用竹丝和纸条制作。

（3）如图 4—1—19b 所示，导弹发射箱用卡纸和木块制作，支架用火柴棍、竹丝、木片、卡纸黏接成。

（4）如图 4—1—19c，导弹雷达底座用卡纸制作。雷达可以找 1 个大小合适的塑料球代替，也可以用乒乓球代替。

（5）带缆桩用木片和木条制作。用木片做底板，用木条打磨成圆柱形做桩柱，用卡纸剪成比桩柱大一些的圆片做桩柱的上盖。

6. 嵌缝和上漆

（1）嵌缝。在安装动力装置之前，就要做好嵌缝的工作。如果船身蒙板比较严密，可以直接用滑石粉调喷漆做腻子，在船体上薄薄地打 1 层。

在船首木块接缝处要用比较稠的腻子，干透后用水砂纸蘸水打磨，要嵌缝和打磨两三次，使船首处的缝隙全部填平整。然后用白喷漆把整个船体涂刷一两遍，干透后用 300 号水砂纸打磨，直到光洁为止。

（2）喷漆。先用清洁的软布把整个船身擦一遍，把附在船体上的灰尘清除掉，再检查所有嵌缝处有没有开裂现象。如果没有开裂，就可以进行喷漆，用淡蓝灰色喷漆先把干舷部分喷好。干透后把船体放在平整的工作板上，用画线器按照侧视图上标明的水线位置在船体上画出水线，再用玻璃胶水纸和旧报纸沿水线把整个干舷部分遮盖起来，再用棕红色喷漆把整个船底喷好。等喷漆稍干后，仔细地把胶水纸和报纸取下，一条平直的水线就会显示出来。最后，再用胶水纸把甲板边缘护舷木四周以下遮盖住，用墨绿色喷漆喷甲板和舱面建筑。注意把甲板上的 3 块长方形盖板也同时喷好。这样，整艘导弹艇模型就制作完成了。

简易蒸汽机动力模型

蒸汽机的工作原理一般是：蒸汽从锅炉进入蒸汽管路和蒸汽分配装置进入气缸。气缸内的活塞在蒸汽压力作用下按次序地自一端到另一端作往复运动。当活塞的一面在进气时，废气从活塞的另一面排出。活塞借活塞杆与连杆的一端相连接。连杆的另一端与曲柄轴相连接。蒸汽分配装置（滑阀）是由安装在蒸汽机曲柄轴上的偏心轮来带动的。当活塞在蒸汽压力作用下向右移动时，滑阀向左移动，当活塞向左移动时，滑阀则向右移动。

这里介绍的简易蒸汽机动力模型和真实舰船的蒸汽机原理和结构不完全相同，其启动方法和工作原理，如图 4－2－1 所示。

用软管将水注入“小锅炉”至另一口有水流出，这时用手指将管口堵住，停止注水并将模型放入水中（注意在此过程一定不要让水流出）。然后将蜡烛点燃并放入船中对“小锅炉”进行加热：“小锅炉”在蜡烛的加热下，装满的水逐渐变热并开始汽化。水汽化后体积增大产生压力将“小锅炉”内的水从水管中喷出，“小锅炉”受到反作用力开始运动。“小锅炉”内有负压形成又将水吸入，进入下一个循环过程。

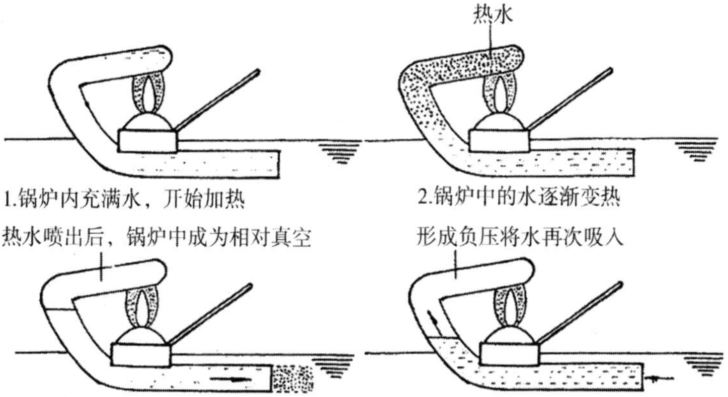

图 4－2－1

制作这个简易蒸汽机动力模型需要的材料有 0.2～0.4 毫米马口铁，外径 4 毫米、内径 3 毫米的紫铜管，油漆，油漆刷，细蜡烛，火柴等，需要的工具有钩刀、剪子、尖嘴钳、什锦锉、三角尺、小锤子、电烙铁、焊锅、焊油、焊锡、铅笔等。

1. 船体的制作

（1）将模型图 4－2－2 中 1∶1 比例的底板和左右舷板剪下。贴在马口铁上，也可用复写纸将它们拓描在马口铁上，沿轮廓线剪下。按图在模型底板上钻 2 个直径 4 毫米的孔。用钩刀在底板尾部虚线上划沟 6～10 次，直到从马口铁背面看有明显痕迹时为止。这时将船尾折起，与船底形成 90 度角。将左右舷板拼接在底板的两侧，然后沿边缘进行焊接：

①使用 75 瓦或 100 瓦电烙铁，烙铁的紫铜头最好是弯曲的。注意烙铁不能久烧，否则影响使用寿命。久烧后铜头表面还会产生一层黑色氧化铜，就沾不上锡，影响焊接。如果有这种情况产生，应等烙铁冷却后，用锉刀锉去铜头表面的氧化铜，才能继续使用。

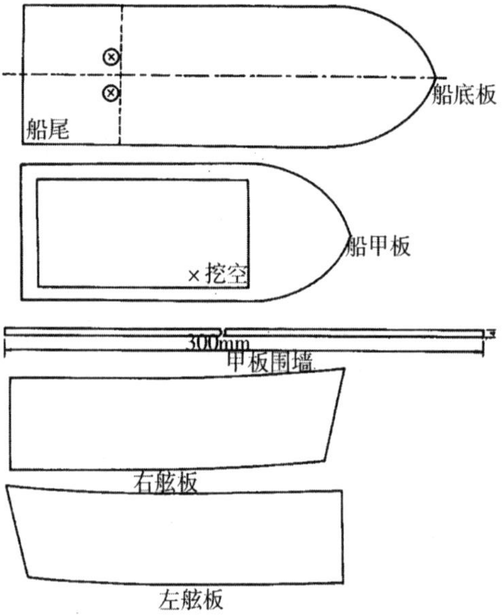

图 4—2—2

②焊接前，先将焊接部分的铁锈或污物刮磨干净。并且在焊接物的表面涂些焊液。焊液的制作常用氯化锌制法制得：在盐酸里放进适量锌皮（废电池外壳锌皮），溶解后（最好 24 小时）即可使用。

③焊接时要对准所焊物体之间的角度，使接缝紧密。注意焊锡不要沾得太多，烙铁和金属物接触的时间应稍长些，并慢慢地拖动，等锡完全溶化在焊接物上再将烙铁拿开，焊锡冷却后的地方就牢固了。

④焊完后，用冷水将焊件洗净擦干，防止生锈。并将烙铁紫铜头边的螺丝拧松，拔出烙铁头，清除管内氧化铜，否则氧化铜堵塞管子，容易损坏烙铁。

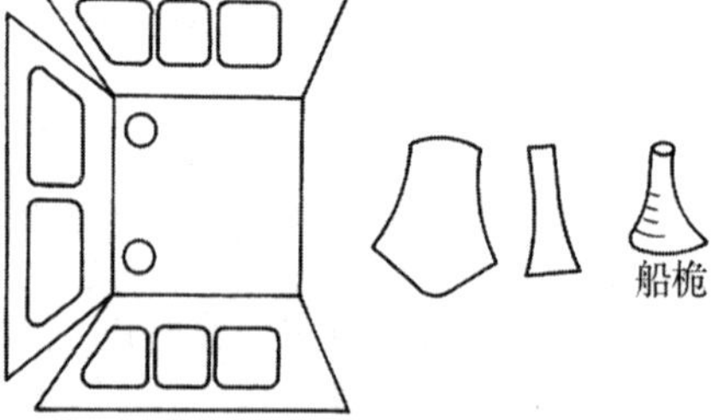

图 4—2—3

(2) 按（1）介绍的方法将图4—2—2中1∶1甲板按图纸剪下，将方框内挖空。然后沿甲板边缘和左右舷板焊接。用什锦锉进行修整。再将驾驶舱按图4—2—3加工完成，焊于甲板上。

2. “小锅炉”的制作

用直径3～4毫米的薄壁紫铜管按图4—2—4进行盘折。在盘折前可将紫铜管放在火上烧一下，注意一定不要弯成死折。然后将完成的“小锅炉”焊在船体上。再将图4—2—5防火罩折好，焊在“小锅炉”上方。防火罩顶板离“小锅炉”1厘米为宜。把图4—2—6船舵焊在船尾中部。把蜡烛盒按图4—2—7折好。

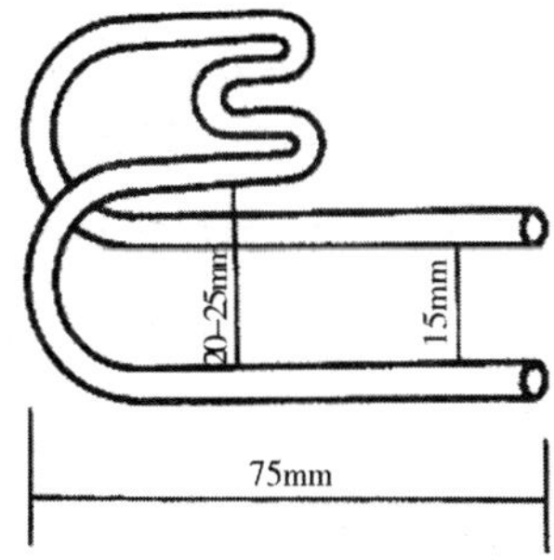

图 4—2—4

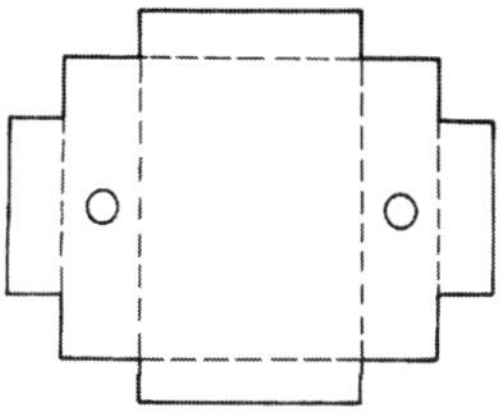

防火罩平面图

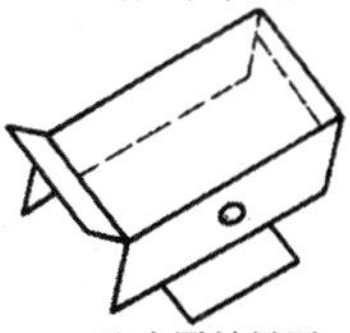

防火罩效果图

图 4—2—5

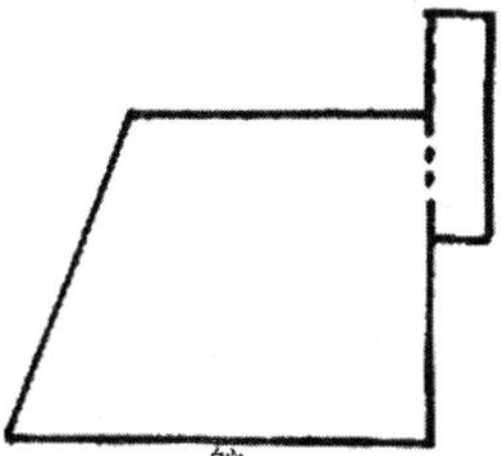

舵

图 4—2—6

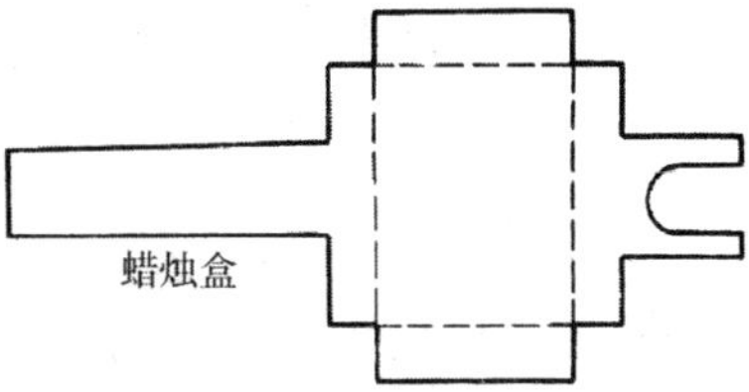

图 4—2—7

3. 调试

在船体内加上适当的压铅配重，其重量要保证水管口没入水面，并保持船体在水上平衡。若不平衡可在相反的一侧加压铅进行调整。

4. 放航

(1) 选择一个小水池，也可在大水盆中试航。

(2) 将蜡烛切好，放入蜡烛盆内固定好。

(3) 用吸管将水吹入“小锅炉”水管中至另一边有水流出，用手指将前口堵住，防止流出；并马上将模型轻放入水中，一定不要让管中的水漏出来。

(4) 点燃蜡烛，放入“小锅炉”下加热，需等待1分钟后才有可能启动。如1分钟后“小锅炉”未启动，则需重复（2）、（3）、（4）过程，重新启动。

电动机动力舰船模型

电动机动力装置把电能转变成机械能，它带动螺旋桨旋转，使模型能在水中航行。由于电动机动力具有体积小、功率大、效率高、使用方便、安全可靠等特点，在舰船模型中得到广泛应用。电动机动力装置，不仅应用在自航模型上，而且还应用在无线电遥控模型上。

一、电动机简介

无论是初级舰船模型或是较高级的舰船模型，电动机是应用最多的动力器材。其种类很多，质量、技术规格档次也大不相同，这就要根据条件和需要加以合理选择。

1. 电动机的结构和原理

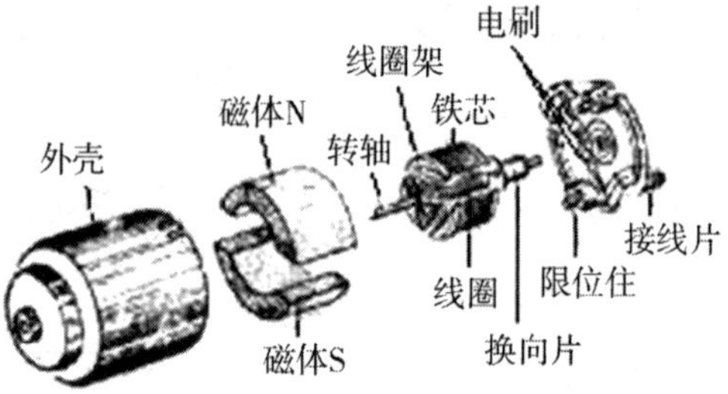

图 4—3—1　永磁式电动机的组成

电动机由定子、转子和换向器 3 部分组成。定子是永久磁铁的电动机叫做永磁式电动机，它的结构如图 4—3—1 所示；定子是电磁线圈的电动机叫做电磁式电动机。定子的作用是产生磁场。转子装在定子中间，通电后能够转动，它由硅钢片叠成圆柱体，套在电动机轴上，在转子的纵向凹槽里嵌入由绝缘铜丝绕成的绕阻。

换向器也套在电动机轴上，它能及时改变流入绕组的电流方向。换向器包括电刷和换向片。电刷常用磷铜片或炭精块制成。换向片用铜片制成，几片换向片互相绝缘，组成圆筒形状。当电流通过电刷和换向片流入转子绕组的时候，在定子磁场的作用下，转子就转动起来。

2. 电动机的选用和保养

制作舰船模型选择电动机，首先要考虑模型的大小，模型的种类和模型的速度要求，同时还要考虑到对电源的要求和船体安放电源的容量。船长在 600 毫米以下的舰船模型，可以采用玩具电动机，如 D—202、WZY—151 等，它们是永磁式的，使用电压 1.5～4.5 伏。如果船体内部容积允许，可以由几组电池组并联使用，使电动机能工作较长时间。由于玩具电动机的电刷是用磷铜片制成的，不能通较大电流，一般使用内阻较大的干电池做电源。

船长在600～1000毫米的舰船模型，可以选用817—A—1电动机，使用电压7.2伏。这种电动机的电刷是炭精块制成的，能允许较大的电流通过，电源可以用镍镉电池，能够提高模型的航速。

船长大于1000毫米的舰船模型，可以选用永磁式微型电动机，如302YW6、402YW5等，使用电压12～24V，也可以采用电磁式电动机。由于船体容积大，不仅可以采用多组镍镉电池做电源，还可以用照相闪光灯使用的铅蓄电池。

电动机在使用过程中要注意保养：电源电压不要超过电动机的额定工作电压；电动机不能受潮，模型在航行中，水会通过轴套管和船体缝隙渗入机舱，每次航行后要仔细检查，用注射器把舱内的水抽去，用棉花或软布擦干；轴承处要经常加油，保持润滑；要经常用脱脂棉蘸酒精清除换向片和电刷上的积炭和灰尘，以免换向片和电刷接触不良，使电动机转速下降，甚至停转而烧坏电动机；发现电动机负荷过大、转轴不灵活或水草缠住螺旋桨等，要及时切断电源，以免电流急剧上升，烧坏电动机。

3. 电源的选用和保养

舰船模型电动机常用的电源有干电池、镍镉电池、碱性银锌蓄电池和酸性铅蓄电池等。

（1）干电池。干电池是普通手电筒用的电池，按体积大小分成1号、2号、5号、7号等数种规格，每节输出电压是1.5伏，新电池可以达到1.6伏，电池用旧了，输出电压就要下降，当下降到低于1.2伏的时候，电池就不能用了。干电池的优点是价格低、重量轻，缺点是输出电流小，用完不能充电。使用干电池要注意：新旧电池不能一起使用，因为旧电池的内电阻大，会额外消耗能量；不要受潮，否则干电池会加速失效；不要短路，以免干电池大电流放电而烧毁。

（2）镍镉电池。镍镉电池每节输出电压1.25伏，内阻小，短路电流超过10安，结构牢固，不怕振动，而且能够反复充电，但价格贵，每节输出电压比干电池小，重量比干电池大。这种电池可以用于船长1000毫米以下的舰船模型上。

（3）银锌蓄电池。银锌蓄电池每节输出电压1.5伏，电解液是碱性的，内阻小，输出电流大，能反复充电。比如XY—20银锌蓄电池，放电电流可以达到20安。如果按照放电电流1安计算可以放电近20小时。银锌蓄电池可以用在使用较大功率电动机的舰船模型上。这种蓄电池保养较难：充电时不能过载；不能受冲击；不能放在有酸雾气的房间内，以免吸收了空气中二氧化碳而变质。

（4）铅蓄电池。铅蓄电池每节输出电压2伏，它的电解液是酸性的。铅蓄电池可以用在船长1000毫米以上的模型上。蓄电池的容量通常以安培小时计算，比如容量20安培小时的蓄电池，如果以1安的电流放电，可以连续工作20小时；以2安的电流放电，可以连续工作10小时。不论使用哪种蓄电池，当输出电压下降到规定值时必须停止使用，并且立即充电，以免损坏蓄电池。

（5）锂电池。锂电池现在是电源的主流，是以炭材料为负极，以含锂的化合物作正极的非水电解质溶液的电池。锂电池每节输出电压4.2伏，没电时电压为3.6伏，常用在长1000毫米以上的模型上。和其他电池一样，锂电池的容量通常也是以安培小时来计算的。使用锂电池时应注意，锂电池没有充电记忆，不存在随着使用时间增加电容量减小的情况，并且过充和过放电都对锂电池的寿命有不良影响，所以，锂电池要在电量不足时及时充电，充电饱和后要及时断开充电器。

二、空气螺旋桨快艇模型

这里介绍一个用泡沫塑料做船体的空气螺旋桨快艇模型，所需的材料有：长方体泡沫塑料1块（40毫米×70毫米×200毫米），硬卡纸1张，导线300毫米，131电动机1个，电池盒及5号电池2节，桐木条1个（4毫米×4毫米×30毫米），大头针2个，三叶空气螺旋桨1个，薄铁皮舵1个，电机支架1个。所需的工具有：锉、刀、直尺、钢锯条、铅笔、乳胶、砂纸、剪子、斜口钳、锤子、电烙铁、焊锡与焊油。

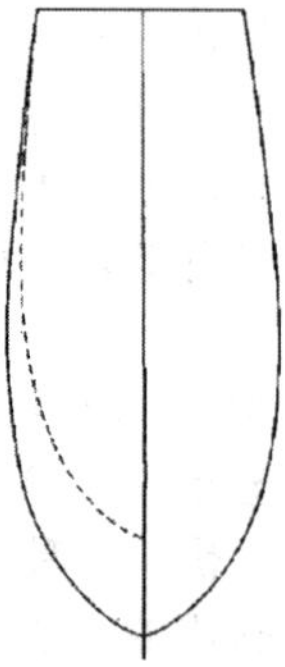

图 4－3－2

1. 船体的制作

（1）参照图4－3－2将甲板与船底图拓在硬卡纸上，分别做出1/2个甲板与船底的模板。

（2）在泡沫长轴方向，即70毫米×200毫米方向的2个面上画出中心线。用模板分别在上、下2面上画出甲板和船体的轮廓线。

（3）利用刀、锯、锉将泡沫塑料切割成型，边削边参看图纸，加工时要沿外轮廓线稍大一点，留有一定余量地进行。（4）用砂纸对船体进行细加工，将余量磨去，打磨光洁整齐。

（5）利用剩余的泡沫塑料块制作出1个电动机底座，尺寸为30毫米×15毫米×6毫米，用乳胶黏接在船尾部的纵中线上，见图4－3－3。

（6）在船体甲板上开挖出约30毫米×50毫米长方形能放置2节5号电池盒的舱室。

2. 动力系统的安装

（1）电动机支架的制作：用薄

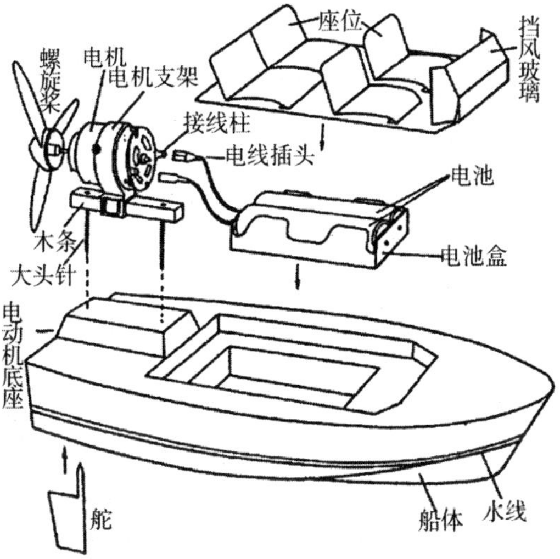

图 4—3—3　**模型装配图**

铁皮根据 131 电动机直径大小弯制焊接出来，见图 4—3—3，在电动机支架的纵向焊接 1 个长方铁片（两端各打 1 小孔）以在电动机和底座之间起固定作用。

(2) 空气螺旋桨可以自制也可以用飞机模型上的螺旋桨来替代，安装到电动机轴上。

(3) 参照图 4—3—3 装配图组装电动系统，其中一个电极可以作为开关使用。

(4) 一切准备就绪，将空气螺旋桨动力系统安装在船尾电动机底座上，用 2 枚大头钉将底座固定在模型上。

(5) 制作 1 个舵，安装在船尾底部中线上，见图 4—3—3，为了保证航向，可加大舵面积。

3. 试航

将 2 节 5 号电池正确安放在电池盒内，将电源接上后，先拿在手上观察螺旋桨的旋转是否把风吹向艉部，若风吹向艏部，则应对调电池 2 导线。

电源接通后即可将模型放在水中航行，根据模型的直线航向性能调整舵的角度。

三、电动快艇模型

快艇是突出以某种武器为主的高速艇，可以按上面配备的武器不同，分为炮艇、鱼雷艇和导弹艇。这里介绍一个用易拉罐制作的电动快艇，其模型图如图 4—3—4 所示。所需材料有：易拉罐若干，131 小电动机 1 个，废圆珠笔芯（内径稍大于 2 毫米）1 根，长 72 毫米的自行车钢条 1 根，长 14 毫米自行车气门芯 1 根（制作连接器），小型开关 1 个，导线若干，直径 1 毫米、长 80 毫米铁丝 1 根，少量吹塑纸、万能胶；需要的工具有：剪刀、笔、直尺、电烙铁、焊油与焊锡、钳子、夹子。

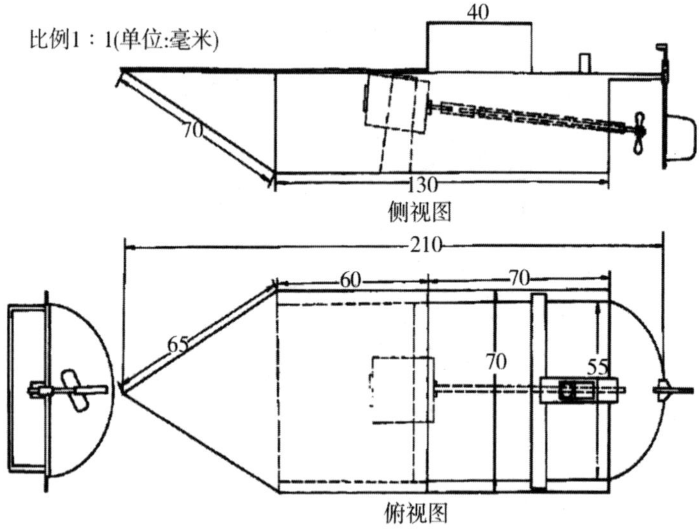

图 4－3－4

1. 船体的制作

（1）在易拉罐横面 1/2 处往上 5 毫米处做记号，如图 4－3－5 所示，用剪刀在虚线处剪开，保留底部和罐口的 1/2。

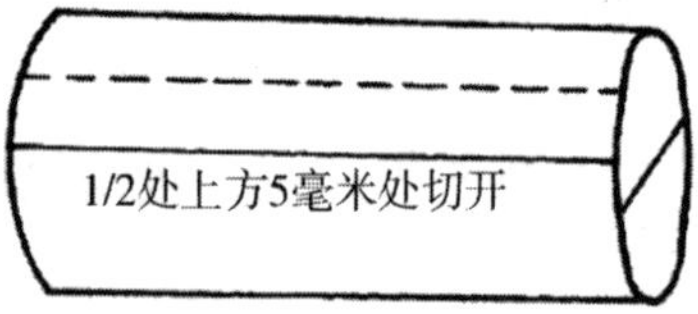

图 4－3－5

（2）用余下的材料做成螺旋桨 1 个，船舵 1 个，固定开关铁片 1 块，如图 4－3－6 所示，尺寸见图4－3－4。

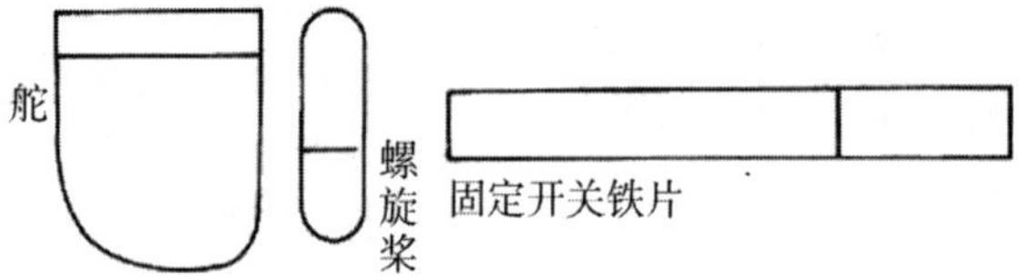

图 4－3－6

（3）用钳子将易拉罐底部铁片 1/2 处往外弯 90 度，船身两边铁皮往外弯 5 毫米，角度为 70 度，再修剪船体边缘。

2. 安装部件

（1）安装螺旋桨。取 72 毫米长自行车钢条作轴，圆珠笔芯作轴套管，把轴插进套管，在船尾（罐弯90度的一边）下部1/2处开一个圆形套管洞，洞应该尽量小，正好使轴穿过，然后用螺帽将螺旋桨前后两边按牢，使其不松脱。

（2）安装电动机。把自行车气门芯一头套在钢丝轴上5毫米，另一头套在电动机轴上5毫米，在电动机上引出2根各长100毫米的导线，接通1节5号电池试转，如电动机工作正常，再进行安装。安装前先在电动机下面焊接一块长铁皮以固定电动机，要求电动机与轴套管在同一直线上，螺旋桨不能碰到船底。

（3）舵的安装。先把舵的直角边卷成小孔，让铁丝穿过，再焊牢。取80毫米铁丝，在50毫米处弯成90度，然后剪1块小铁皮，一头卷成小孔，让铁丝穿过，一头焊接在船艉已弯成直角的铁皮上，这块铁皮可随时调整舵的方向。

（4）船体前方焊接小铁皮，安装小开关接上电池并固定。

（5）用吹塑纸剪成船首和船舱，形状如图4—3—7所示。用万能胶将船首黏在船舷两边5毫米处，用夹子夹紧，注意艏部上下交接处一定要黏牢，不要漏水，最后黏船舱。

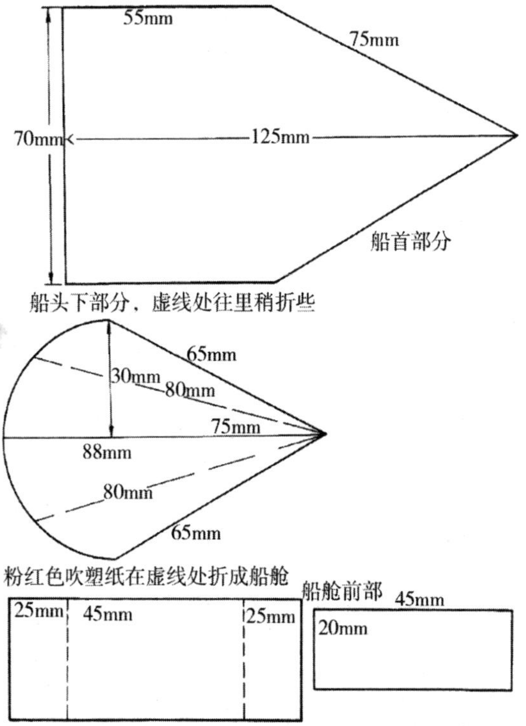

图4—3—7　吹塑纸剪制的船首和船尾示意图

这样，一艘简易的电动快艇模型就完成了。制作完毕后可以到小水池放航，最好不要到自然水域去，以免不安全。

四、电动艇模型

本模型专为舰船模型普及活动设计，性能上只要求航速和航向，因此它的长宽比比较大，船体形状瘦长，类似军舰。所需的材料有：三合板、砂纸、大头针、橡筋、油漆、滑石粉、刷子、细钢丝、薄铁皮、电动机、电池盒、开关、电线、电池、幅条等。

1. 船体的制作

(1) 肋骨板的制作。肋骨板是按船体的横剖线型图制作的。它的上边缘长度与甲板对应位置上的宽度一致；下边缘则是船底板的宽度；肋骨板的高度是舷板的高度。制作方法是先将图 4－3－8 中 0～4 号肋骨图拓印在三合板上，用锯沿外框线锯下，再用砂纸板打磨到线上为止。5 块肋骨板都做好后用三角板准确画出中心线（舷高度线）。最后用一段磨出刃的钢锯条将 2 号肋骨板中间凿空，以便穿过电源线。

(2) 船底板的制作。船底板是模型的下底部。为了减少水的阻力，底板和甲板均呈流线型。

这里介绍一种不用曲线板简单画曲线的办法：取 1 块长 550 毫米、宽 55 毫米的三合板，顺长方向画出中心线。垂直于中心线画出 0～4 号肋骨板的站位线——0～1号之间为 80 毫米，其余依次间距都是 130 毫

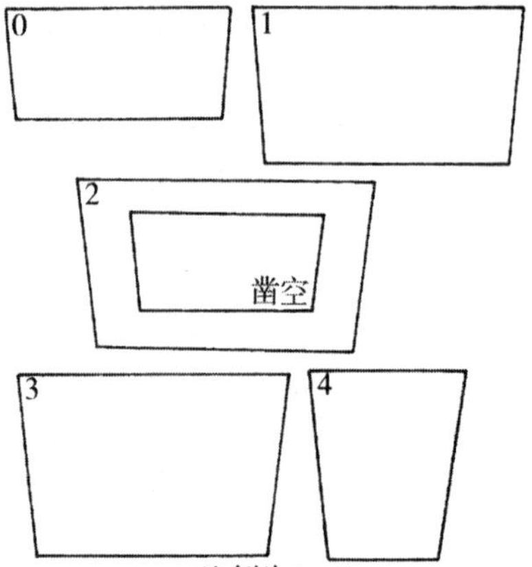

图 4－3－8

米，然后将每块肋骨板平行直立于各自的站位线上，注意肋骨板中心线要对准底板的中心线。一手扶着肋骨板，另一手用笔将肋骨板下边缘的宽度画在站位线上。全部画完后，底板上就有了 5 对点标。在一侧的 5 个点上钉 5 枚大头针，然后取 1 块长 600 毫米、宽 20 毫米的三合板，将它直立起来，紧靠每枚大头针窝成 1 条光顺的曲线，再用笔沿木条画线就可得到底板的一侧曲线，再用同样的方法将另一侧曲线画出，整个底板形状就画好了。底板画好后锯下毛坯，再用砂纸板细心打磨，边磨边观看曲线是否光顺、有无折线，如不符合要求要及时给予修正。

为了减小螺旋桨轴线与船体的安装角，应将船底尾部向上翘一个角度。具体作法是在船底板的尾部 110 毫米处画 1 垂直于中心线的虚线。再利用大功率电烙铁加热来弯曲底板，使底板尾部上翘 10 毫米，

见图 4－3－9a，注意加热时要将这段木片用水泡透。

同时将轴孔也打好，方法是用 1 个直径 3.5 毫米的钻头装入手摇钻，在距离底板尾端 90 毫米处的中心线上打 1 个倾斜孔，参看图 4－3－9b。

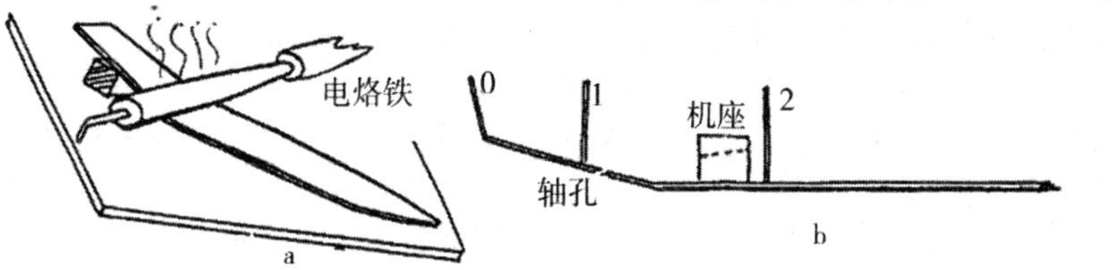

图 4－3－9

（3）船体肋骨板与底板的黏接。将 0～4 号肋骨板逐一按自己的站位黏在底板上，为防止肋骨板在胶未干时倒下，可以在肋骨板两侧钉大头针临时固定，并随时注意肋骨板上的中心线要与底板上的中心线对准，下边线要完全与底板重合。另外将事先做好的电机座用乳胶黏在底板上，它距离 2 号肋骨板 10 毫米。电机座的圆弧中线对准底板中心线，见图 4－3－10。

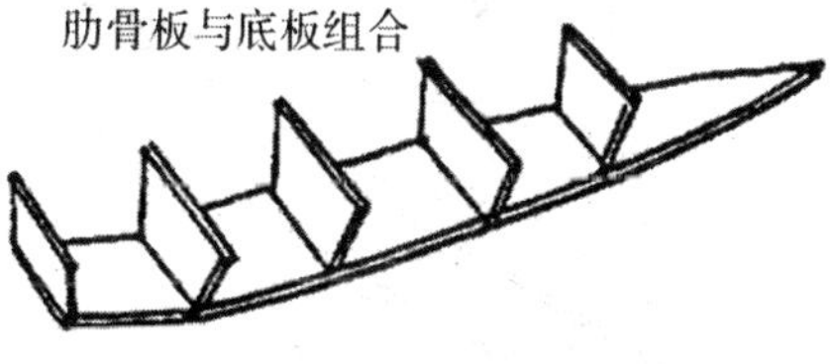

图 4－3－10

（4）舷板的制作。裁 2 块 600 毫米长、50 毫米宽的三合板作舷板毛坯。将其中长的一边打磨整齐作基线用。2 个短边为舷高，船首舷高 50 毫米，船尾舷高 40 毫米。船尾上翘 10 毫米，船首倾斜截点为 30 毫米，船尾倾斜截点也是 10 毫米，船底上翘的斜坡长 120 毫米。按以上各点连线，舷板的样子就展现在三合板上了，如图 4－3－11 所示，是模型总布置图上端的舷板侧视图。

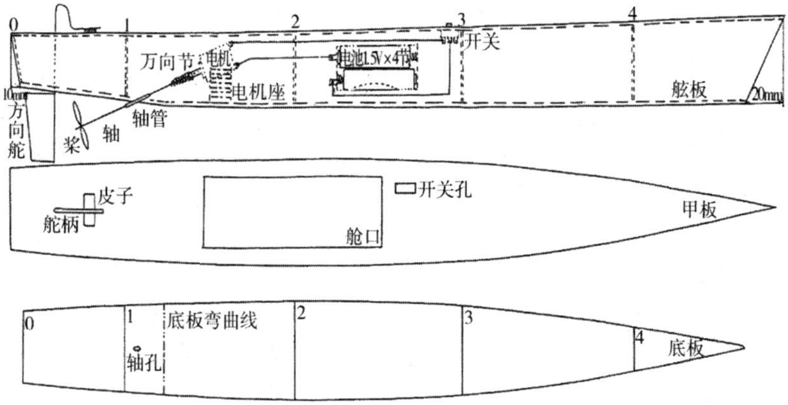

图 4－3－11

利用锯子按图形将2块舷板裁出，用砂纸板打磨成形。当2块舷板做好后，就可以把舷首黏在一起，并在黏接处添黏1块加强三角形木块，见图4—3—12。在黏接前要将舷首倾斜边打磨成刀刃形状，以增加黏接面积。

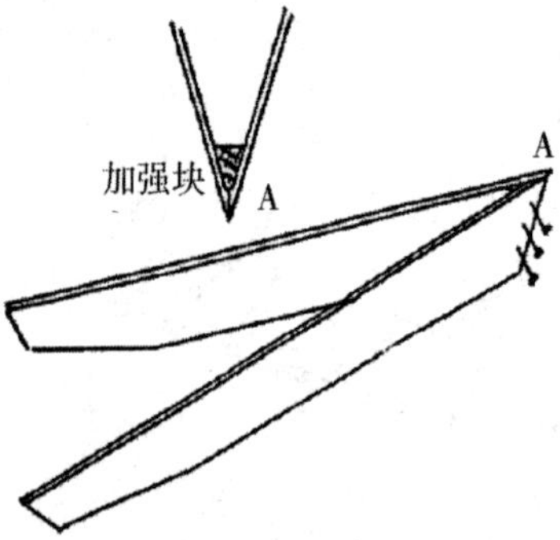

图4—3—12

（5）甲板的制作。将甲板图画在600毫米×70毫米的长方形三合板上。具体画法同底板画法一样。不同之处是0～1号位肋骨间距是90毫米，其余间距都是130毫米。甲板裁出后要打磨2条曲线的边，使其光顺流畅。接着利用小刀在甲板上凿出140毫米×20毫米的舱口。凿下的木片作为舱盖。为使舱盖不掉进舱内，可在舱口下面两侧各边黏1小木条。同时凿出7毫米×4毫米的孔安装开关，见图4—3—11中间甲板图。

（6）船体的组合。船体的组合好坏关系到模型的水密性好坏，因此在给底板组合件与舷板联合件涂胶时要刷到、刷匀。上胶后迅速将底板组合件插入舷板联合体内。使底板首部死死顶住舷板的夹角处，用手合拢2块舷板并捏紧，再用橡筋绑扎。

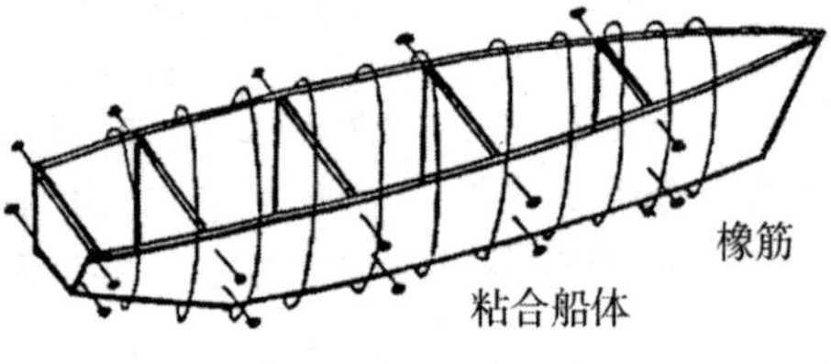

图4—3—13

把绑好的船体放在桌面上，用力往下推每块肋骨板，使底板与舷板的边对准。最后再把船体拿起来对准光源检查船底是否有漏光之处。一旦发现有漏光的细缝一定要挤压舷板并补胶，见图4—3—13。等船体干透后就可以将甲板嵌合在船体上边并进行黏合。用砂纸板打磨甲板曲边使之与船体吻合再黏。

（7）船体的嵌缝与上漆。嵌缝和上漆的目的是让船体有良好的水密性和表面光滑美观，并减少水的摩擦阻力，提高模型的航行速度，防止渗漏，减少船体变形、开裂甚至沉没。上漆的步骤是先对做好的船体通体打磨，要将凸出部分打磨平整，粗糙面打磨光滑。打磨中砂纸应由粗到细，防止砂纸在模型表面留下划痕。打磨结束后用布把船体表面粉尘擦干净，刷一遍底漆。底漆干透后就可以刮第1道腻子了。

腻子可用滑石粉与稀油漆调成

糊状。第 1 道腻子干透后再用砂纸打磨。同样的工序反复进行 3 次以上。在刮腻子时注意刮刀要小角度用力将腻子填压在木纹中，不要贪多、贪快。腻子干 1 道抛光 1 次，依次操作直到满意为止。漆最好选用调和漆，它坚固光亮，但干燥的时间较长。刷漆的环境要无粉尘并通风。油漆要调得稀一些，用羊毛刷涂漆。刷一遍干透后，用细水砂纸蘸水打磨。

一般油漆刷三四遍即可。特别是最后一次应用 600 号以上的水砂纸。整个过程完后用干净布擦拭船体。如有兴趣可再用最稀的漆涂刷一遍（这道漆要过滤）。船模一般应有吃水线。最简单办法是手拿铅笔，用中指比住船底，用铅笔尖在距船底 10 毫米处画线。画线时手轻轻沿船底移动，铅笔也跟着移动，手用力要轻。然后利用胶带纸沿铅笔线黏在船体上，将干舷盖住，这时就可以用深色油漆涂刷吃水部分和船底了。在漆未干透时将胶带纸撕掉。

2. 动力系统的安装

本模型采用单桨、单舵，在航行中由于桨旋转产生的反作用力会造成一定偏航，如果有条件加装齿轮箱带动双桨推动，可以克服偏航现象的产生。

模型所用的 131 型电动机、直径 30 毫米的 3 叶桨、5 号普通电池及小开关和电池盒均可到模型店购置。动力系统安装电路图，如图 4－3－14 所示。

（1）安装电动机。电动机座用

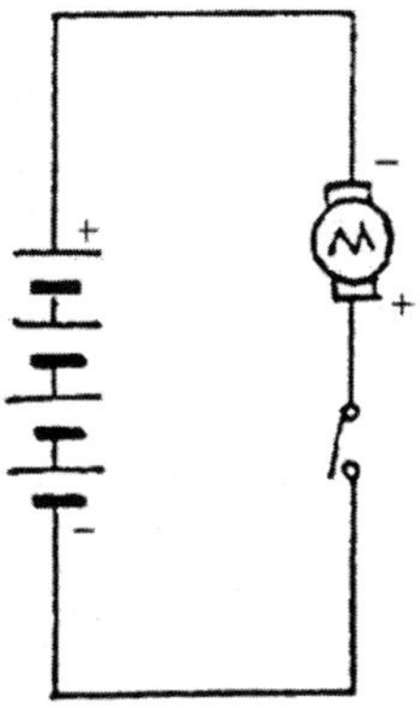

图 4－3－14

硬泡沫块制成。它的圆弧前缘距底高 6 毫米、后缘高 10 毫米，圆弧是用适中的圆棒卷上砂纸打磨而成，如图 4－3－15 所示。电动机座用乳胶将电动机黏在电动机座上。

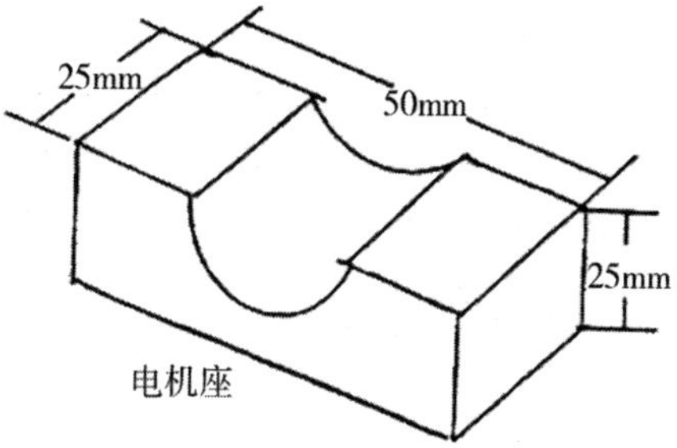

图 4－3－15

（2）安装轴套管。轴套管可选用 30 毫米长的空圆珠笔芯代替，它摩擦力小且水密性好。轴是用 14 号车条截取 110 毫米长，在有螺纹的一端把桨拧上去，轴套用强力胶黏合。把带桨的轴通过轴套穿入船内同电动机轴对准。中间焊一段弹簧（30 毫米）作为万向节。

注意桨轴与电机轴之间要留有 3～5 毫米的距离。在焊接万向节时一定要让桨轴与电动机轴保持在一直线上，这条直线与船底的夹角大约成15～18度。如果没有弹簧可以用气门心代替。当然电动机轴线与桨轴中心要与船体纵向中心线重合，如图4－3－16所示。

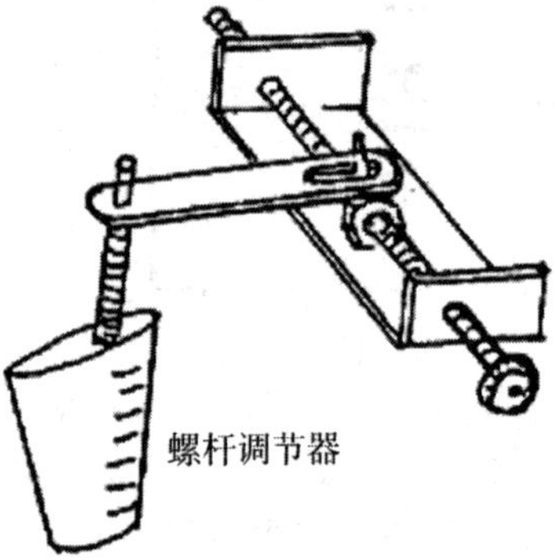

图4－3－16

（3）安装桨。桨可以用薄铁皮制作。按照图4－3－17下好料后，在中心打1个直径2毫米的孔，桨与轴用电烙铁垂直焊接，最后把桨叶用圆嘴钳扭转一个角度，形状可参照电风扇的叶片。

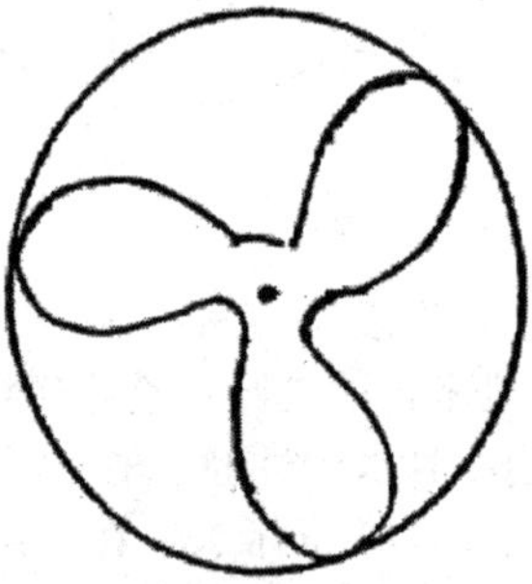

图4－3－17

（4）安装舵。舵用薄铁皮制作，如图4－3－18所示，长35毫米，上边宽25毫米、下边宽20毫米。把长边卷焊在舵轴上（车条）。在船体艉部从下往上打1个直径2毫米的孔，安装舵轴，用卡丝钳和圆嘴钳按照图4－3－19弯曲，使轴弯曲的地方压在船甲板上。为了防止舵柄滑动可在下方垫一块胶皮。从理论上说，当舵角为0度时，模型保持直线航行，但在实际航行中要考虑到水流、风速等因素对模型的影响。

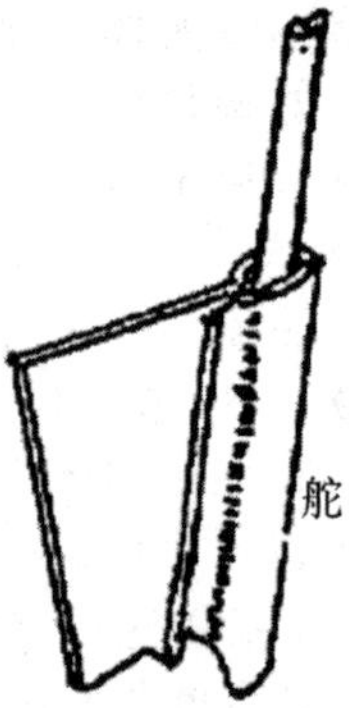

图4－3－18

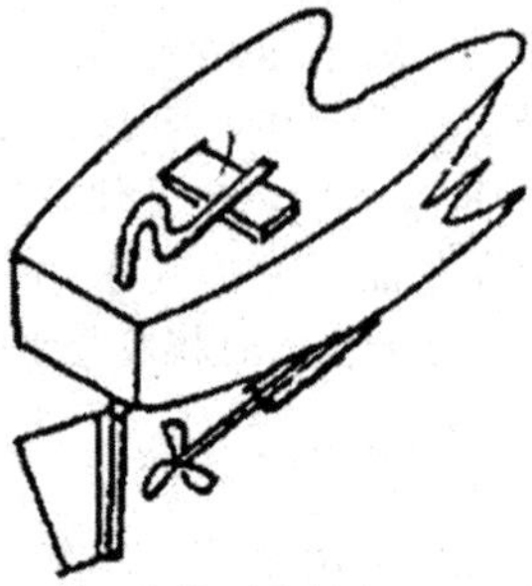

图4－3－19

3. 调试与放航

（1）动力调整。打开开关接通电源后，螺旋桨开始转动。如噪声大、振动，说明桨轴变形、电机座松动，可调换轴或固定机座直到响声均匀稳定为止。另外可以试看船尾有无风吹感觉，如有风吹向船尾说明正常，否则说明电源接反。如果接通电源后螺旋桨不转，说明电路不通或电池没电，也可能是电机电刷接触不良。排除前两者，可用手转下桨就能鉴别出电机电刷的毛病。

（2）重心调整。模型的重心是靠电池和沙袋的重量来调整的。如果模型放在水面上，前、后、左、右都不倾斜，说明它处于良好的静浮状态，这时其浸湿部分正好在设计水线上。如果重心偏移，模型就会明显地偏向一边，航行也就会偏。如果模型吃水太浅，也极易造成偏航或被风吹偏航。

（3）试航。试航应选在无风天和水浅的地方进行，水中应无杂物和杂草等。下水前首先将模型的舵调在船体纵中线上。把模型放在水面上后开启电源，两手掌轻扶住船尾的两侧，使船首对准前方选定的目标，让船沿着手掌慢慢地滑出去。模型出发后应认真观察航迹，如果船向一侧拐弯，可以将舵稍调向另一侧，直到船沿着直线航行到达目标为止。在有风天放航，由于风的影响模型会偏航，此时不要动舵，仅将船首偏转一下，至于偏转多少，应根据风力大小而定。总之要经过大量试航才能掌握模型的航行规律。

五、电动游艇模型

这里介绍一个电动游艇模型的制作，如图4—3—20所示。所需材料有：椴木三合板、桐木片（1毫米厚度）、白松木块、薄铁皮、内径2毫米的圆珠笔芯或铜管、电池盒、导线；所需工具有：手工锯、小刀、木锉、螺丝刀、铁剪子、小锤子、电烙铁、直尺、铁夹子、小刷子或毛笔、各色硝基漆与稀料、乳胶、滑石粉、铅笔、复写纸、砂纸、大头针。

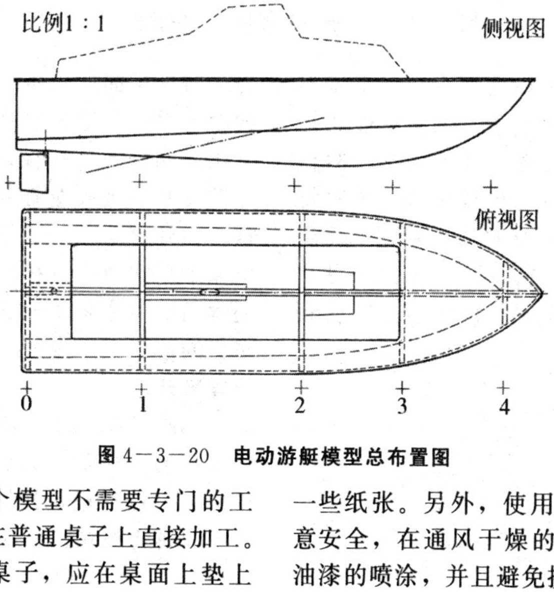

图4—3—20　电动游艇模型总布置图

制作这个模型不需要专门的工作台，可以在普通桌子上直接加工。为防止损坏桌子，应在桌面上垫上一些纸张。另外，使用工具时要注意安全，在通风干燥的环境里进行油漆的喷涂，并且避免接触皮肤。

1. 船体制作

(1) 龙骨。龙骨是纵贯船体，连接艏柱、艉板、肋骨和使纵向强度得到加强的重要构件。首柱与龙骨用一块三合板制作，如图4－3－21所示。

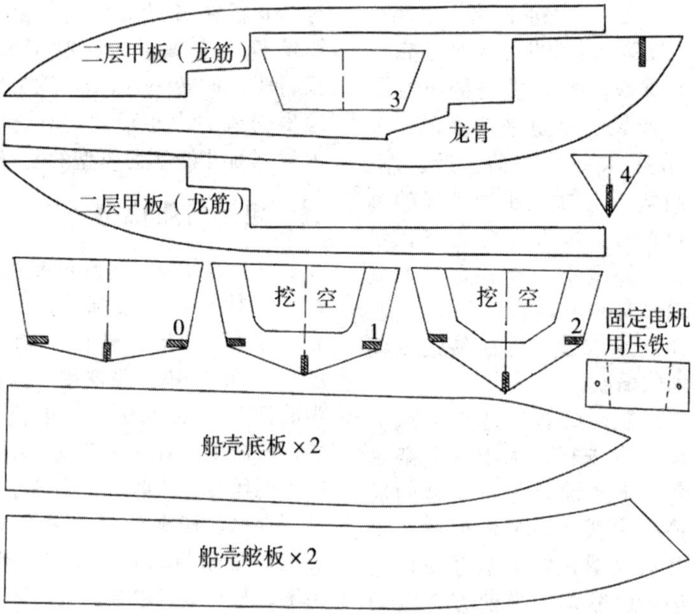

图 4－3－21 **模型各部位下料图比例** 1∶1

制作时先将龙骨及肋骨形状拓描在三合板上，用手工锯沿边线锯下，再用细木锉或砂纸修整。制作时还应按照图上虚线位置，预先将螺旋桨出轴孔及舵轴孔开好，并用三合板加强，见图 4－3－22，黏合复位，特别要注意螺旋桨出轴孔倾斜角度的准确性。

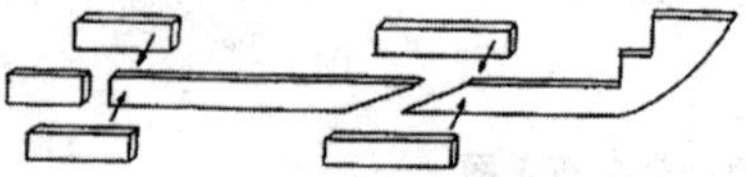

图 4－3－22

(2) 肋骨。本模型共有 5 块肋骨板，从 0 号到 4 号，见图 4－3－21。肋骨板的形状直接影响船体的线型，因此一定要制作准确。制作方法同制作龙骨一样。每块肋骨板上都要开出嵌放龙骨和二层甲板的槽口，见图 4－3－21 阴影部分，槽口宽窄、深浅应以稍稍用力就能将龙骨与二层甲板卡进去为好。二层甲板的槽口大小参照二层甲板相应位置来开。

(3) 甲板。为了减少制作难度，本模型船体甲板设计成平直型，另增加了二层甲板，其作用和真实舰船上的龙筋相同。参照图 4－3－21 将甲板及二层甲板用三合板制成。

(4) 构架的组合。将甲板的底面朝上放在桌面上，按照图 4－3－23 组装示意图标明的位置将各部件插接到位，然后检查一下，主要是看搭起来的船体有无扭曲和歪斜现象。若有问题就需要进行调整，如果没有问题就可以涂乳胶，将龙骨、肋骨板、二层甲板、甲板黏成一个整体。待胶干透后，可用锉或砂纸对船体进行加工修整。

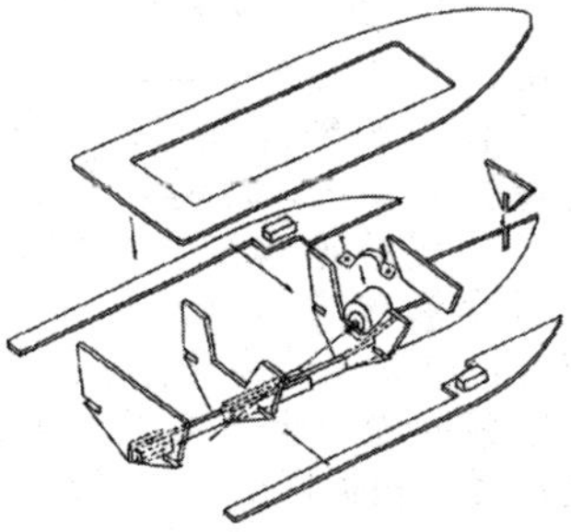

图 4－3－23

(5) 船壳板。船壳板可以用 1 毫米厚的桐木片或松木片黏贴。黏贴时从两舷开始，左右对称地进行，然后再黏船底，图 4－3－21 中船壳底板、舷板比实际尺寸稍大了一点。由于船首部是不规则的弧形，因此需要加温烘烤，使壳板自然弯曲，方可与构架贴紧。另外还要注意船壳板在艏部交接时要严密，如图 4－3－24 与图 4－3－25 所示。

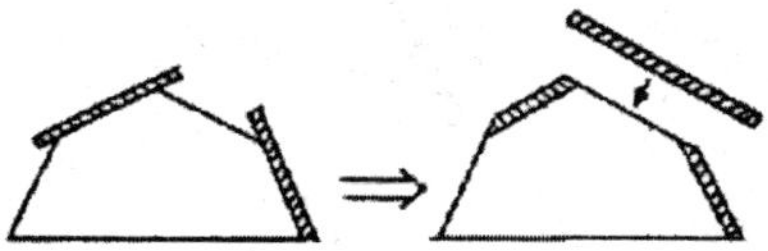

图 4－3－24

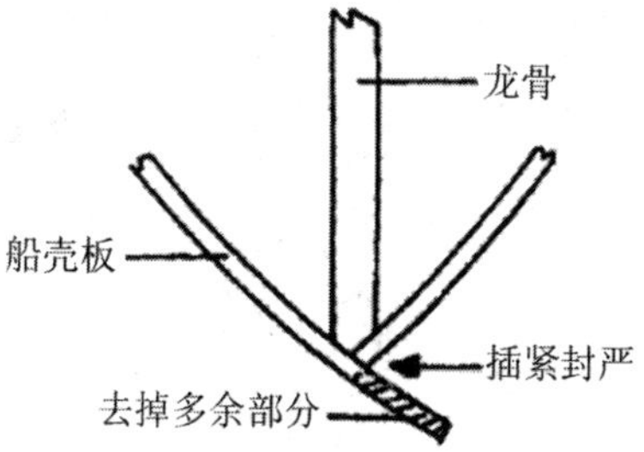

图 4－3－25

黏贴时胶一定要涂匀，并用大头针固定，使船壳板、肋骨板及二层甲板边缘黏接紧密，最后将多余部分削磨掉，用砂纸板打磨、修整。船体做好后，还要将螺旋桨轴套管和舵套管固定在船体龙骨上的正确位置。套管可选用内径为 2 毫米的圆珠笔芯或铜管制作，注意找准角度，可用乳胶与石膏调配成混合胶黏接、固定。

2. 动力系统的安装

本模型的动力装置由电动机、轴系、螺旋桨和电源组成。

(1) 螺旋桨。螺旋桨的中心是桨毂，桨叶按一定角度倾斜地安装在桨毂上。螺旋桨由电机带动旋转时，产生向前的推力而使船前进。本模型的螺旋桨桨叶可用薄铁皮或铜皮制作，用自行车辐条做桨轴，桨毂用辐条螺母制作，方法是将辐条螺母从中锯断，大头一端朝后拧在车条上，用电烙铁焊死，将剪好的桨叶中间钻孔后套进去，再用螺母将剩余的一端拧紧，如图 4－3－26 所示。

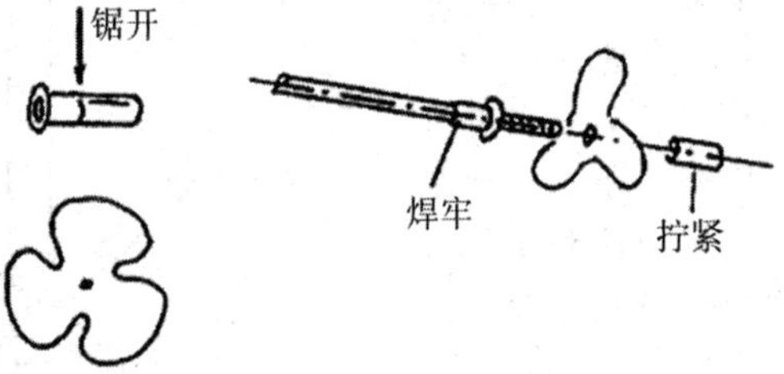

图 4－3－26

（2）轴系。电动机轴与桨轴在安装时要保证它们在同一直线上，但实际上很难做到这一点，因此两轴之间需要用一段软轴来连接，以保证在稍有弯曲的情况下仍能转动。但是尽管有软轴也应尽量保持直线，否则电机转动时轻者发生抖动，损失功率，严重时会根本无法转动。初级模型一般采用弹簧软轴连接，这里建议采用自行车气门芯代替，效果也不错。

（3）电动机。本模型使用的电动机选用 131 型玩具电动机，可按图 4－3－27 所示安装在 2 号肋骨板，用二层甲板槽口固定。电动机轴与桨轴用软轴连接后接通电源，用手捏住电动机，慢慢地上下左右移动，并缓缓地改变其倾斜角度，仔细观察和感觉电动机震荡情况，从而确定电动机的最佳位置及姿态，二层甲板的槽口大小及龙骨上预先开的高度要根据情况再作修改。

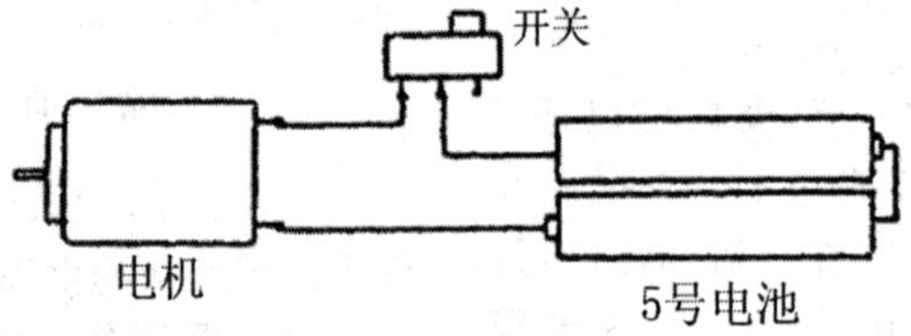

图 4－3－27

（4）电源。本模型使用 2 节 5 号电池做动力电源，按图 4－3－27 将电池放在电池盒内，与电动机、开关用导线串联。

3. 舵系制作和安装

舵是舰船控制航行方向的装置。本模型采用悬挂式不平衡舵，安装在船尾中纵剖面，舵叶可用薄铁皮制作，舵杆用自行车辐条有螺纹的一端制作。制作时先将无螺纹一端锉扁，然后与剪好的舵叶焊牢，并用废旧锯条或粗铜锉磨光滑，注意舵叶面与舵轴直线要在同一平面内，如图 4－3－28 所示。

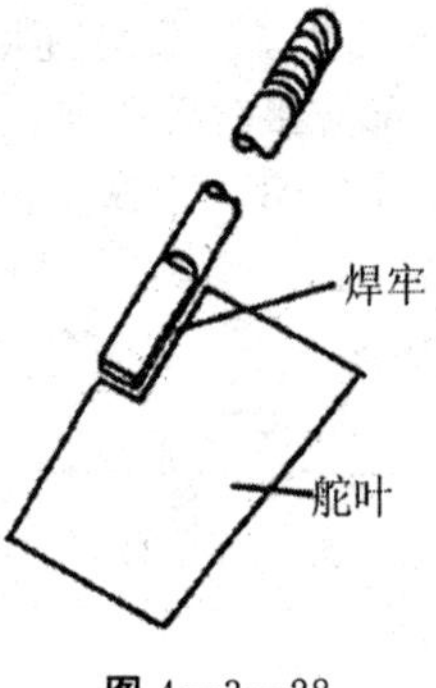

图 4－3－28

安装舵时，先将 1 垫圈套入舵杆靠近舵叶处，然后由船底向上插入舵套管，再套入 1 个垫圈，旋上螺母（车条帽），这样只要放松螺母，便可调整舵角，再旋紧螺母加以固定，见图 4—3—29。

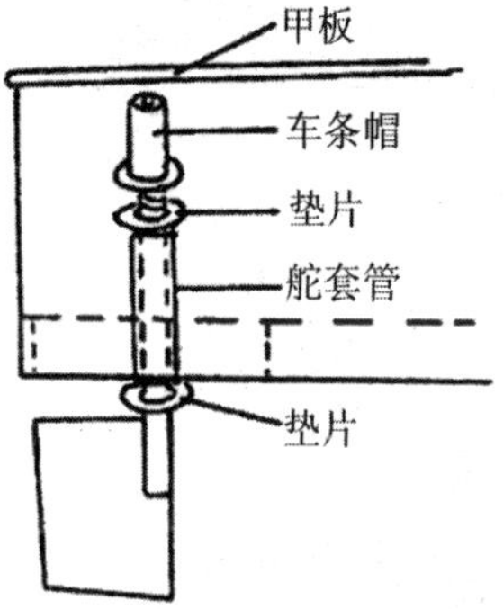

图 4—3—29

4. 涂漆

模型的涂漆不仅是为了美观和逼真，也为了增加强度和防止渗水。涂漆的步骤如下：

（1）刮腻子：腻子可以用硝基白漆配上滑石粉调制，先用小直刀或废锯条在模型的外表面嵌缝，然后用砂纸打磨，再嵌缝和打磨，一般进行 2 次即可。

（2）上漆：由于腻子是用硝基漆配制的，所以上漆的品种也应是硝基漆或自喷漆，上述品种的漆会产生化学反应，引起漆面起皱鼓包。上漆一般要 2 遍以上。方法是用刷子或毛笔沾上漆均匀地刷向模型表面，最好是按木纹的方向刷。需要注意的是如果选用了水平方向，就不要再刷垂直方向，反之同理。刷好后打磨一遍，将表面擦干净后，再均匀地刷一遍漆，再打磨，最后的面漆可以用原漆也可以用清漆罩一层光，但注意一定要换一支干净笔。

（3）喷漆：用自喷漆前应先将油漆罐充分摇匀，然后在纸或废木片上试喷两下，使其稀稠度均匀。对模型喷漆时垂直距离应选在 20～30 厘米之间，喷时用力要均匀。喷漆一般要进行 3 遍以上，直到取得满意效果为止。

（4）水线：船体上的水线可用宽度为 2 毫米左右的白色及时贴贴在相应位置。

5. 试航

（1）由于模型没有无线电遥控，同时从安全角度出发，不要组织学生到自然水域去试航。航行可在游泳池或自制的水池内进行。

（2）将模型放在水中，应先观察其静浮时的状态，如发现有艏倾、艉倾或左右倾斜的情况，可用调整舱内电池盒的位置来使模型达到正浮。其次要观察船体有无渗水现象，没有问题了才打开电源使模型在水中航行。

六、单桨电动游艇模型

这里介绍一艘单桨电动游艇模型“申江”号，如图 4—3—30 和 4—3—31 所示。它的长度为 500 毫米，船体采用折线型，中部有露天驾驶台，前后均为客舱。模型以 1 台 D1 型或者 D202 型直流玩具电动机为动力，用 2～3 节 1 号干电池作电源。

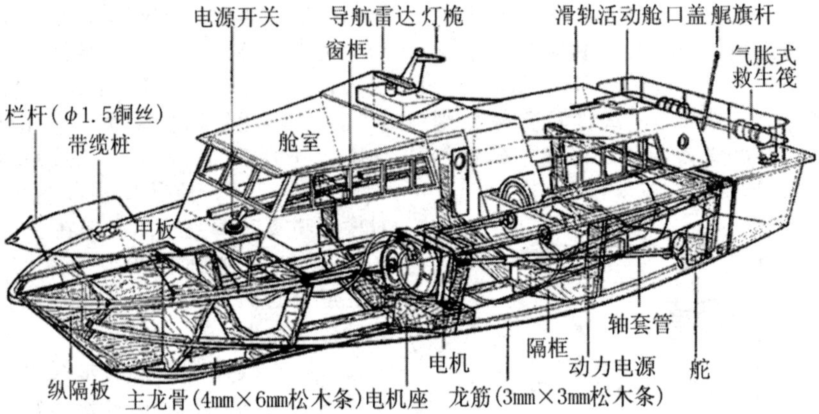

图 4—3—30 **“申江”号游艇透视图**

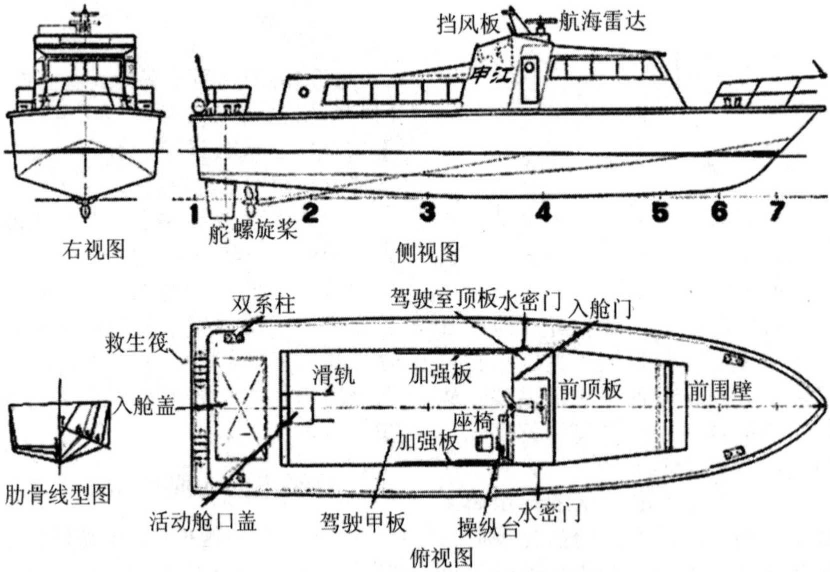

图 4—3—31 **“申江”号游艇模型图**

1. 船体的制作

(1) 龙骨。

①龙骨的制作是用胶拼接而成的，所以需要准备 1 块长宽不小于 550 毫米×250 毫米，厚度不小于 20 毫米的松木或杉木板，将其一面刨削得平整光滑，作为工作板。把龙骨图纸用图钉钉到工作板上，在图纸上涂 1 层蜡，防止胶水黏住图纸。

②制作螺旋桨轴套管。如图 4—3—32 所示，取 1 根内径为 3 毫米的紫铜管，截下长 130 毫米的一段，校直。铜管两端按上 2 毫米×3 毫米

空心铆钉，铜管外壁中段缠上棉线，涂上1层胶水，备用。

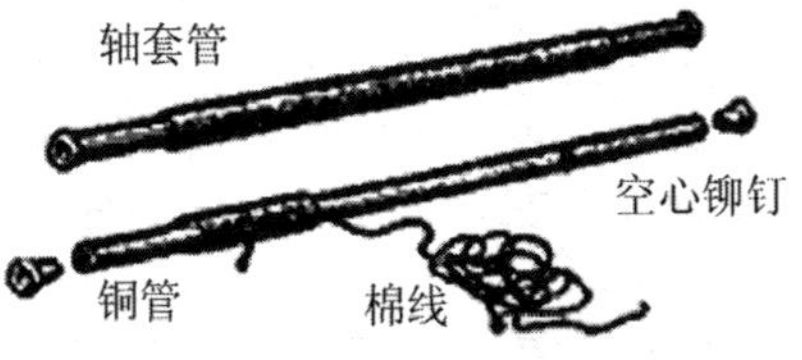

图 4－3－32　**螺旋桨轴套管的制作**

③龙骨是纵贯船体，连接艏柱、艉板和各个肋骨板的重要构件，如图4－3－33所示，由艏柱A、前段B、中段C、后段D、呆木E和夹板F、G拼胶制成。A用4毫米厚松木片按图裁取，B用4毫米×10毫米×330毫米的松木条按图裁取，C、D、E均用4毫米×10毫米×300毫米松木条按图裁取，F、G用2毫米×10毫米×400毫米松木条按图裁取。

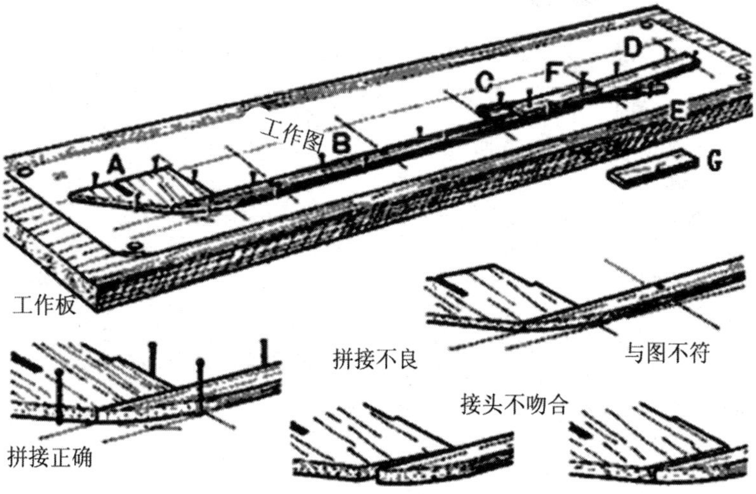

图 4－3－33　**拼接龙骨**

拼接龙骨时，按图4－3－33，先将艏柱位置用大头针钉到工作板上去，将B段试接到艏柱板，检查它们的接头处是否吻合。一定要修整吻合后再两面涂胶拼接起来，并以大头针固定B段。以后各段和轴套管同样逐一拼接，夹板G要等胶水干后，把龙骨从工作板上取下后再黏上。

（2）肋骨。本模型的船体中有7块肋骨，用三合板制作。如图4－3－34所示，先用白纸按照图4－3－31中的肋骨线型图将每块肋骨的线型复描下来，然后沿中心线将白纸对折剪下，展开后便是每块肋骨的形状，注上序号，贴到制肋骨的三合板上去；用钢丝锯依边线割下肋骨后，用细锉刀或砂纸修整。

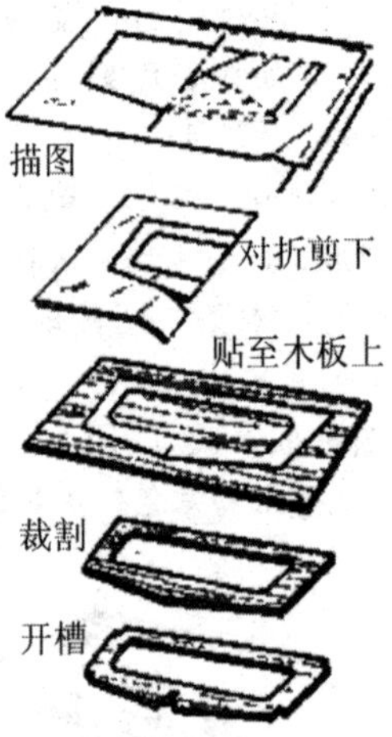

图 4—3—34

肋骨直接影响船体的形状，务必做得准确。2、3、4、5 号肋骨还需挖出内孔，供安置动力设备用。每块肋骨上都要开出嵌放龙骨、龙筋的缺口。缺口要合适，太紧不行，太松了也不行，将使龙骨、龙筋低陷，影响蒙板，破坏船形，并且胶合不牢。为开好缺口，可以用废钢锯条制 2 把口宽各为 3 毫米和 4 毫米的平口小刀，使用方便，缺口准确。

（3）构架的组合。本模型的船体、甲板设计成平直型，适于初学者制作练习所用，制作船体时，将甲板面作为基面，直接贴在工作板上，让船底向上进行构架安装，制作较为方便，船体线型准确。

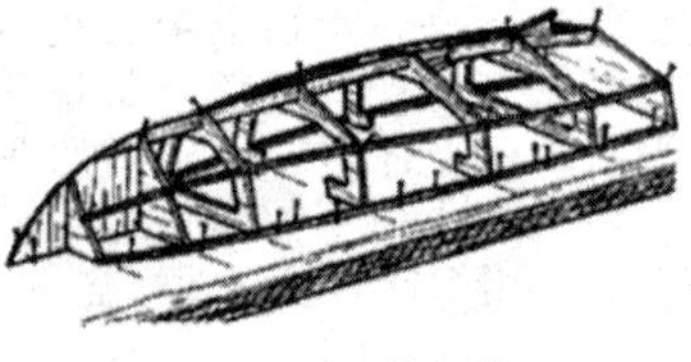

图 4—3—35　**构架装配**

如图 4—3—35 所示，将画有甲板形状和各肋骨位置的工作图钉到工作板上，同样涂一层蜡。在甲板边缘的 2 条龙筋（3 毫米×3 毫米松木条）用大头针固定到工作板上后，依次黏上各个肋骨。用三角尺检查各肋骨，不得歪斜，然后再将龙骨及舭部龙筋黏入肋骨缺口，用大头针加以固定。

（4）船壳板。待船体构架的胶水完全干固以后，就可以铺胶船壳板。船体艏部线型弯曲较大，为使船壳板黏贴平服，需要将 6、7 号肋骨边缘修成斜面，与龙筋一致。

船壳板材料选用 1～1.5 毫米厚的松木片或桐木片，铺胶时从艉部向艏部进行，先铺船体两侧舷部的，后铺船底板。1～6 号肋骨间可以一次蒙胶上。用大头针固定，待胶水干固后，再蒙上 7 号肋骨，7 号肋骨以前，用整块木材黏上削出外形，如图 4—3—36 所示。

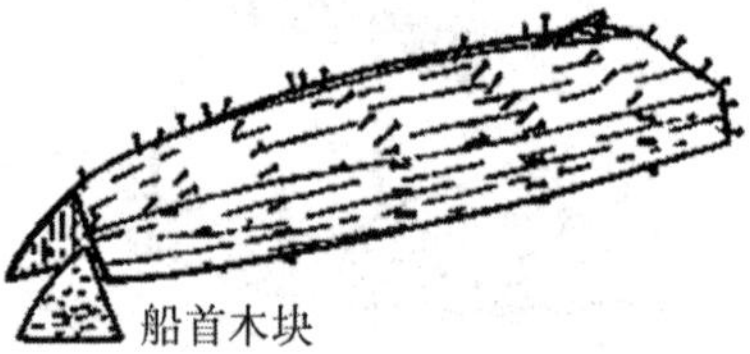

图 4—3—36　**蒙板**

若是船壳板薄木片取材有困难的话，也可以用马粪纸、卡纸、扑克牌纸等作为代用材料，黏贴方法相同，只是在制作后，需在船体内外两面涂上蜡或漆、防止纸质受潮漏水。

现在，只要再蒙上甲板，整个船体便制作完成了。只是因为蒙上甲板以后，甲板上开口较小，装置动力设备很不方便，所以我们先在船体内安装动力设备和舵系，然后再蒙上甲板。

2. 动力装置的制作和安装

（1）动力装置的安装设计。舰

船模型依靠动力装置的工作才能在水中航行，电动机动力船模的动力装置由电动机、轴系、推进器和电源组成。动力装置制作安装的好坏，直接影响模型的航行的成败，制作绝对不可马虎。

本模型采用单桨电动机动力装置，它由螺旋桨、轴套管、电动机、连接器和电源等部分组成。在制作模型之前，这些部分的安装位置就要设计好。一般来说，螺旋桨轴和电动机轴要在同一条直线上，而且要求螺旋桨轴尽量短一些，倾斜度尽量小一些，这样有利于减小摩擦和提高航速。但是螺旋桨轴的长短同倾斜度是有矛盾的。如果倾斜度很小，螺旋桨轴必然很长才能安装电动机。但螺旋桨轴太长，不仅增加摩擦，而且电动机安装得过于靠前也有困难。如果螺旋桨轴很短，虽然可以使摩擦减小，安装电动机也方便，但倾斜度必然很大，会影响模型的航行速度。

这艘模型的电动机动力装置安装方法是：螺旋桨轴的倾斜度大约为 10 度；轴套管安置在第 2 块肋骨的后面；电池安置在轴套管的上面；开关安置在后甲板的边上，如图 4—3—37 所示。

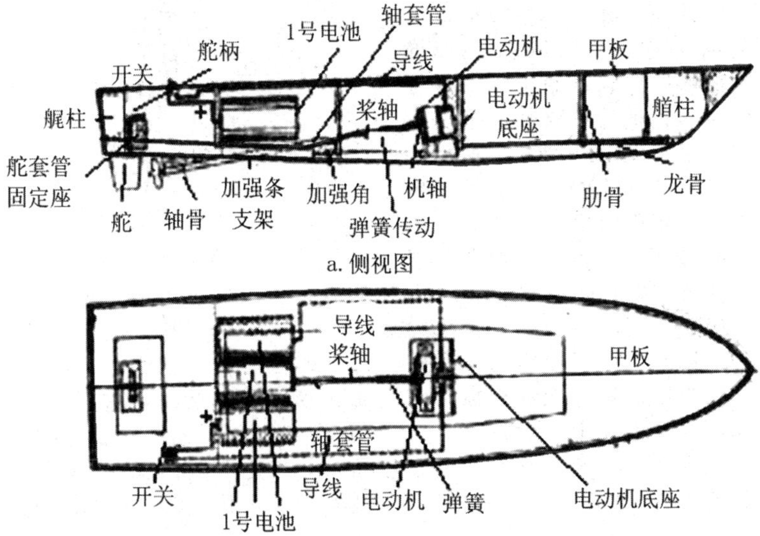

a. 侧视图

b. 俯侧图

图 4—3—37　“申江”号单桨游艇动力装置安装图

（2）动力装置的制作。

①制作推进器。船舶使用的推进器有多种形式，螺旋桨推进器是当前绝大多数船舶所使用的推进器。螺旋桨的中心是桨毂，桨叶倾斜地安装在桨毂上，螺旋桨由发动机带动旋转时，好像螺丝钉在水中“拧动”一样，推动船舶前进，如图 4—3—38 所示。

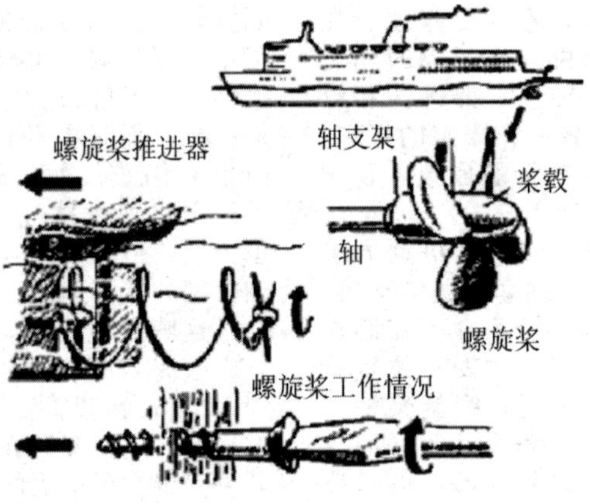

图 4－3－38

本模型的推进器为单 3 叶螺旋桨。采用直径 2 毫米的自行车辐条钢丝做螺旋桨轴，桨毂用辐条螺母制作。把螺母拧到辐条上，再多烫上一些焊锡，把外形修整成枪弹弹头状，如图 4－3－39 所示。桨叶要用 0.5 毫米厚的铜皮做，3 片桨叶按图纸形状再稍微放大一些裁剪下来以后，叠齐夹紧在台钳上用细平锉修正，使 3 片桨叶完全一致。

图 4－3－39

焊接桨叶前，要先准备一个焊接架。焊接时，将桨轴插入架上的轴孔，铜皮制的桨叶根部先烫上一些焊锡，再置于架上进行焊接。如图 4－3－40 所示，焊上 1 片桨叶以后，将轴转动 1/3 周，再焊接第 2 片桨叶。这时要用湿布包住已焊上的第 1 片桨叶根部，以免它被烫落掉。待 3 片桨叶都焊上以后，再对螺旋桨的外形和角度进行修正，并扭曲一下桨叶，使每叶桨叶尖的螺旋角略小于桨叶根部，然后用细砂纸将桨叶打磨光滑，修清边缘的毛刺。

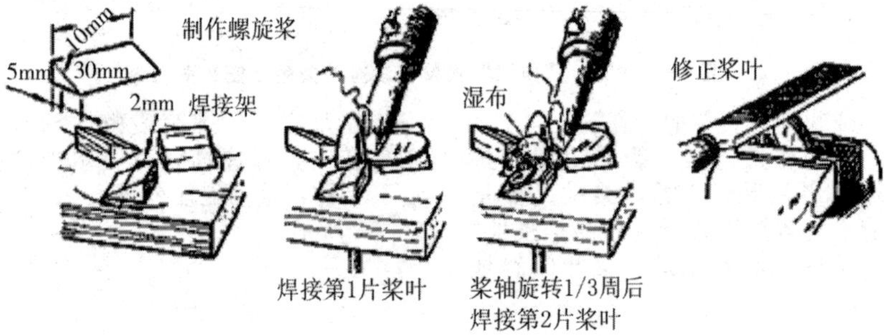

图 4－3－40

②制作轴套管。为了使螺旋桨顺利地伸出船体外，需要在船底处固定一段水密（不漏水）的轴套管。对于直径 2 毫米的螺旋桨轴，可以选用内径 3 毫米、长 130 毫米的铜管做轴套管，如图 4—3—41 所示。

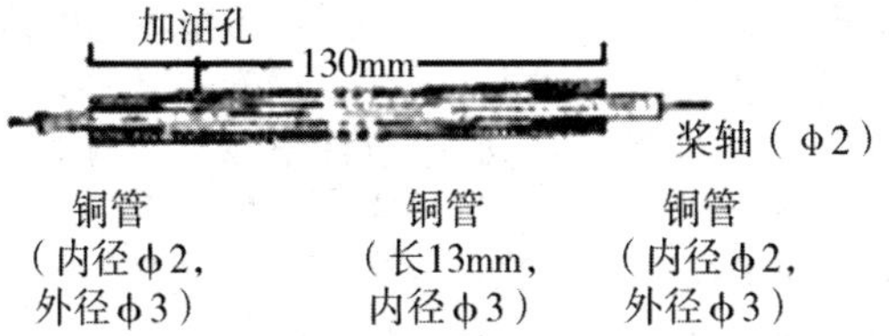

图 4—3—41

为了保证水密又能减少摩擦，在铜管的两头各插入一小段外径 3 毫米、内径 2 毫米的铜管，用锡焊牢。再用直径 2.1 毫米的钻头把小段铜管的内径稍加扩大，使螺旋桨轴插入后能够顺利地转动。由于轴套管的中间是空的，螺旋桨轴和轴套之间接触面积小，摩擦小。为了进一步减小摩擦，在轴套管上打 1 个小孔，用来滴入润滑油。

轴套管制好后，在船底的中央斜钻 1 个孔，孔的直径正好等于轴套管的外径。孔中涂上 502 环氧树脂胶水，用力把轴套管压入孔中，并且在轴套管的下面黏上 1 块三角形加强木板。

③安装电动机。本模型选用 1 台 D1 型或者 D202 型直流玩具电动机。根据第 4 块肋骨后面船底的具体情况，做 2 块木块，放在龙骨的两边作为电动机座，把电动机放在上面，使电动机轴正好同螺旋桨轴处在一条直线上。

螺旋桨轴上套入 2 片铜垫圈后，插入轴套管。桨轴前端应伸出轴套管 40 毫米左右，多余部分截去。桨轴与电动机轴以弹簧软轴连接，这 2 根轴不可以用直接固定的方式连接，如图 4—3—42 所示。因为实际制作时，直接固定 2 根轴而要保证它们成一直线，是极其困难的。桨轴的套管中心就更难与电机轴保持一致

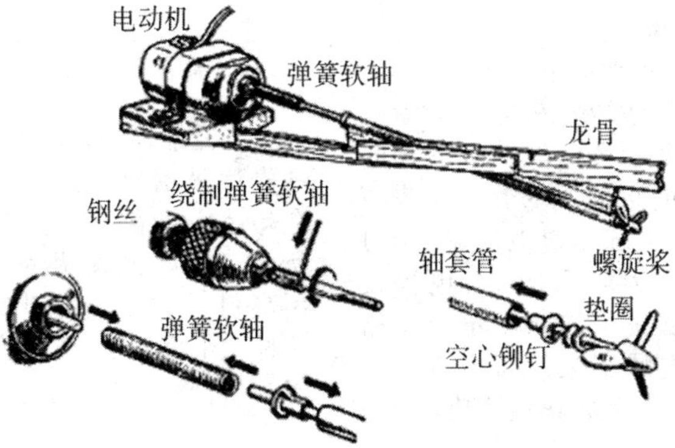

图 4—3—42　电动机与桨轴的连接

了。只要电机轴、桨轴与轴套管三者稍有偏差，电机转动时，就会发生抖动，损失功率。偏差严重时，桨轴卡死，根本无法转动。

连接桨轴与电动机轴之间的软轴可以在略有弯曲的条件下传递扭力，就解决了这个难题。软轴为内径2毫米的弹簧。要是没有现成的，可以用直径为0.3毫米的钢丝在辐条钢丝上绕制。软轴长度为30毫米，两端套在轴上后，再烫上些焊锡固定。

模型用直流玩具电动机

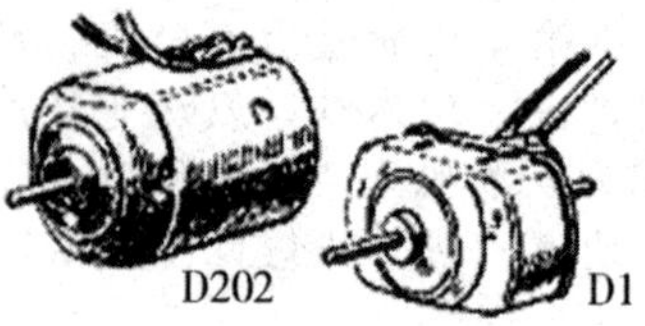

电动机的安装方法

用铁皮制成固定箍，以木螺钉固定于机座上

在电动机中段密绕一层棉线，涂上胶水，直接粘于机座上

图 4－3－43

与螺旋桨连好的电动机按图4－3－43中所示的方法安装于机座木块上。船体中2号框与3号框之间的舱室作为电源舱。电源为2节1号干电池，放在1个电池盒内。用1只钮子开关作为电源开关，电源接线要短些，以减少线路耗电。线路接通后，检查螺旋桨旋转方向，从模型后面向艉部看，螺旋桨应该按顺时针方向转动。若是转动方向反了，应该将电源正负极接线对调，或者将电动机上2根电刷接线对调一下，就能纠正电动机的旋转方向。

尽管有软轴，安装电动机时仍应仔细调整，寻找一个最佳位置和姿态，使两轴尽量接近成一直线，这样工作时效率最高。具体方法是：在电机轴与桨轴连接以后，接通电动机电源，让电动机带动螺旋桨旋转。电动机用手捏住，慢慢地上下左右移动，并缓缓改变它的倾斜姿态，仔细观察和感觉电动机及船体震动情况的变化，听声音的大小，如图4－3－44所示。震动最小、声音最轻时的电动机位置和姿态最佳，用削减电动机座或垫入木片、纸板等方法，使电动机按最佳的位置和姿态安装。

选定位置：手捏住电动机上下左右移动和倾斜，寻找震动和声音最小的位置和姿态

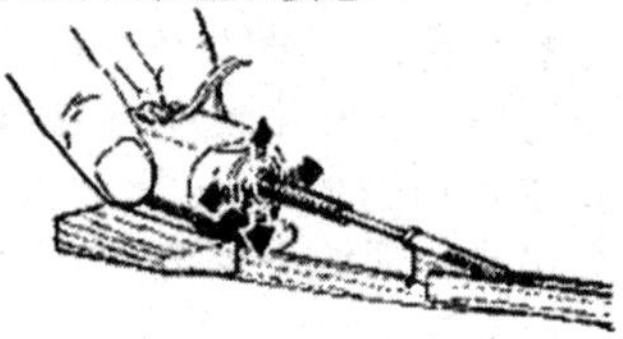

图 4－3－44

3. 舵系的制作和安装

舵是船舶控制航行方向的装置。本模型采用单悬挂式平衡舵，安装在船尾中纵剖面。如图4－3－45a所示，舵叶剖面为对称的流线型，用马口铁皮（废罐头铁皮）制作，舵杆为1根长25毫米的M2.5螺栓，将圆头锉扁，插入舵叶中焊牢。

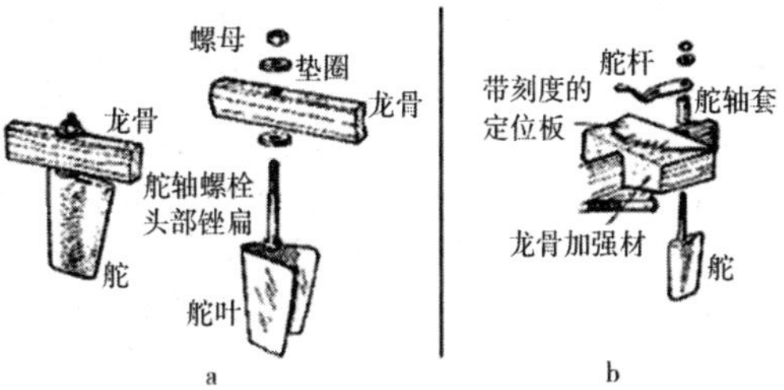

图 4－3－45

龙骨中装舵杆的位置钻 1 个直径为 2.5 毫米的孔，要钻得正直。先将 1 个螺母旋入舵杆靠近舵叶处，套入垫圈，然而将舵杆由下向上插入龙骨中的孔内，再套上 1 个垫圈，旋上螺母。这样，只要放松螺母，便能调整舵角，再旋紧螺母加以固定。图 4－3－45b 中所示是另一种舵系结构，制作起来稍微复杂，但调整比较容易，可以试一试。

4. 蒙甲板

甲板是船体的一部分，模型甲板用 1～1.5 毫米厚的松木片拼接胶合，按图 4－3－46 在中部和艉部留 2 个方孔，便于维修、调整舱内的装置。中部方孔周围甲板上面黏 1 圈木条围框，以便让舱面建筑套盖定位。艉部方孔四周也黏上 1 圈木条，木条黏在甲板下面，并稍稍凸入孔内，便于平盖盖合。

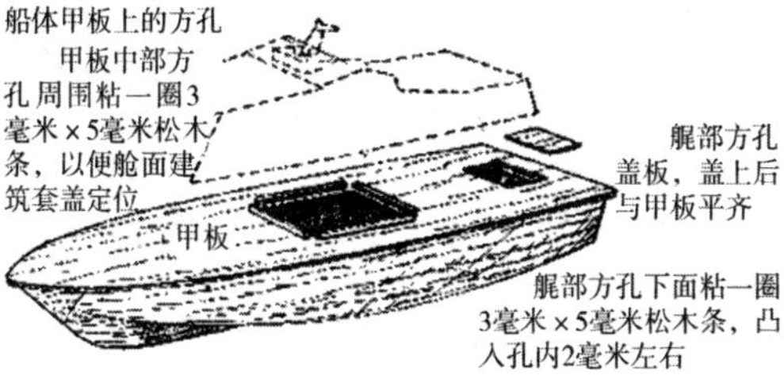

图 4－3－46

5. 舱面建筑

大型船舶的甲板上有船楼等上层建筑，作为驾驶室、工作室、船员和旅客住宿生活的舱室，以及安置设备之用。军用舰艇的甲板上除了舰桥外，还有火炮、导弹等武器装备。小艇上没有高大的上层建筑，但是也设有驾驶室和客舱等舱面建筑。

（1）舱室。“申江”号游艇模型的舱面建筑包括中部露天驾驶台和前后游客舱，三者连成一体。它的外形比较简单，没有曲面，舱壁和顶盖都可以用 1 毫米厚的松木片制作。材料选好后，先用细砂纸将木片两面的毛头打磨掉，然后再按图裁割拼胶。舱壁上的窗孔应该先开出通条长孔，再将 1×1 平方毫米的木条做的框柱一一黏上去。舱壁上还有 4 个圆形舷窗，它的窗框是用铜丝或保险丝在圆棒上绕成圈后割下、整平，用胶黏上的。

（2）其他装备与设施。桅杆、雷达和气胀式救生筏等都是用木材削制的。栏杆用铜丝做，栏杆支柱用标木钉（钉昆虫标本用，形状与大头针相似，但较大、钉杆较硬）钉入甲板上相应位置，并使它们高度一致，然后将 26 号黄铜丝依次焊上，这样制成的栏杆比较硬挺。

制作模型的舱面建筑和各种装备的材料，可以选用木材，薄的铁皮、铜皮，各种粗细金属丝，塑料以及纸张等。尽量利用手头已有的或不难取得的材料，不必局限某种特定的材料。

6. 上漆

对于船舶来说，油漆相当重要。钢铁的船体、上层建筑以及各种设备长年受到风雨和海水的侵蚀，要是没有油漆的保护，就会很快被锈蚀得不能使用。为了防止水线以下的船体部分附生上各种生物而增加航行阻力，现在的船底专用漆中添加有防止生物附生的成分。

模型也需要涂漆，这不仅是为了美观和增强真实感，重要的是涂漆能增加模型的强度和防止渗水。模型涂刷材料为磁漆或喷漆，喷漆的表面效果比磁漆更好些。涂刷的步骤如下：

（1）嵌缝。模型制作完成后，船体总有接缝或凹陷不平的地方，这就需要用腻子填补刮平。

用腻子嵌缝不能贪多贪快，第一次要填刮薄薄的 1 层，等于固并打磨后再填刮第 2 层、第 3 层，对凹陷比较深的地方，甚至需要填刮四五层。不要一次填刮很厚的腻子，否则表面干了，里面很长时间还不干，使模型走样变形。

调腻子用的石膏粉、干老粉、滑石粉等要事先研细，以免影响填刮质量。填列工具可以用油灰刀或自制橡皮刮子。

（2）打磨。腻子干固后，对凹凸不平的地方要耐心细致地打磨光滑。先用 $1\frac{1}{2}$ 号砂纸打磨，再用 0 号砂纸打磨。发现有不平的地方，还得再填刮腻子后打磨。

大面积打磨，要使用平整的砂纸板，如图 4－3－47 所示。不要用手握住砂纸打磨，因为手指呈圆形，不可能打磨平整。

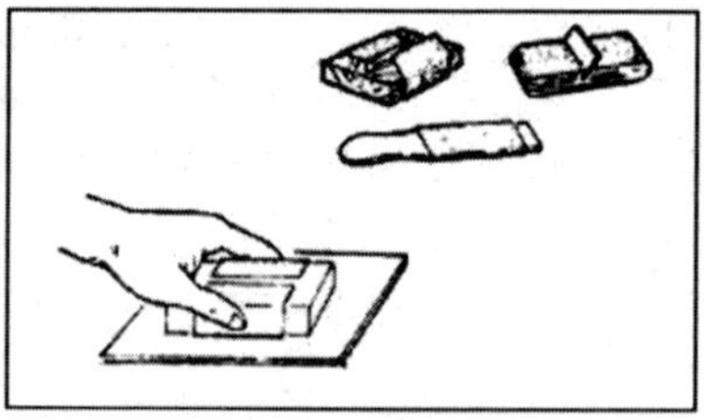

图 4－3－47

当模型打磨得基本上平整以后，可以用 200 号或 300 号水砂纸蘸水打磨，直到纵向横向来看都很平整或者呈流线型才算完成。在嵌缝和打磨没有达到满意之前，不要急于上漆，否则会影响效果，或者造成浪费。

（3）喷漆。

①在正式上漆之前，最好先向整个船体或零件喷上 1 层稀薄的白色底漆。这样容易检查船体有没有不够平整的地方。如果发现有不平整的地方，可以及时用少量腻子补救。如果觉得很平整，等漆干后还要用木砂纸轻轻把整个船体打磨一遍，油漆未干，切勿用手去摸，免得留下手指痕迹。

②舰船模型所用的油漆一般都是由 2 种以上色漆调配成的。调配的时候要估计好用量，一般估计得稍多一些好，因为万一不够用，重新调配很难做到色调一样。

③调配色漆要稀薄适宜，过稀覆盖力差，容易向下流，过稠喷点太大，表面粗糙，不易干透。用木棒调好后，把木棒提出漆面，漆滴连续不停地向下滴就合适了。

④调配好的色漆要及时使用。时间一长可能造成其中一种色漆下沉，使喷出来的颜色先后不同。使用之前，最好用金属网或者纱布过滤杂物颗粒，以免堵塞喷枪口或者喷出粗颗粒。

⑤喷漆的场地要打扫干净，地上洒些水，免得灰尘沾在模型表面上。喷漆前要用干布把船体仔细擦干净。

⑥要选择阳光充足的好天气喷漆，不要在潮湿的阴雨天气喷漆。

⑦最好用压力泵喷漆，压力泵的压力要在 4～5 千克/平方厘米左右，喷漆的时候，喷枪离模型的距离大约在 200 毫米比较好。距离过近，喷出来的漆容易流淌下来；距离过远，喷漆会成小粒花斑。

⑧喷漆要顺着一个方向喷。先喷 1 遍，等干透后用细水砂纸轻轻打磨再喷第 2 遍。如果喷漆厚薄适当，咬得合理，喷两遍就足够了。

⑨对于小零件，如栏杆等，喷漆要调稀一些，尽可能一次喷好，而且不要喷得太多，以免使小零件变粗而影响美观。

⑩如果喷漆流淌下来，切勿马上去揩，要等到漆干透后，用水砂纸蘸清水把漆滴研磨平坦，再重新喷一遍漆。

⑪喷漆也可以用笔涂刷。注意按顺序涂刷，不要在涂刷过的地方重复刷第 2 遍，否则第 1 遍将出现刷痕，或者把底漆暴露了出来。一定要干透后再按顺序刷第 2 遍。一般要刷三四遍以上才会使模型光洁均匀。

(4) 涂漆。除了用喷漆的方法以外，还可以用涂漆的方法。涂漆一般采用磁漆。

①磁漆和喷漆是两种截然不同的涂料，不能混合使用。如果使用磁漆，前面一道嵌缝材料也要用油性腻子。

②磁漆附着力比喷漆强，而且价格也比较便宜。缺点是干得慢，施工周期比喷漆长得多。

③调配磁漆的方法同调配喷漆的方法基本相同。但调稀磁漆不能用香蕉水，而要用汽油或松香水。

④存放过久的磁漆表面有一层漆皮（喷漆不会产生漆皮），使用前必须把漆皮清除掉。

⑤磁漆不能喷涂，只能用漆刷涂刷。漆刷要选用软毛的，如果毛太硬，会使漆面有明显的刷痕。涂刷的时候，运笔要轻重均匀，要顺着一个方向刷，切勿上下左右乱刷。

⑥模型漆好后，要放在没有灰尘而又通风的地方晾干，不要放在阳光下暴晒，也不要用火烘烤，否则油漆表面会很快收缩而产生皱纹。

(5) 漆水线。舰船模型都有水线，水线把船体分成上、下 2 部分，上面部分是干舷，下面部分是吃水。干舷和吃水用不同的颜色区别开来。某些大型货船和军舰还把水线分成轻载水线和重载水线。这种模型就要用 3 种颜色来区分。

为了使水线漆得很平直，需要制作一个画线器，如图 4—3—48 所示。

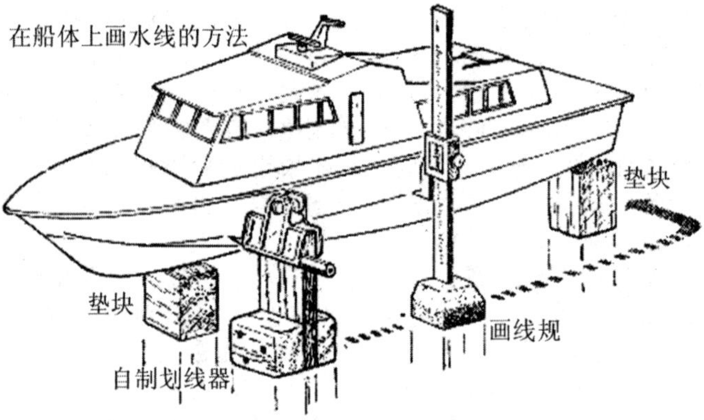

图 4－3－48　在船体上画水线的方法

漆水线之前先把船体放在平坦的工作台上，按图纸上船首和船尾的水线高度，用木板垫好船体并且固定好。然后移动画线器，利用画线器上的铅笔就能在船体上画出准确的水线。

喷漆的时候一般先喷浅色，后喷深色。干舷部分一般用浅色。先把整个船体喷上浅色，等干透后用画线器画出水线。用白报纸裁成平直纸条，用玻璃胶纸把白报纸条贴在干舷部分，把干舷全部遮住，再喷吃水部分。等吃水部分的漆干后，取下纸条，水线就漆好了。

上漆工作全部完成后，喷漆的用具要用香蕉水洗擦干净。刷磁漆的用具要用汽油或松香水洗擦干净。如果漆笔一天之内还要使用，可以暂时泡在清水中。

由于涂料和各种溶剂都是易燃物，要特别注意安全。要把这些物品放在远离电源和热源的地方，以确保安全。

7. 试　航

这是一艘电动机动力的自航模型，它离手后在水中航行时便不受任何控制，任其自己向前驶去。对于这类模型，都有航向和航速两方面的要求。

航向要求准，航速则有 2 种衡量方法：①越快越好，②要求符合航行的比例速度，过快或过慢都不好。"申江"号模型是实船的 1/50，实船的速度为 15 节，代入比例速度的公式：

$$V_{模型}=\frac{V_{舰船}}{\sqrt{1/M}}=\frac{15}{\sqrt{50}}$$

$$\approx 2.12\text{ 节}\approx 1.1\text{m/s}$$

计算求得模型的航速为 1.1 米/秒，50 米的航行时间应为 40～50 秒。

放航之前，要在轴套管里注入一些润滑油，可以减小螺旋桨轴转动时的阻力，同时防止水由轴套管渗入船舱。把模型平稳地放于水面，检查模型静浮时水面是否与模型水线平齐。如果在制作时不注意控制重量，模型做得太重，静浮时吃水过深，航行起来阻力大，而且稍遇风浪或障碍，便有进水沉船的危险。吃水过浅也并不好，像一片漂浮的树叶那样容易受风浪影响，航行不稳。不过，只要在舱底放上些铅块、铁块之类重物，便能解决此问题。还要注意模型静浮时的姿态，艏部吃水过深，艉部抬起称为“艏倾”；反之艏部高昂，艉部下沉称为“艉倾”；向左或右倾侧，都是不正确的姿态，会影响航速和航向，需要调整舱内配重加以纠正。一般可以移动一下电池的位置来调整。

模型的静浮姿态调整正常以后，将舵放正固紧螺母，然后开动电机，螺旋桨应能在水中平稳正常地运转，把水流从船尾推出来。

第一次试航的距离以 10 米左右为宜，对岸要有人接应。如果水面太宽，可以在模型艉部系上 10 米长的结实的细线，以便回收模型。

将模型放于水面，开动电机，两手手掌伸平，轻轻扶住船尾两舷。使船首对准前方选定的目标，稍稍放松双手，让模型沿着双手手掌慢慢地滑出去，如图 4－3－49 所示。观察模型在水面的航迹是否正直。放航几次，若是总向一侧拐弯，可以调整一下舵角。向右偏航将舵往左调，向左偏航将舵在右调，固定好舵角再放航、再调整舵角。如果航向正直了，就可以逐步加大放航距离。开始试航要选择无风或小风天气，选择顺风或侧顺风方向放航。待初步掌握放航方法和调整航向方法以后，可以进一步摸索掌握不同的风速风向条件下的放航方法，并且认真作好放航记录，这样就能使自己的模型准确地向目标驶去。放航时不要长时间地连续进行，以免电池很快耗竭，模型航速急剧减低，甚至中途“抛锚”，漂泊水中。

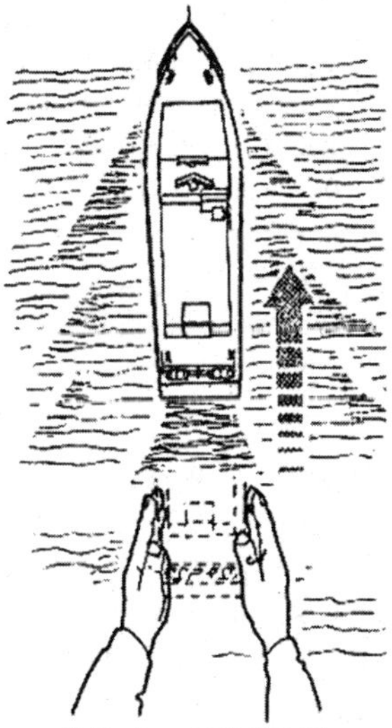

放航时，双手的姿势。

图 4－3－49

通过这艘电动机动力的自航船模的制作与放航，就为以后制作更高级、更复杂的船模打下良好的基础。

竞速艇模型

竞速艇模型是以内燃机为动力，主要用来竞赛速度的快速艇模型，它是一种滑行艇。在现在的竞赛中，主要比赛竞速艇做圆周运动，因此，竞速艇模型主要指圆周竞速艇模型。用钢丝牵引模型，环绕水中一柱子（称“回旋柱”）作圆周航行，航行1圈距离为100米。在一次放航中，可航行许多圈，但只计取运动员举手要求计时后的5圈航行成绩，以航速快者为优胜。这种模型虽小（一般长约1米），航速却很快，最快可达240千米/小时。

内燃机简介

内燃机就是燃料在工作汽缸内燃烧的发动机。它有四冲程和二冲程之分。二冲程就是完成一个完整的工作循环，曲轴只需转动1周，即360度。一个工作循环包括进气、驱气、压缩和燃烧、膨胀和排气。目前应用在船模上的内燃机都是二冲程内燃机。

一、内燃机的工作原理

竞速艇模型用的内燃发动机有2种：压燃式和热火式。2种发动机的构造很相似，仅在使用燃料和燃烧室部分有些不同，但其原理不同。

1. 压燃式发动机

进入汽缸的可燃混合气被活塞压缩后产生高温而自行点火燃烧，急剧膨胀的气体推动活塞运动做功。这种发动机不用点火装置，而是依靠汽缸顶部的反活塞和调压杆调整压缩比使可燃气燃烧的，因此，它结构简单，使用方便。

2. 热火式发动机

该发动机汽缸顶盖装有热火栓（热火头），为铂铱合金螺旋形电阻丝，启动时其上加有1.5～2伏电源供电，高温的电阻丝将可燃气点燃，膨胀的气体推动活塞运动。缸体内的高温能使热火头的电阻丝维持炽热状态，使可燃混合气点火燃烧，即使撤掉电源，发动机仍可持续运转。热火式发动机由于转速高、功率大，性能优于压燃式发动机。

二、内燃机几个术语

上死点——活塞上升到最高的位置。

下死点——活塞下降到最低的位置。

汽缸工作容积——当活塞由下死点到上死点时所经过的空间。

燃烧室——活塞在上死点时，由活塞、反活塞、汽缸壁所包围的容积。

汽缸全容积——活塞在下死点时，由活塞、反活塞、汽缸壁所包含的容积，即等于燃烧室容积和汽缸工作容积之和。

活塞行程——活塞由上死点到下死点所经过的路程。

压缩比——汽缸全容积与燃烧室容积之比。

三、内燃机的结构

船模用的内燃发动机主要由机匣、机匣后盖、汽缸、汽缸盖、活塞、曲轴、连杆机构、进气口、进油管、油针以及后桨垫、前桨垫、螺帽组成。除此以外，压燃式发动机的汽缸顶端还有反活塞、调压杆和锁紧装置；热火式发动机的汽缸顶部有热火栓，如图5—1—1和5—1—2所示。

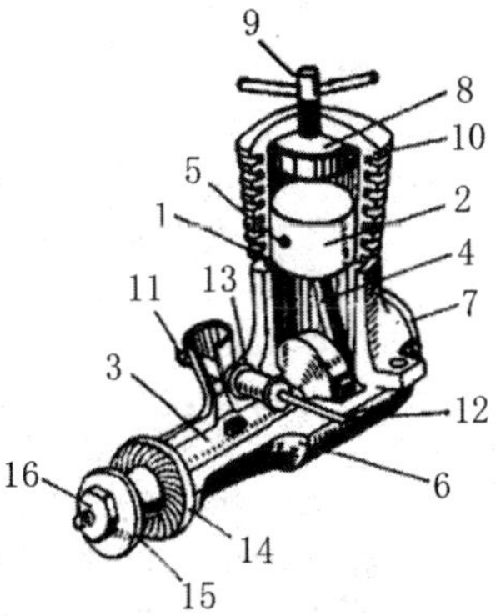

1. 汽缸
2. 活塞
3. 曲轴
4. 连杆
5. 活塞销
6. 机匣
7. 机匣后盖
8. 反活塞
9. 调压螺杆
10. 汽缸头(散热片)
11. 喷油管
12. 油针
13. 喷油管固定螺帽
14. 后桨垫
15. 前桨垫
16. 桨帽

图5—1—1 压燃式发动机结构图

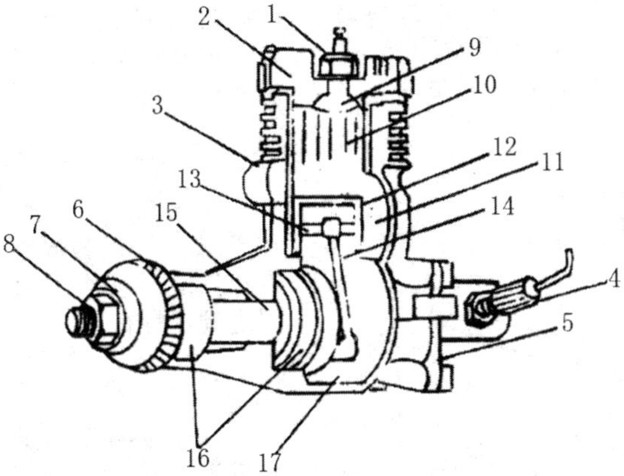

1. 热火头 2. 汽缸顶盖 3. 排气口 4. 油针 5. 机匣后盖
6. 后桨垫 7. 前桨垫 8. 螺母 9. 球状燃烧室 10. 气缸
11. 驱气口 12. 活塞 13. 活塞销 14. 连杆 15. 曲轴
16. 轴承 17. 机匣

图5—1—2 热火式发动机结构图

1. 汽缸和活塞

汽缸是燃料和空气的混合气体进行燃烧的地方，内表面因而光滑，活塞在内作往复运动。活塞和汽缸间的间隙极小，不易漏气，当活塞向上运动时，对汽缸中的气体以强烈的压缩，使它开始燃烧，混合气体燃烧后所产生的压力推动活塞向下，并经过曲拐连杆机构而转动螺旋桨。

汽缸上开有排气口和驱气口。活塞一方面作往复运动，另一方面也控制了排气口和驱气口的开闭。

2. 曲轴、连杆、活塞、活塞销

活塞为圆柱体，由它带动连杆和曲轴将活塞的上下往复运动转变为旋转运动。活塞销将活塞与连杆、曲轴连接起来，构成曲拐连杆机构，如图 5－1－3 所示。在曲轴的轴颈上面还有一个进气孔，当它与机匣上的气化器进气管相通时，混合气体便进入机匣，所以曲轴还有控制进气时间的功能。在曲轴的外端还装有后桨垫、前桨垫及紧固螺帽，用于安装空气螺旋桨或用金属车制的“飞轮”。

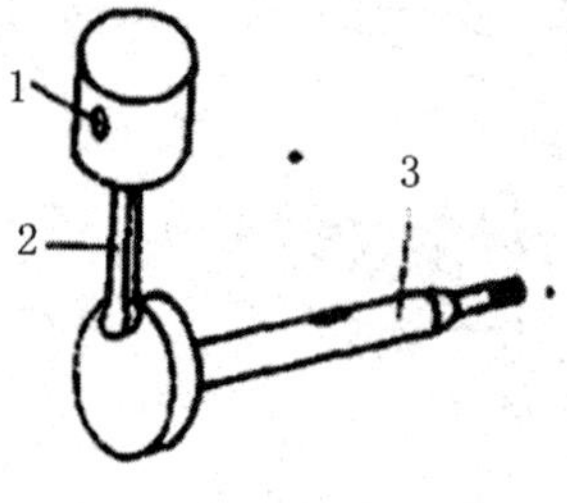

1. 活塞销　2. 连杆　3. 曲轴

图 5－1－3　曲拐连杆机构

3. 机匣

机匣是发动机的主体，它连接着发动机的各个零件。在机匣的两侧或后侧通常做有凸边，用以安装发动机。机匣后端都有螺纹（或螺钉），以固定机匣后盖，保证机匣内部密封。

4. 反活塞和调压螺杆

反活塞像是能上下活动的汽缸盖，如果往下拧调压螺杆，反活塞被压下；拧松调压螺杆后，反活塞又能在汽缸内气体受压缩时产生压力的作用下再向上弹起。

反活塞的上下活动，可以改变燃烧室的大小，从而改变压缩比。在压燃式发动机上，压缩比的大小对起动和运转性能特别重要。压缩比增大时，汽缸内气体受压缩后的压力和温度增加较大，容易使混合气开始燃烧。反之，压缩比减小时，气体受压缩后所产生的温度和压力也要减低。这时往往因为温度不够高，不能达到燃料的燃点，发动机就不能转动或继续运转。但如压缩比过大，又容易过早地开始燃烧，使曲轴连杆机构受到剧烈的冲击，发生停止运转甚至弄断连杆或曲轴等零件的可能。

5. 汽缸头（汽缸盖）

在汽缸头上，有用来增加汽缸和周围空气接触面积的散热片，以冷却汽缸。它头部有阴螺纹，用以固定调压螺杆。

6. 气化器

气化器的作用是使燃料从液体变成雾状物后，再与空气以适当的比例混合成为可燃混合气，故称“气化器”，一般小内燃机上，气化器由进气管、喷油管和调节油针组成，是最简单的气化器。

进气管连在机匣上，有细管状

的喷油管横着穿过。喷油管上有1个或2个用以喷出液体燃料的小孔。进油量的多少由头部带锥的油针调节。如将油针旋紧，喷油孔被堵住，燃料就不能流出；油针拧松，燃料就会从喷油孔中喷出来，油针旋出得越多，喷油孔开得越大，燃料也喷出得越多。

7. 固定螺旋桨用的零件

螺旋桨装在前桨垫和后桨垫之间，并且由桨帽紧紧地固定住。一般后桨垫都有带锥度的孔，以便和曲轴上的锥度部分相吻合。为了使螺旋桨不致打滑，在后桨垫的表面上加工有凹凸的花纹。

竞速艇模型的制作

竞速艇与自航模型的主要差别在于动力不同，因此，除了动力装置不同外，竞速艇模型可以参考自航模型的方法，本节仅就有差别的地方进行讲述。

竞速艇模型的制作要求很高，它跑得好坏是由许多条件决定的，但主要的因素是艇型、机器、推进器和油料。如果这几个因素中忽略了任一方面，就不可能达到理想的速度，甚至跑不起来。因此，我们对这些因素要有严格的要求。

一、竞速艇模型的形式

最常见的竞速艇模型的形式是三点着水式，图5－2－1是其简图。

三点着水式竞速艇的样式很多；优点也很多，首先它具有重量轻、阻力小、稳性好的3大特点。另外竞选艇模型的稳定与否，很大程度也决定于船体旁边2个浮体的迎角。一般在正常的风速下迎角5～6度较为合适，但风大时，迎角可以小些，而风小时，迎角可以大些。这样根据不同的情况，有时就需要调整浮体的迎角。三点着水式的浮体是活动的，可以自由调整，很方便。

三点着水式的竞速艇由主体（即艇体）和2个浮体组成。

艇体的形状很多，图5－2－2中是几种常见的。在这4种中1、2、3的阻力较小，较好些，但制作复杂。4的船首是平的，制作较容易，可是阻力大些。总的就来，影响都

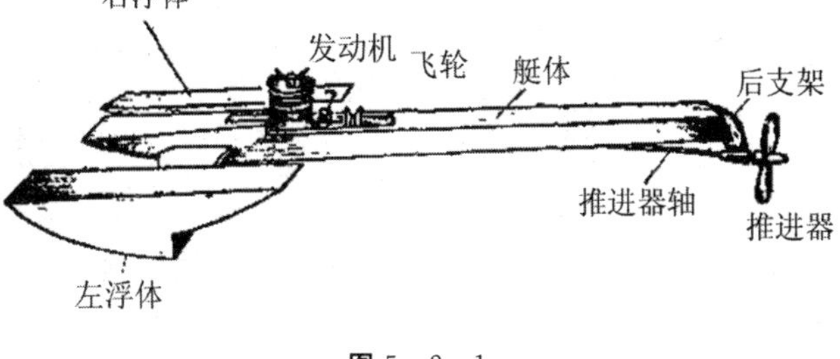

图5－2－1

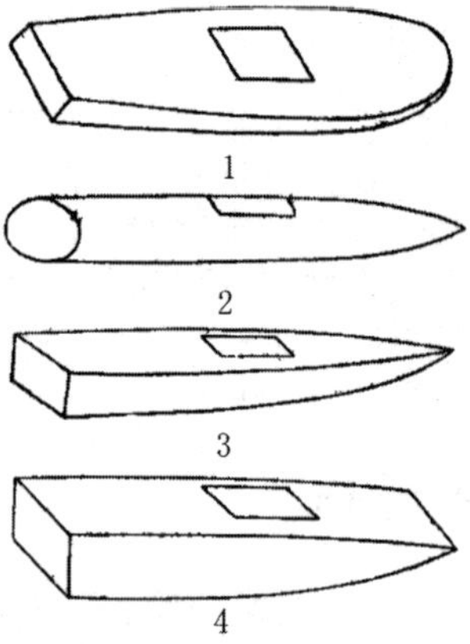

图 5—2—2

很小。因为滑行起来后，整个船体都离开水面，只有浮体的 2 点和 1/2 个螺旋桨在水中，在这种情况下，主要是有空气阻力。根据飞机机体的原理，瘦长一些，空气阻力就会小一些。因此，竞速艇应尽量做得瘦长一些，并且呈流线型，以达到减少漩涡阻力的目的。

浮体的形式也很多，常采用的如图5—2—3所示。

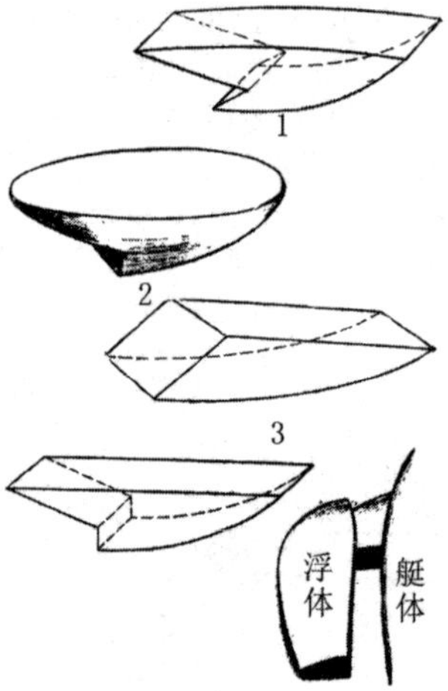

图 5—2—3

在这几种形式中，同一种形式内，浮体本身也有大有小、有宽有窄，主要是以对浮体的稳性和动浮力的要求而定，在保证足够的动浮力的情况下，应尽量窄一些为好。

关于浮体的迎角，是个很重要的问题。迎角如果大了，会使竞速艇开始滑行时产生跳动，影响速度甚至有时因为迎角大而使竞速艇飞起来，造成翻艇现象；如果小了，就不易滑行起来，使模型吃水增加，阻力增大，严重地影响艇速，而且速度越大阻力也越大，水也容易进入艇内。所以在保证能滑行的条件下，迎角应尽量小一些，使既能滑行，达到高速，又不会跳艇和翻艇。比较合适的迎角为 3～8 度，而又以 5～6 度采用较多，如图 5—2—4 所示。

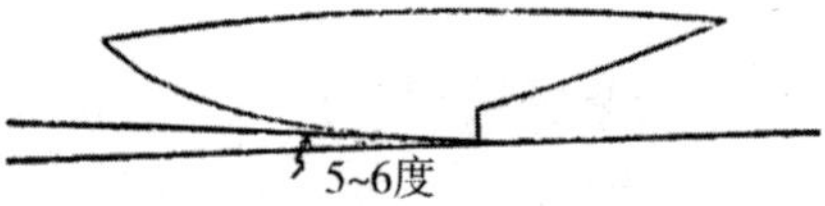

图 5—2—4

二、竞速艇模型的制作

1. 艇体

竞速艇模型的制作比自航模型要简单一些，但质量要求较高。在制作的方法上一般有 2 种：构架式和挖艇体式。挖艇体式重量大、施工困难，一般不采用；构架式是广泛采用的结构形式，其优点重量轻、强度好、制作也较方便，根据设计图的要求，把木条胶起来就可以了，如图 5—2—5 所示。相信你经过第 3 章和第 4 章的练习，现在做构架式船体已经是就轻驾熟了，这里不再赘述。

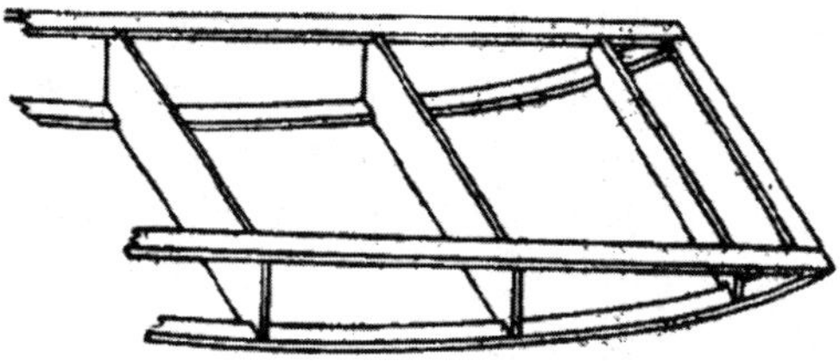

图 5—2—5

制作竞速艇用的材料，主要是木料，在我国目前采用最多的是红松和桐木。用这种木料锯成木条或薄木片分别可以作构架和艇壳用。红松的木片或木条强度较好，用作构架较多。桐木条由于强度差些，一般不用作构架而是用作艇体的肋骨面和艇壳。桐木片比级松木片轻一些，所以用得广泛。也有用航空层板作肋骨面和艇体的。这种材料质量较好，但价格太贵，所以没有被广泛采用。

关于竞速艇的嵌缝和上漆和自航模型均相同，请参考前文。

图 5—2—6

2. 推进器

竞速艇模型的推进器是决定竞速艇速度的一个很重要的因素。如图 5—2—6 所示，竞速艇模型所采用的推进器和普通船舶的推进器形式差不多，呈流线型，其制作方法亦相似。

3. 动力装置

(1) 内燃机的安装。内燃机的安装方法有很多种，通常采用的是机器直接安装在艇体的机座上，用 4 个螺丝固定即可，这种方法比较简单，如图 5—2—7 所示。

另一种方法是在艇体的机架下固定 1 块铜皮，铜皮上焊 4 个螺帽，这样在固定机器时比较方便，只要把螺丝往下拧就可以了，如图 5—2—8 所示。

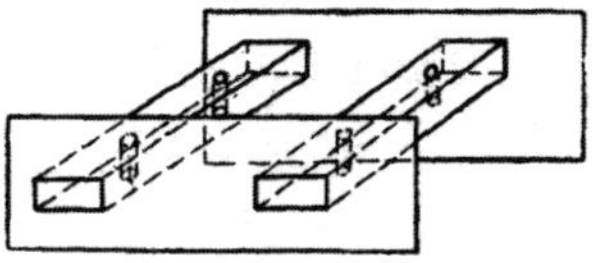

图 5—2—7

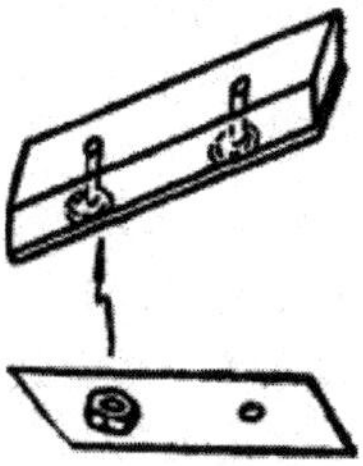

图 5—2—8

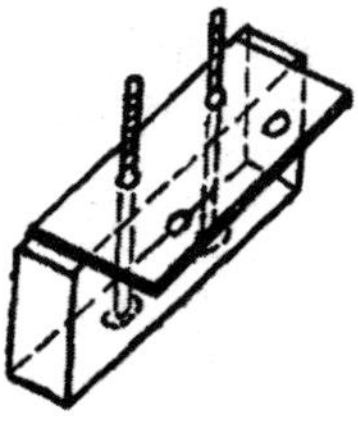

图 5—2—9

还有一种方法是用1块厚为2～3毫米的铝板，将发动机固定在铝板上，再将铝板固定在艇体的机架上，如图5－2－9所示。这种方法也很好，它的优点是一个艇可以使用不同规格的发动机。特别是试机器较方便。

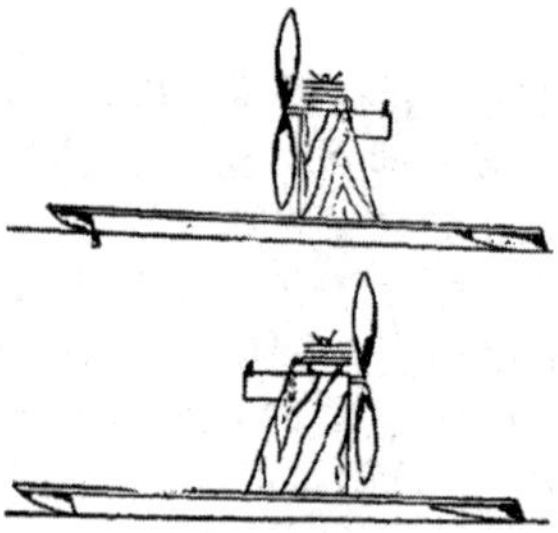

图 5－2－10

(2) 内燃机和螺旋桨的连接。空气螺旋桨的连接方法，如图5－2－10所示。

水中螺旋桨的连接方法，参照前面单桨电动游艇模型中电动机和螺旋桨的安装方法，用软轴进行连接。

4. 操纵装置

圆周竞速艇模型的操纵是采用操纵线实现其做圆周运动的，常用的操纵线是钢丝。操纵线与竞速艇模型相连接的线如图5－2－11所示，称为三角牵线，其长度有规定，最主要的是要调整好三角牵线前后的角度，这是保证正常和高速航行的关键。特别是前面的角度，不能太大也不能太小，太大则艇首向外，影响航行速度，太小则艇首向里，使艇跑不成圈，因此无论过大过小都会影响艇速。

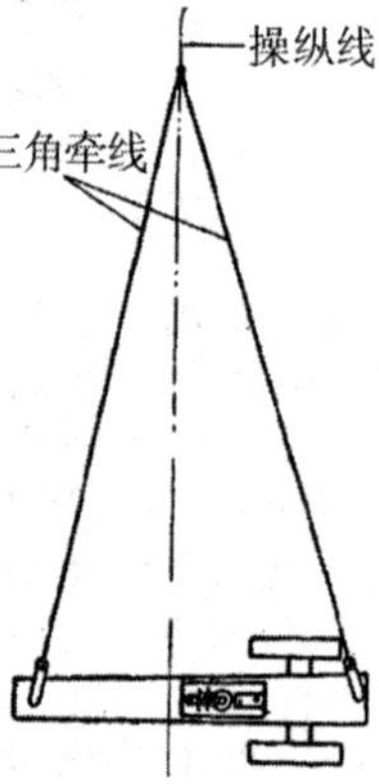

图 5－2－11

三角牵线的位置，虽然可以通过测量来正确求得，但这种求得的正确位置，并不一定合乎实际情况。因为这个位置是不稳定的。因此，在实际使用时，都采用偏于安全的固定方法：将艇吊起后，只要调整到2个浮体在同一铅垂线上就可以。

尽管三角牵线的固定方法在理论上是正确的，但也还会有误差，而在航行时，水面也常有风浪引起的波动。因此，这样固定，在航行中也往往是不够稳定的。这种不稳定性的敏感程度与航速和三角牵线的长短有关，因此，三角牵线不宜过短，长一些比较好。

竞速艇模型的试航

竞速艇的试航技术比较复杂，情况不同试航技术也各有差异。从大的方面来说，基本上如下：

一、调整内燃机油门

船模内燃机启动后，主要是通过调整油门来达到某一功率（压燃式还可调整压缩比）。起动时一般都是用大油门，为避免空载损坏内燃机，内燃机转速都比较低，功率不大，若直接放航，由于功率小，螺旋桨受负荷，内燃机易停动。因此起动后必须调整油门，待内燃机发出足够的功率再试航。

最佳油门的调整，因所使用内燃机的种类、艇和油箱的形式不同而不同，它主要靠试航来取得。但初试者可用内燃机的叫声来确定。即起动后把油门逐渐关小，内燃机叫声随着油门的关小叫声越来越尖（转速也从低到高）；尖到某种程度时，油门再关小，叫声有的不变，有的突然变调（转速也突然下降），此时将油门退回半圈左右，作为初试油门。注意这个过程是在瞬时内进行的，否则在高转速空载情况下内燃机易损坏。

二、出手

艇离手入水的瞬间称出手。出手好坏关系到艇能否顺利而迅速地滑行在水面上。艇在水面滑行必须具有一定的速度，要求一开始就进入滑行状态，这就要靠人的帮助，用手有力地把它送出。

整个动作是：左手拿着艇的重心或接近重心的部位，艇要平（不能低头），离水面约 50 毫米（越近水面越好，但要防止螺旋桨触水），沿航行圆周的切线方向平稳、迅速、有力地送出。

艇将出手时，应拉紧整个操纵线，防止操纵钢丝拖水妨碍艇的滑行。但不要过分使劲，妨碍艇的出手。在艇出手接触水面这一瞬间的同时，应迅速、平稳地收回操纵线。这是因为：①艇跑小圈，操纵钢丝拖水会使艇滑行不起来，以至停动；②艇以同样速度进入小圈航行，而回旋柱高度不变，艇容易起滑；③计时时艇航行在规定的航道上，小圈放大很容易，若是大圈，特别是在高速情况下，要拉小很困难。

收操纵线时，应注意不要把操纵钢丝收入回旋柱，以免钢丝折断摔艇。等艇正常滑行后逐渐把圈放大，一直放到接近计时重垂（小于 12.75 米或 15.95 米），到达最高航速时再放入计时重垂。放操纵线应注意艇的航行状态，要平稳地进行，避免破坏滑行状态。

无线电操纵舰船模型

无线电操纵舰船模型，是由人在岸上通过无线电波来操纵的。受操纵的模型能随着岸上发出的各种信号作出各种相应的动作，如航行、停动、左右转舵，以及进行各种具有实用意义的动作：侦察、攻击、摄影、测量等。因此，模型要有一套能控制、产生、发送和接收以及传递电磁波的设备和执行各种命令的装置，即无线电遥控设备。

无线电操纵舰船模型的制作和操纵比较难，不适合初学者学习，本章通过介绍一个无线电遥控帆船模型来让你体会无线电操纵舰船模型的魅力，在你有一定基础以后，可以参考其他非入门书籍或者专门讲无线电操纵舰船模型的书籍进行学习。

给自航帆船模型安装无线电遥控设备，可以制成遥控帆船模型。当然，推动帆船航行的动力，依然是自然界的风力。所谓无线电遥控帆船，是指对帆船的帆和舵的控制，达到更好地利用风力的目的。这里介绍的无线电遥控帆船模型，船长 1 270 毫米，如图 6－1、6－2、6－3 所示。

这艘无线电遥控帆船模型包括船体、帆装和无线电遥控设备 3 大部分。其中船体和帆装的结构同前面介绍的自航帆船模型基本相同。

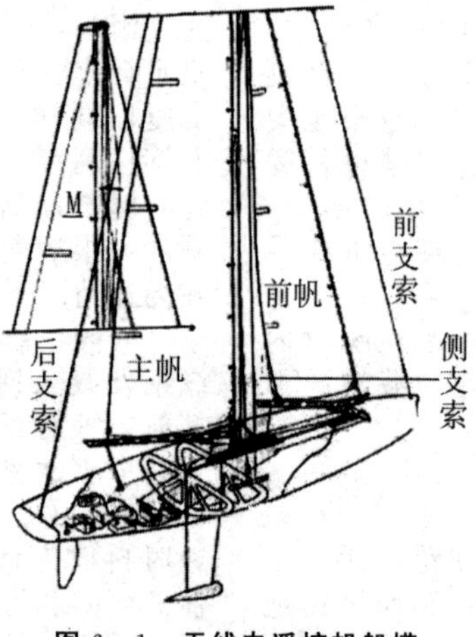

图 6－1　无线电遥控帆船模型实体解剖图

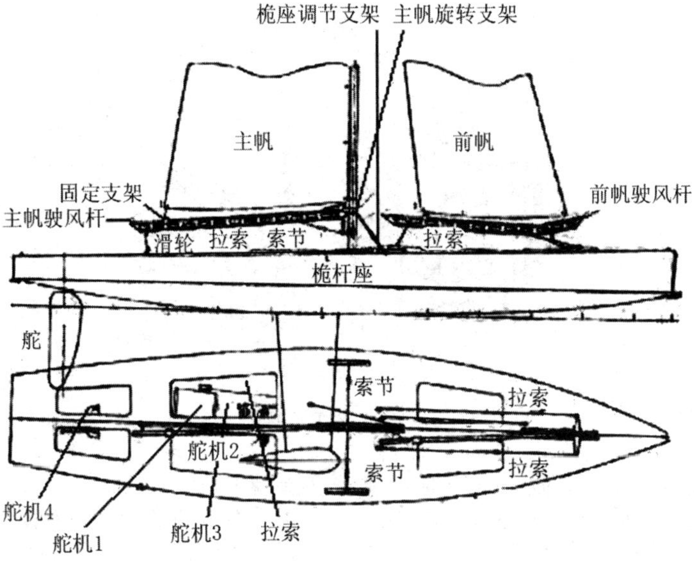

图 6—2 无线电遥控帆船模型图纸

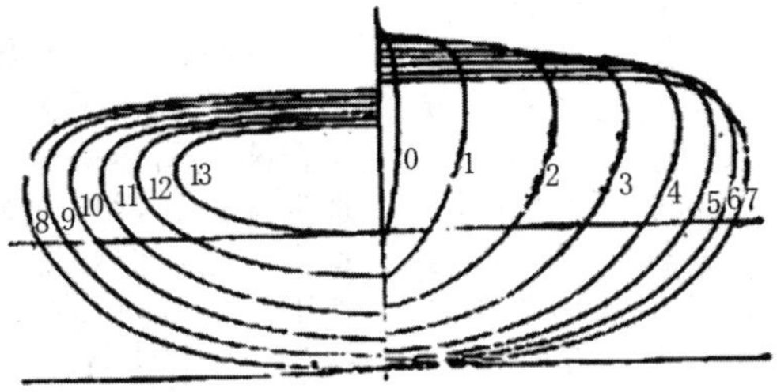

图 6—3 无线电遥控帆船模型横剖线型图

一、遥控原理

这艘模型采用市售的四通道比例遥控设备，能够控制放帆收帆、蝴蝶帆、前帆微调和方向舵等操纵动作。发射机有左右 2 个操纵手柄，每个手柄都可以作上下扳动和左右扳动，见图 6—4。接收机安装在船体内，它通过 4 只舵机执行发射机发出的指令。

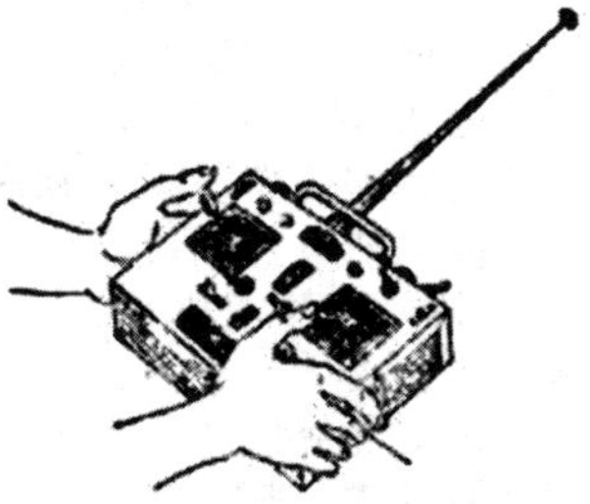

图 6—4 四通道比例遥控发射机的外形

上下扳动发射机的左操纵手柄，可以控制舵机 1，进行放帆和收帆的操纵。舵机 1 也叫做收索机，实际上它是一个控制放帆收帆的绞盘机。它的结构如图 6—5 所示。

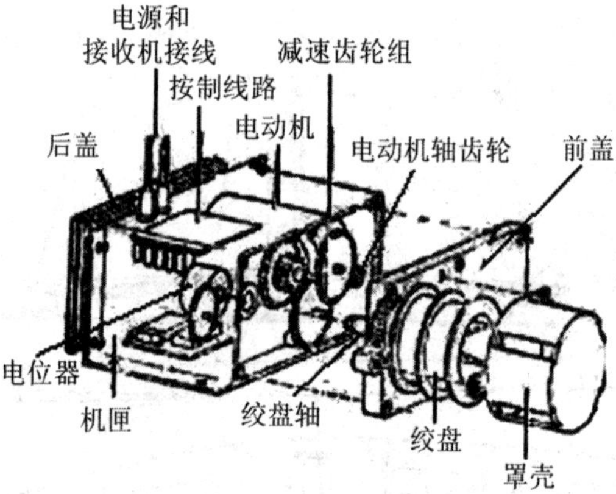

图 6—5　收索机结构

收帆的时候，收索机逆时针旋转，收紧驶风杆拉索直到主帆和前帆的帆角都为 0 度时自动停止。放帆的时候，收索机顺时针旋转，放松驶风杆拉索，主帆和前帆顺风逆转，它们的帆角大小由左操纵手柄上下扳动的角度决定。放帆的时候，主帆和前帆在左舷位置还是右舷位置，由当时的风向决定。

左右扳动发射机的左操纵手柄，可以控制舵机 2，进行蝴蝶帆的操纵。所谓蝴蝶帆是指主帆和前帆分别处于左舷和右舷位置，呈蝴蝶形状。进行蝴蝶帆操纵是通过改变前帆位置实现的。向左或向右猛然扳动左操纵手柄，通过舵机 2，前帆驶风杆会突然受到一个拉力，有可能顺势改变前帆的位置，形成蝴蝶帆。由于拉动前帆驶风杆的拉索位移小，不一定每次操纵都能成功，往往要操纵几次才能成功。

上下扳动发射机的右操纵手柄，可以控制舵机 3，进行前帆前后位置的操纵。它可以改变前帆的风压中心，从而改变船头上抬下压状况。前帆后移，风压中心后移，船头就上抬；前帆前移，风压中心前移，船头就下压。

左右扳动发射机的右操纵手柄，可以控制舵机 4，进行方向舵舵面的操纵，用以修正航向。

二、船体的制作

这艘模型的船体，可以采用玻璃钢船体制作工艺。它同传统的木质构架式船体制作工艺相比，有物理强度高、制作简便、工期短、重量轻、水密性好等优点。玻璃钢制作工艺一般可以按制模、裱糊、拼接 3 个步骤进行：

1. 制模

首先用松木制作左、右对称的 2 只阳模，如图 6—6 所示。把木块初步加工成船体的毛坯，用横剖线型

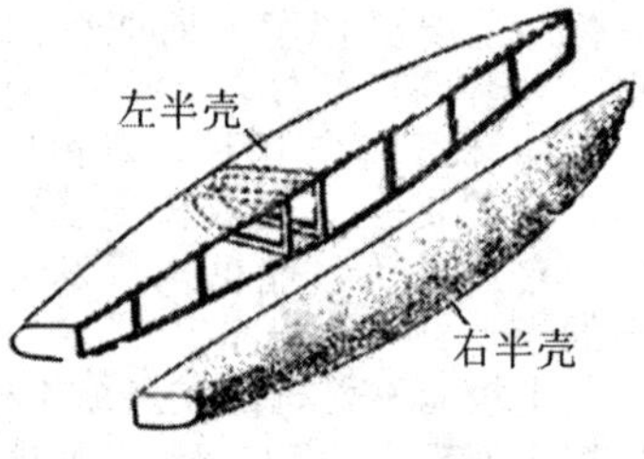

图 6—6　船体的制作

样卡把毛坯修整成型，然后制作石膏阴模：做1个容积大于阳模的铁皮围框，把适量的石膏粉用水调匀后，灌入围框中，再把木质阳模压入石膏里，等石膏干固后，就可以把阳模取出，并对石膏阴模进行必要的修整。

2. 裱糊

在裱糊之前，要在阴模内先涂上1层脱模剂。它是用颗粒状的聚乙烯醇加水蒸成的糊状物，把斜纹玻璃布一层一层用环氧树脂胶裱糊在阴模里，一般裱糊3层就可以了。各层所用的玻璃布厚度不同，第1层用厚0.6毫米的，第2层用0.1毫米的，第3层用0.2毫米的。

第1层（船体最外层）用厚的玻璃布是为了打磨修整船体，提高船体光洁度，裱糊玻璃布所用的环氧树脂胶，要用6份环氧树脂胶水和4份固化剂调成。裱糊对用量不宜过多，黏结这艘帆船模型船体，裱糊1层约用25克左右。环氧树脂胶用多了，①会增加船体重量，②船体也容易脆裂。船体裱糊好后，要进行加温固化，这样可以增加船体的物理强度。有条件的，可以用烘箱加温，从升到60℃，再升温到100℃左右，大约要加温6个小时。没有烘箱也可以把玻璃钢船体放在强烈阳光下暴晒6小时。

3. 拼接

玻璃钢船体由左、右对称的2只壳体拼接而成。在拼接之前，要先做好稳向板前后的2块肋骨，以便在拼接船体的同时，安装稳向板。这2块肋骨就成了稳向板的加强肋。在2只壳体的接缝处，分别用环氧树脂胶黏上截面3×3平方毫米的桐木条，再用环氧树脂胶把接缝连同桐木条黏接起来，等环氧树脂胶干固后，船体就制作好了。在船体的甲板上，依照图纸的要求，开出6个舱口，以便把遥控接收设备、电动机以及电源等安装在船体内。

三、帆的制作和安装

1. 制作桅杆

桅杆可以直接用直径16毫米的铝合金管制作，壁厚不大于0.5毫米。如果没有铝合金管，也可以用玻璃布和炭素制作玻璃钢桅杆，制作方法如下：

（1）制作棒芯：可以选用1根直径略小于16毫米的金属棒做棒芯，没有合适的棒芯，也可以用木棒代替。为了便于脱模，棒芯要有一点锥度，并且做成2节，制成后再拼接起来。

（2）裱糊：先在棒芯外面涂1层脱模剂，再用环氧树脂胶把玻璃布裱糊在棒芯上。为了增加玻璃钢桅杆的纵向强度，在桅杆的外围纵向黏贴1层炭素纸，然后再蒙上1层玻璃布加以封固。

（3）拼接：等胶干固后，抽出棒芯，用铝管制作的加固节头把2节玻璃钢桅杆连接起来。在桅杆的适当位置开出固定主帆的孔，见图6－7a。

2. 制作桅座

桅座滑板和桅座用铝合金制作。它的结构如图6－7b所示。

3. 制作风帆和驶风杆

风帆可以用涤纶薄膜制作。风帆制好后，把透明的赛璐珞片做的帆骨插入帆袋内。驶风杆用工字形铝合金制作。

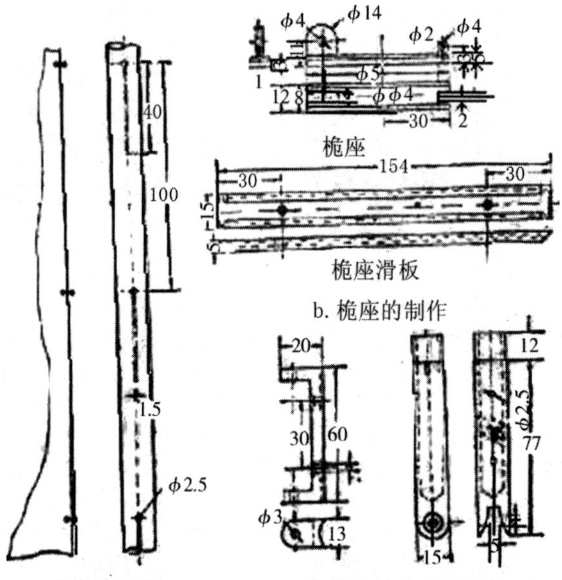

a. 桅杆的制作　　c. 主帆旋转支架的制作

图 6－7　桅杆和桅座的制作

四、调整

调整桅杆：收紧和调整侧支索和前后支索，使桅杆垂直于船体的吃水面。

调整帆形：调节主帆下角的固定支架位置，可以改变主帆的吃风形状。首先把主帆张紧，然后把主帆下角的固定支架朝桅杆方向移动5～10毫米就可以了。

调整船体重心：帆船的重心可以通过改变桅杆前后位置来调整，使船体的吃水线同水平面平行。

调整遥控设备：各操纵机构的调整可以在陆上进行。把帆船放在船架上，接通设备电源和动力电源，发射机发出各种指令信号，观察各操纵机构的动作情况。陆上调整后就可以把模型放在水面上试航了。

五、试航

帆船航行的要求是航向准、航速快。无线电遥控帆船模型可以在逆风到顺风范围内驶风航行。

测定风向是帆船模型操纵调整的依据，在选定了终点目标以后，航向就确定了。由风向和航向可以得出风角，根据风角来调整帆角。

帆角的调整是通过操纵收索机和蝴蝶帆来实现的。一般来说，主帆的帆角取风角的1/2，帆的效率最高，这时候帆船能取得最大的牵引力，速度最快。如果帆角过大，帆发飘，兜不住风，使风的压力滑失；反之，帆角过小，帆鼓得很胀，但作用在帆的压力的前进分力减小，而侧向分力增大，加剧了船的横倾侧和横移。

掌握了上述要领，我们就可以通过无线电遥控设备，控制帆船按照我们的意愿航行。